Heiko Gebhardt
Gert Haucke

Die Sache mit dem Hund

100 Rassen
kritisch unters Fell geschaut
und viele Tips,
wie man sich den Hund
zum Freund macht

Rasch und Röhring

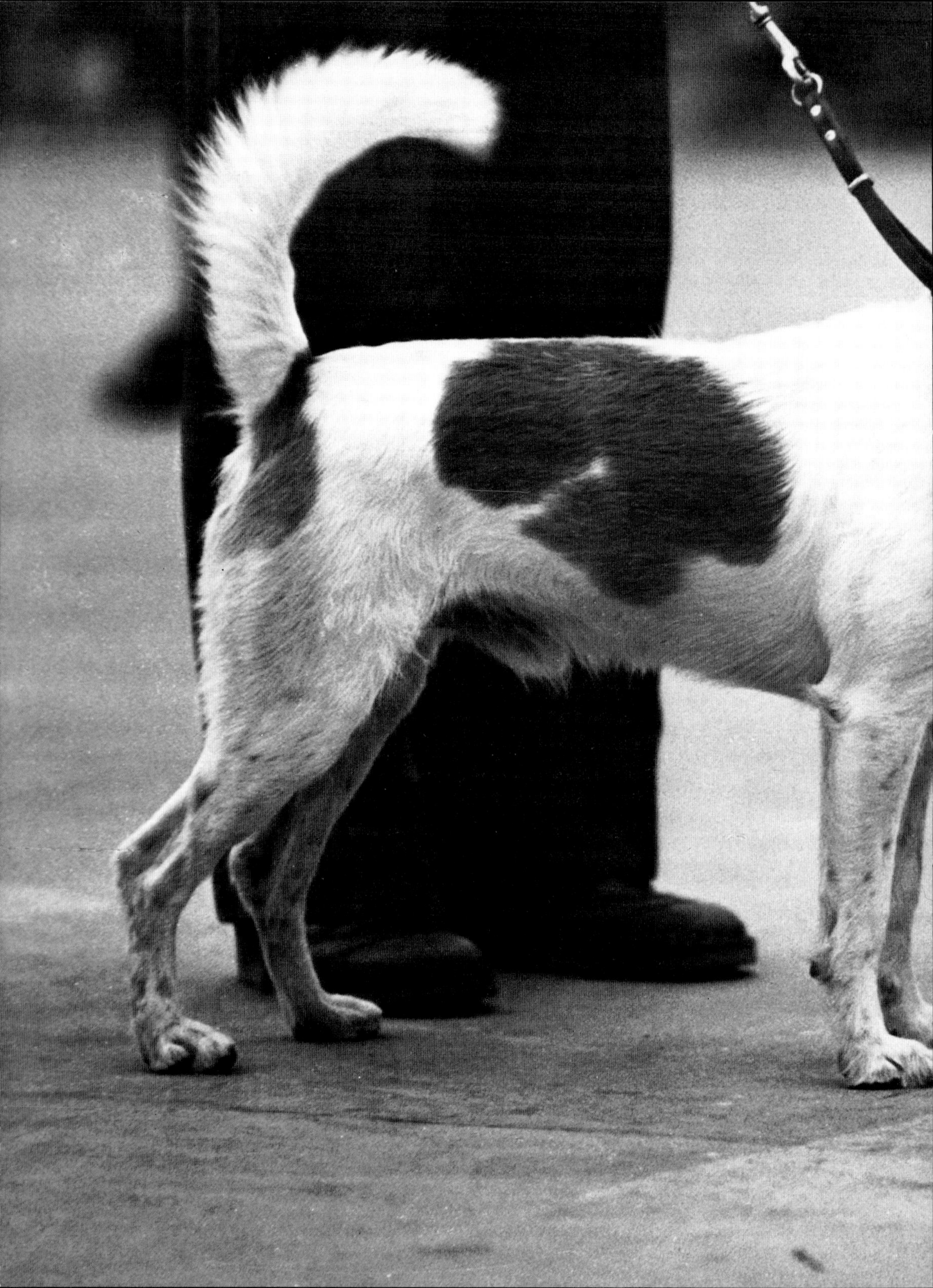

Inhalt

Vor allem 6

Zunächst und zuvor 8

Wer und wann 12

Wie und welcher 21

Zum Schluß und am Ende 57

100 Rassen im Test 62

Anhang 205

Wissenschaftliche Mitarbeit: Dr. med. vet. Kurt Witteborg
Sämtliche Fotos für das Verzeichnis der Rassen:
Eva Maria Krämer-Vogeler

»Niemand hat das Recht, aus Gedankenfaulheit Tier und Mensch so zu peinigen, wie der es tut, der nicht mit Hunden umzugehen versteht. Also die Mehrzahl derer, die einen Hund besitzt.«

Kurt Tucholsky

Vor allem

Eins wollen die Autoren dieses Buches *nicht:* die Anzahl der Hunde in der Bundesrepublik erhöhen. Wir sind im Gegenteil der begründeten Auffassung, daß 3,5 Millionen versteuerte und eine gewaltige Dunkelziffer »schwarzgehaltener« Hunde entschieden zuviel sind. Zumal die meisten von ihnen in Großstädten gehalten werden. (Wo sonst, denn dort ist auch die Bevölkerungsdichte am größten!) Wir behaupten dabei, daß das Problem nicht das ewig wiederholte Menetekel der anfallenden Kotmenge ist, die nach Auffassung beflissener Hundefeinde und hysterischer Käseblatt-Journalisten uns alle bald unter sich begraben wird. (In Anbetracht der giftigen Immissionen, die wir atmen, der Giftmengen, die wir täglich essen und trinken, und der allgemeinen stündlichen radioaktiven Bedrohung ist ein bißchen Kacke am Schuh nicht mehr als ein lächerliches, kleines Ärgernis. Selbst dann, wenn das zehntausendmal am Tag vorkommen sollte.)
Das Problem liegt vielmehr darin, daß ein großer Teil dieser vielen Hunde nicht artgerecht gehalten wird. Daß die Tiere also vermenschlicht, verzogen, überfüttert, gepeinigt und verwahrlost, überschwenglich oder gar nicht geliebt ihr Dasein verbringen müssen. Würden nur diejenigen einen Hund halten, die das verantwortlich und mit den Grundkenntnissen der Hundehaltung ausgestattet tun – mit einem Schlag gäbe es – grob geschätzt – zwei Drittel weniger. Daraus würde folgen, daß sich der Handel mit Hunden und das sinnlose, auf Reibach zielende Vermehren sogenannter Züchter nicht mehr lohnen würde. Der »Markt« bräche zusammen: keine Nachfrage – kein Angebot! Was für eine stimulierende Gedankenfolge!

Das Traurige daran ist, daß diese nur scheinbar utopische Konstellation von den Zuständigen ohne weiteres realisiert werden könnte, die aber nichts Derartiges im Sinn haben. Der Bundesminister für Ernährung, Landwirtschaft und Forsten ist durch das neue Tierschutzgesetz – das im übrigen nicht das Papier wert ist, auf dem es gedruckt ist – ausdrücklich ermächtigt worden, den Handel mit Hunden per Gesetz zu verbieten. Das wäre dann die Lösung der Hundefrage. Gänzlich oder doch annähernd. Daß der Minister nichts Dergleichen im Sinn hat, liegt auf der Hand: Erstens setzen die Hundefutterhersteller jährlich viele Milliarden um und verfügen über eine entsprechend starke Lobby. (Auch kranke, auch überzüchtete, auch gequälte und vernachlässigte Hunde brauchen nämlich Nahrung. Solange sie eben leben. Und für Nachschub ist gesorgt. Solange der eben lebt.)
Zweitens und vor allem kann ein Landwirtschaftsminister per se kein Tierschützer sein. Das Bild vom Bock, der zum Gärtner gemacht wird, paßt millimetergenau: Ökonomische Gesichtspunkte haben mit Hundezucht und -haltung nichts zu tun. (Wenigstens wäre das der Idealzustand.) Ökonomisches, scharf kalkulierendes Denken und Handeln wird aber unerbittlich vom Fußvolk des Herrn über Kühe und Schweine gefordert – bei Gefahr seiner Absetzung. Und so bleiben die Hühner eben im Käfig, die Schweine in folterengen Buchten, die Kälber sterben, ohne die Sonne und ihre Mutter gesehen zu haben.
Was macht es da, wenn jährlich ein paar hunderttausend Hunde vor dieselben gehen. Kenntnisse sowie das Überprüfen und Überdenken der eigenen Situation und der ihrer Hunde sollten die Hundehalter dazu bringen, sich zu solidarisieren und Abhilfe zu verlangen. Diese Vorstellung ist so evident, daß mit ihrer Verwirklichung nicht zu rechnen ist.
Dennoch wollen wir mit diesem Buch ein wenig dabei helfen, die »kleine Entscheidung« – Anschaffung eines Hundes – richtig zu treffen, und dazu beitragen, größere Entscheidungen für die Erhaltung und Gesundung des ältesten Weggefährten des Menschen zu veranlassen.

Zunächst und zuvor

Familie »Werschon« bereitet ein großes Ereignis vor. Betroffen sind alle Familienmitglieder, und alle sollen von der Anschaffung profitieren. Dementsprechend sorgfältig wird vorgegangen: Literatur studiert, Werbendes gelesen, bedacht, verworfen. Am Ende wird die Summe gezogen aus der Vox populi und dann beim Verkäufer des – nach reiflicher Überlegung und Erregung – erworbenen Vertrauens zum Kauf geschritten. Bei der Unterzeichnung des Vertrages sind alle volljährigen Familienmitglieder dabei, manchmal auch die minderjährigen – eine gewisse Festlichkeit, wenn nicht Feierlichkeit, wird von den Kaufenden als angemessen empfunden. Es geht hier schließlich um eine Anschaffung für viele Jahre, ein neues Mitglied fast der Familie wird heimgebracht.
Sodann besteigen alle das neue Automobil, um es behutsam in die heimische Garage zu lenken.
So oder ähnlich gestaltet sich in einer bürgerlichen Familie die Anschaffung einer »Maschine zur Beförderung von Personen«.
Und wie werden Hunde erworben? Lassen wir mal die Ausnahmen von der Regel beiseite – das darf man – und berichten über den traurigen Normalfall: Der spontane Unfug Nummer 1: Das Hündchen im Schaufenster, das da so niedlich in den Sägespänen herumkrabbelt. Lauter verschiedene Rassen, wie süß. Und wie traurig die gucken. Da muß man doch – da kann man doch gar nicht anders – wenigstens mal fragen! Das vom Einkaufsbummel genervte Kind quengelt und drängelt, Mama hat verschwommene Gegenargumente, das Kind verspricht, bis ins Greisenalter aufs Taschengeld zu verzichten, und Wohlverhalten bis zur Selbstaufgabe. Die Mutter wird und ist schwach (oder der Vater) und wird jetzt noch schwächer. Alle Schranken der Vernunft sind gefallen, man kauft, bekommt irgendein Papier, Kuscheleffekt im Kinderjäckchen, strahlende Äuglein. Tableau.
Zu Hause dann immer die gleiche elende Entwicklung: Keiner hat Zeit, keiner hat Ahnung, die Beteuerungen der Kinder erweisen sich als Strohfeuer, die Schweinerei vieler Seen und Häufchen als eklig und scheinbar unabsehbar. Zudem wird das Hündchen krank, die Papiere – so stellt sich heraus – sind Makulatur, der Tierarzt schickt gepfefferte

Rechnungen, der Familienfrieden ist im Hundeeimer. Alles Scheiße sozusagen. Zwei Möglichkeiten beenden das Dilemma: Das kranke Hündchen stirbt zur unausgesprochenen Erleichterung aller – entweder an seiner mitgebrachten Krankheit oder unterm Auto, also an mangelhafter Aufsicht und an Desinteresse. Die Kinder leisten dann – wiederum leuchtenden Auges – Trauerarbeit, von den Erwachsenen heuchlerisch unterstützt. Oder aber man gibt das arme Ding in »gute Hände« weiter. Entweder per Annonce: Da ist die Wahrscheinlichkeit groß, daß der Ex-Liebling auf dem Seziertisch eines Versuchslaboratoriums qualvoll endet, denn die Aufkäufer sind geschickt und einfallsreich, wie alle Verbrecher, die es zu etwas bringen wollen oder gebracht haben. Andernfalls wird der Hund an eine Sozietät weitergegeben, die sich meist von den Verhältnissen in der ersten Familie nicht unterscheidet: Lediglich der Elan ist noch unverbraucht. Und von den »Ersthaltern« sind gewiß keine brauchbaren Informationen zu erhalten: Erstens haben sie keine, und zweitens werden sie sich hüten, was rauszulassen – sie wollen das Ding ja loswerden.
Eine andere Möglichkeit, sich und den Hund unglücklich zu machen, ist die Übernahme von »zufällig« geborenen Landhunden, deren Rasse unklar bleibt – was kein Fehler ist. Die Besitzer der Hündin sind oftmals derart desinteressiert, daß sie sie in den kritischen Tagen nach Belieben streunen lassen (die Biologie ihres Hundes ist ihnen ohnehin Hekuba und Wurscht). Im übrigen wird keine Minute damit verschwendet, sich nach dem eventuellen Vater zu erkundigen.
Dennoch sind Hunde aus diesem Milieu das »kleinere« Risiko. Wenn sie nicht angekettet oder im Zwinger gehalten wurden, sind sie meist gesund aufgewachsen, wenn auch ohne Bindung an den Menschen. Die Abkömmlinge solcher »Freigänger« allerdings können in ihrer Psyche Probleme aufwerfen. Sie bleiben oft für immer scheu, weil sie in entscheidenden Entwicklungsphasen keine Kontakte zu Menschen hatten, sondern nur zu ihren Wurfgeschwistern und der Mutter. Das Problem der Ahnungslosigkeit und Indolenz des beiläufigen Käufers, der von seinem guten Herzen selbst ganz gerührt ist, wird bei dieser Konstellation jedenfalls nicht geringer. Immerhin: Vielleicht erwacht ja in irgendeinem ernst zu nehmenden Familienmitglied so etwas wie ein krallender Ehrgeiz, mit dieser Aufgabe »Hund« fertig zu werden, weil ein mündiger Bürger in unserer Zeit und in diesem Staat eben in keinem Fall versagen

darf – auch nicht bei der Erziehung von Kind und Hund. Manchmal zeitigt so was sogar erträgliche Ergebnisse; bei Kind *und* Hund. Kinder haben da aber generell die besseren Chancen: Man kann sie, falls die Erziehung fehlschlägt, nicht ungestraft verschwinden lassen. Und jetzt rundet sich der Kreis: Hunde aus ländlicher Umgebung werden im Fall der Unverkäuflichkeit selten ins Tierheim gebracht. (Was ihnen auch keine glänzende Zukunft garantieren würde, wohl aber eine Chance.) Landleute sind meist ohne moralische Vorbehalte. Wer Lämmer, Kälber und die reizenden Ferkelchen dem Schlachthof ausliefert, für den ist das domestizierteste Tier dieser Erde (canis domesticus = Haushund, besser canis familiaris = Familienhund) im günstigsten Fall ein Nutztier wie jedes andere und damit einfach »kein Thema«!
Ohnehin sind die meisten Dorfhunde nach Ansicht ihrer Besitzer das Futter nicht wert. (Die Hunde denken von ihren Besitzern, nicht zu Unrecht, gewiß ebenso.) Nachwuchs jedenfalls ist unerwünscht, weil nahezu unverkäuflich, also läßt man ihn meist ohne Aufheben »verschwinden«.
Eine weitere Variante des spontanen Unfugs ist der Sonntagnachmittags-Ausflug der ganzen Familie im mit so viel mehr Sorgfalt und Sachkenntnis erworbenen Auto auf die Annonce eines Händlers hin, der mit einer Vielzahl von Rassen wirbt, die alle in prächtiger Umgebung zum Verkauf stehen. Dort will man »nur mal gucken«, entschieden – das wird den Morgenluft und ein Knutschespielzeug witternden Kindern eingebleut –, entschieden ist noch gar nichts. Nun gibt es wieder zwei Möglichkeiten: Entweder der Händler hat tatsächlich eine ausdrucksvolle Fassade zu bieten – eine kriminelle Hundevermehrungs-Fabrik ist das dann trotzdem –, oder aber die Idylle erweist sich als eine stinkende Hoflandschaft mit auch für den Laien erkennbar verdreckten und verwahrlosten Tieren. Dann erfolgt der Mitleidskauf – siehe Schaufenster oder Dorfhund.
Im ersten Fall fällt der auf der Fahrt schon halb weichgeklopfte Familienvorstand – das kann natürlich, bitte sehr, auch die Mutter sein – auf die Werbung nebst Kulisse herein, anders als beim Kauf eines Waschmittels – denn davon versteht sie etwas, von Hunden aber nichts –, sonst wäre man nicht hier.
Natürlich gibt es auch Züchter – eingebunden in Vereine und Dachorganisationen –, die keinen Deut besser sind als solche Händler, aber das

ist seltener, und die Art, Käufer zu betrügen, ist beim eingeschriebenen und renommierten Züchter eine andere, auf die ich *später* noch einmal zu sprechen komme. (Bitte sehr: Ich spreche natürlich immer nur von den »schwarzen Schafen«, die es bekanntlich in jeder Branche gibt.)
Eines kann jedenfalls auch der unsachkundige Käufer klar erkennen. Und wir meinen, er *muß – sollte – kann* sich danach richten: Ein Hundezüchter, der von dieser Tätigkeit leben kann – am Ende gar im Wohlstand –, der ist ein schlechter, ein verantwortungsloser, ein am Wohlbefinden seiner Tiere nicht interessierter Verkäufer und ein Betrüger an den Käufern seiner Tiere, auch was die Qualität dieser Tiere anbelangt. Warum das so ist und wie man es richtig macht, das erzählen wir Ihnen noch, damit Sie – das Rezept für den risikolosen Hundekauf gierig suchend – den gesamten Textteil aufmerksam lesen.
Soviel aber vorab: Den risikolosen Hundekauf gibt es ebensowenig wie die risikolose Anschaffung eines Kindes: Sie haben keinen Einfluß darauf, ob das mit allen Vorsichtsmaßnahmen geplante Kind Legastheniker wird oder die Kartoffelnase von seinem Onkel Paul erbt. Sie müssen es so nehmen und lieben, wie es ist.

Hundehaltung beim Massenzüchter: aus niederbayrischen Dreckställen in Tierboutiquen

Das ist beim Hundekauf ähnlich. Mit etwas verringertem Risiko: Sie können im voraus sehen, was künftig zur Familie gehören soll. Wenn Sie allerdings nichts von Hunden verstehen, nützt Ihnen das auch nicht viel. (Andernfalls müßten Sie schon eine Menge davon verstehen.)
Und sollte der Züchter der Idealfall eines Züchters sein: Wie sagt die Fleischersfrau zum Kunden, der das zähe Rumpsteak reklamiert: »Da steckt man nicht drin.« Auch nicht in einem acht Wochen alten Bündelchen, das einmal ein Hund werden soll. Sie können lediglich den Weg des kleinsten Risikos wählen. Dazu wollen wir Ihnen verhelfen, akzeptieren müssen Sie den Hund dann aber so, wie er ist. Nach unserer Erfahrung tut das dann auch der größere Teil der Hundehalter. Sei es auch so, daß Sie sich den Problemhund zum Idealhund zurechtlügen, weil Sie nichts Minderwertiges besitzen wollen und weil Sie nicht zugeben möchten, betrogen worden zu sein.
Dem Hund geht's dabei mittelmäßig bis schlecht. Das kommt auf die Relation zu anderen Hundeexistenzen an: Er bekommt jedenfalls alles, was er braucht, nur keine Liebe. Also geht's ihm doch eher schlecht.

Wer und wann

Den Hund, den durch Zufall und den durch falsches Mitleid erworbenen, haben wir abgehandelt. Wer darf, wer soll sich denn nun einen anschaffen? Auch bei dieser Generalfrage sind wieder Klischees und Vorurteile auszuräumen. Klischee Nummer eins: Kinder und Hunde. Originaltöne: »Es ist doch so reizend, wenn Kinder mit Hunden aufwachsen. Ich kann mich nicht erinnern, daß wir in meinem Elternhaus je keinen Hund hatten.« Oder: »Ein Hund gehört doch zu einer richtigen Familie!« – »Unser Alf als Einzelkind braucht einen Spielkameraden. Der Junge ist ja so tierlieb. Sie sollten ihn mal mit seinem Aquarium und seiner Schildkröte sehen.« Klischee Nummer zwei: »Wir haben einen großen Garten (500 Quadratmeter, hauptsächlich Blumenrabatten), da kann er sich austoben.«
Alles falsch oder doch so nicht richtig.

Zu eins: Ein Hund *kann* Spielgefährte eines Kindes sein. Voraussetzung: Beaufsichtigung durch Erwachsene, falls es sich um ein kleines Kind – zwei bis zehn Jahre – und einen jungen Hund – zwölf bis 18 Monate – handelt. Beide können auf Anhieb nicht miteinander umgehen. Sie müssen es lernen wie alles andere auch. Kleine Kinder gehen rücksichtslos mit der Umwelt um, junge Hunde auch. Damit sind kleinere Katastrophen an der Tagesordnung, größere und ganz große sind programmiert und stehen dann in der Zeitung. Handelt es sich um einen kleinrassigen Hund, wird er die täppischen Annäherungsversuche eines Kleinkinds bis zu einer gewissen Schmerzgrenze hinnehmen, weil das Kind zum »Clan« gehört – und sich dann wehren. Das gibt ein paar Schrammen und viele Tränen, und Mutter schimpft allround, weil sie keine Zeit und Nerven hat »für so was«! (»Wir haben uns das so hübsch gedacht, und nun beißt die Töle das Kind.«)
Dabei hat der Junghund, der selbst noch nicht weiß, wie er seine Kräfte Menschen gegenüber zu dosieren hat – das muß er nämlich auch erst lernen –, sich für seine Verhältnisse nur warnend geäußert. Seine Verhältnisse sind seine Zähne und sein Kiefer. Dabei lohnt es sich zu wissen, daß bereits ein Pekinese mehr als doppelt soviel Kieferkraft hat wie ein erwachsener Mann – ein großer Hund kommt bis auf das Zehnfache. Kratzer, durch das Milchgebiß verursacht, später vier blaue Punkte durch die Eckzähne zeigen also, daß der Hund seine Abwehr – im Gegensatz zur Tölpelhaftigkeit oder offenen Aggression eines Kindes – sehr wohl und sehr genau dosiert. Der kleine Hund kann von Natur aus besser mit seinem menschlichen Spielkameraden umgehen als umgekehrt. Denken Sie daran, wenn's Geschrei und Tränen im Kinderzimmer gibt statt der erwarteten Idylle, und strafen Sie um Himmels willen nicht den Hund. Vor allem dann nicht, wenn Sie nicht dabeigewesen sind. Da der Hund, seiner Auffassung nach und tatsächlich, »nichts gemacht hat«, muß er die Bestrafung ursächlich mit dem Kind in Zusammenhang bringen. Bei großrassigen Hunden ist die Gefahr für das Kind entsprechend größer. Dabei muß vom Hund keine Aggression ausgehen. Eine rasche Bewegung des Kopfes: Beule bis Gehirnerschütterung. Spielerische Pfotenbewegung: Sturz und Schrammen. Es ist wie beim Autofahren: Bei all der Verantwortungslosigkeit und Blödheit um einen her wundert man sich, daß nicht noch viel mehr passiert.
Damit wir uns nicht mißverstehen: Kein normaler Hund wird absicht-

lich ein Kind ernsthaft verletzen. (Was sich, wie gesagt, umgekehrt nicht behaupten läßt.) Aber: Wissen Sie, ob Sie einen Hund gekauft haben, der genetisch intakt ist? Nicht schon im Welpenalter zum Angstbeißer und Neurotiker gemacht wurde?

Fazit: Junge Hunde und junge Menschen müssen beaufsichtigt werden. Einzeln und miteinander.

Wenn Sie Ihren Hund unter diesen Vorsichtsmaßnahmen schon jahrelang mit dem Kind oder den Kindern im Haus haben, dann und nur dann können Sie beruhigt auch mal außer Haus gehen.

Soll ein Kind für »seinen« Hund weitgehend Verantwortung tragen, muß es zehn bis zwölf Jahre alt sein. Aber auch dann empfiehlt sich ständige Kontrolle, und ein solches Arrangement kommt nur dann in Betracht, wenn das Kind das wirklich möchte und auch bei seinem Wunsch bleibt. Kinderwünsche sind unbeständig, das gehört zum Lernprozeß kleiner Menschen. Wenn es heute der Goldhamster war, der sehnlichst erbettelt wurde, ist es morgen schon der Wellensittich, den der Freund hat und der »so süß sprechen kann«.

Wenn also kein anderes Familienmitglied die Arbeit und die Verantwortung für irgendein Tier, speziell aber für den Hund, übernehmen kann oder will, ist die Anschaffung nicht zu verantworten, darf man sich nicht von noch soviel Bettelei oder Tränen erweichen lassen. Alle Beteiligten müssen es sonst bitter büßen, und ein Hund gehört, im Widerspruch zu Originalton zwei, durchaus nicht zu einer richtigen Familie, sondern muß als Sonderfall mit Sorgfalt integriert werden.

Abschließend zu Originalton drei: Ein Hund ist kein Goldfisch, kein Hamster, kein Wellensittich und kein Kaninchen. Als höchstentwickeltes soziales Wesen beansprucht er viel Zeit, Sorgfalt und Pflege, und zwar, im Gegensatz zum Menschen, sein ganzes Leben lang, das 15 Jahre währen und von Unfall oder Krankheit begleitet sein kann.

Wer unerschütterliche Freundlichkeit, Zuneigung und immerwährendes ästhetisches Vergnügen nicht konstatieren kann oder wem das nicht viel bedeutet, wer nicht bereit ist, Zeit, Geld und Nerven für seinen Hund zu opfern, der soll die Finger davon lassen.

Der »Nutzwert« des Hundes ist – von seltenen Ausnahmen abgesehen – gleich Null. Jede Alarmanlage ist effektiver, jede Gaspistole wirkungsvoller, jedes moderne Schloß gewährt mehr Sicherheit und macht keinen Ärger.

Irish Wolfhound und kleiner Junge: eine Freundschaft, die der Aufsicht bedarf

Also noch mal: Wenn Sie nicht sicher sind, Ihren Hund ohne jeden vernünftigen Grund lieben zu können, dann schaffen Sie sich keinen an, er wird es Ihnen danken!
Und noch eine Anmerkung, die notwendig ist, obwohl man sich fast schämt, auf etwas hinzuweisen, was derart selbstverständlich erscheinen muß. Kinder dürfen – das verlangen ausnahmsweise *sowohl* der Gesetzgeber *als* auch der gesunde Menschenverstand – nur mit einem Hund auf die Straße, wenn sie ihn beherrschen können. Das heißt nicht nur, daß der Hund auf das Kind hören muß, es muß ihn auch per Leine *halten* können, und zwar in *jeder* Situation. Wenn das nicht gewährleistet ist, sind die Folgen unabsehbar. Und wer erlaubt, daß sein Achtjähriges mit Rottweiler Ali allein Gassi geht, ist entweder von einer klinischen Phantasielosigkeit oder erweckt den Anschein, daß er beide loswerden möchte.
Ein Beispiel nur, zehntausendmal passiert: Hund trottet brav neben Kind, sieht plötzlich etwas für ihn Hochinteressantes auf der anderen Straßenseite, reißt sich los, rennt quer über die Straße, das Kind schreiend hinterher, erst wird der Hund überfahren, dann das Kind. Oder umgekehrt.
Noch mal ganz deutlich: keine Horrorutopien, sondern leider tägliche Wirklichkeit. Variationen dieses Standardunfalls sind in zahllosen Polizeiprotokollen nachlesbar. Juristisch ist das »Vernachlässigung der Aufsichtspflicht«, und die Halter – also die Eltern – haften voll für den entstandenen Sachschaden. Der kann sich in einem umgekippten Lastwagen mit Hänger ausdrücken, der hochempfindliche Elektronik im Werte von einer Million geladen hat und dessen Fahrer auf die Bremse latschte, weil er Hund und/oder Kind nicht übermangeln wollte. *Deshalb* müssen Sie versichert sein und nicht, weil Struppi dem Briefträger die Hose zerreißen könnte; die ließe sich vielleicht noch bezahlen.
Die Versicherung kostet auch wieder zwischen achtzig und einhundert Mark jährlich. Wenn Sie dann noch die jährlich anfallenden immunisierenden Spritzen rechnen, Futter und »Zubehör« sowie anfallende Kosten auf Reisen (ich hoffe doch sehr, Sie verreisen mit Ihrem Hund, sonst stimmt Ihre Beziehung schon wieder nicht), entstehen bei einem mittelgroßen Hund Kosten von zirka 200 Mark monatlich. Das wird aber schnell mehr, wenn der Tierarzt dazukommt: Und er kommt dazu, verlassen Sie sich darauf!

Anderslautende Auskünfte sind Augenwischerei, lassen Sie sich nichts erzählen. Und ein ganz kleiner Hund kann noch teurer werden, weil er allein durch seine Winzigkeit anfällig für allerlei Krankheiten ist.
Wir kommen zu Originalton vier: Ob Sie es glauben oder nicht: Ihrem Hund ist es ziemlich gleichgültig, ob Sie einen Garten haben oder nicht. Erstens kann er in den meisten Fällen nicht rein und raus, wie es ihm behagt; zweitens darf er sich selten frei darin bewegen – »O Gott, die Begonien« –, und drittens ist er ihm bald ebenso langweilig wie Ihnen. (Nur: Sie gestehen sich das nicht ein.) Gesetzt den Fall, das Grundstück ist über 3000 Quadratmeter groß und der Hund kann sich jederzeit frei darin tummeln: Dann ist das zwar schon ein bißchen besser, aber es ändert dennoch nichts daran, daß jeder Hund mit seinen Menschen zusammen jeden Tag erleben will. Nur ganz junge Hunde spielen selbstvergessen mit sich selbst wie das Baby mit seinem großen Zeh. Der erwachsene Hund aber überzeugt sich davon, daß der Garten wie immer riecht, legt sich dann vor die Tür Ihres Traumgrundstücks und wartet darauf, daß einer mit ihm spazierengeht. Das will er, das darf er wollen! Das *müssen* Sie für ihn tun, das ist obligatorisch! Wenn Sie mit Ihrem Hund nicht laufen wollen oder können – na, Sie wissen ja schon.
Spazierengehen ist gesund. Das ist eine Binsenweisheit, aber deshalb nicht weniger wahr. Lassen Sie sich nicht einreden, daß es Rassen gibt, die nicht laufen wollen und das für ihre Gesundheit und ihr Wohlbefinden auch nicht brauchen. Faustdicke Lüge! Der Hund ist ein Läufer, will er das nicht, ist er krank oder degeneriert, was dasselbe ist.
Wahr ist, es gibt Rassen, vornehmlich die großen, überschweren, die möchten nur spazieren*gehen*. (Obwohl auch Bernhardiner oder Mastiffs mal lostoben möchten.) Andere, die leichten, kleinen, wollen spazieren*rasen*! Aber auf die Beine machen muß der Mensch sich täglich und für alle Rassen! Und zwar ohne Leine, mindestens eine Stunde! Spaziergänge an der Leine sind wertlos, bei größeren Hunden schädlich. Der Hund hat einen anderen Bewegungsrhythmus als ein Mensch, und andere Dinge interessieren ihn. Er lebt hauptsächlich durch Geruchseindrücke, und Urin und Kot sind für ihn hochinteressant und keineswegs ekelhaft. Wenn Sie das nicht aushalten können und überdies entsetzt sind, daß Ihr Hund ein Sexualleben hat und sich dessen nicht schämt wie Sie, dann – na, Sie wissen ja schon.
Natürlich ist zu verstehen, daß Sie sich blöd vorkommen, minutenlang

neben dem angeleinten Hund zu stehen, der einen stattlichen Haufen begutachtet. Unter anderem deshalb müssen Sie mit Ihrem Hund in die freie Natur oder was noch davon übrig ist. Auch in Großstädten gibt es fast überall freie Flächen, wo Hunde sich bewegen und miteinander kommunizieren können. Auch das ist sehr wichtig, wenn der Hund ein richtiges soziales Verhalten lernen soll. Und das soll und muß er.
Darauf kommen wir aber im letzten Kapitel ausführlicher zurück. Und lassen Sie sich nicht ins Bockshorn jagen: Auch im Wald und auf der Heide darf Ihr Hund frei laufen. Er muß lediglich innerhalb Ihres Ansprechbereiches bleiben und auf Ruf kommen. Deshalb muß der Hund gehorchen, da hilft alles nichts, und auch darauf kommen wir noch zurück. Leider gibt es unter den Herren im grünen Rock noch immer Typen, die der Auffassung sind, sie dürften jeden Hund in ihrem Revier abknallen, und die das auch freudig tun, weil es sie generell freut, etwas Lebendiges straflos töten zu können.
Der Gesetzgeber gibt ihnen in den allermeisten Fällen nicht recht, aber was haben Sie davon, wenn der Killer vorübergehend seinen Jagdschein los wird, und Ihr Hund ist tot.
Auch nach dem neuen Tierschutzgesetz bleibt Ihr Hund eine Sache wie Ihr Fernseher oder Ihre Wohnzimmercouch, und Sie haben lediglich Anspruch auf »Ersatz«.
Beispiel: Ihr zehnjähriger Hund zweifelhafter Rasse wird Ihnen, 50 Meter vor Ihren Füßen, von einem wild gewordenen Sockenhersteller im grünen Loden abgeknallt, und das Gericht befindet: zu Unrecht. Dann muß Ihnen der Wert des Hundes erstattet werden. In diesem Fall, hochgerechnet, zirka 50 Mark. Handelt es sich um einen Rassehund gleichen Alters: 100 Mark.
Vorsicht im Umgang mit Jägern ist also geboten.

Wir sind nicht der Auffassung, daß ein Hund in einer Großstadtwohnung nicht gut aufgehoben ist. Vorausgesetzt, sie bekommt Auslauf, fühlt sich eine Dogge in einer Dreizimmerwohnung wohler als ein Foxterrier, der auf dem Lande lebt, mit dem niemand läuft und der in irgendeinem öden Gärtchen seinen »Auslauf« haben soll. Und um noch einmal auf das zu kommen, was der Hund notwendigerweise hinterläßt: Ein erwachsener Hund wird einmal am Tag gefüttert. Drei bis fünf Stunden danach möchte er sich lösen. Kalkulieren Sie diesen Rhythmus ein und bringen Sie Ihren Hund – eventuell mit dem Auto, das das Leben mit einem Hund im übrigen sehr vereinfacht – dahin, wo er diskret im Gebüsch verschwinden kann und für natürliche Düngung seinen Beitrag leistet. Ich habe jahrelang große Hunde in einer Stadtwohnung gehalten. Es ging ihnen gewiß nichts ab, denn ich war in jeder freien Minute mit ihnen zusammen, wir liebten und schätzten uns, und auf die Straße wurde nur in seltenen Ausnahmefällen geschissen. Das waren dann Notfälle. Ich hab's beseitigt, und wer von uns hat die Stirn zu behaupten, er hätte sich noch nie diskret in die Hose gemacht.

Auf eins müssen Sie – neben vielem anderen – vor der Anschaffung achten, sofern Sie eine Mietwohnung bewohnen. Wenn im Mietvertrag Hundehaltung ausdrücklich untersagt ist, müssen Sie die Genehmigung beim Hauswirt schriftlich beantragen. Gibt der gefühllose Mensch sie nicht, müssen Sie die Wohnung wechseln – wahrscheinlich war sie ja ohnehin viel zu laut und viel zu teuer – oder auf den Hund verzichten.

Wohnt der Hausbesitzer im eigenen Haus, darf er selbst auch keinen Hund halten, wenn er es seinen Mietern verboten hat. Schließlich leben wir in einer Demokratie, und da gilt gleiches Recht für alle – zumindest in diesem Fall.

Sie dürfen sich dann also auch einen Hund anschaffen, Mietvertrag hin oder her. Das gleiche gilt, wenn die Hundehaltung einem anderen Mieter gestattet wurde. Voraussetzung ist natürlich, daß Ihr Hund weder durch dauerndes Bellen alle Anwohner zur Weißglut bringt noch seine Geschäfte im Treppenhaus erledigt. *Einmal* ein Malheur im Hausflur ist aber auch wieder kein Grund für drohende Briefe des Besitzers.

Für verzwickte Fälle: Es gibt Spezialanwälte, und es gibt Broschüren, die den Hund als juristisches Wesen abhandeln.

Wir haben versucht aufzuzeigen, wie und wo man Hunde halten kann.

Im Zwinger *darf* man Hunde halten. So hat der Gesetzgeber entschieden, und die Mindestmaße der Zelle hat er auch gleich verlautbart: sechs Quadratmeter für den Einzelhund. So und so beschaffen. Mit Ausführung zur Ausführung. Das alles ändert nichts daran, daß fortdauernde Zwingerhaltung erstens schwachsinnig ist und zweitens den Tatbestand der Folter erfüllt.

Schwachsinnig ist es, einen Hund, der etwas bewachen soll, so zu deponieren, daß er nichts bewachen *kann*. (Außer dem Zwinger natürlich.)

Da drin kann er dann herumtoben, während das Haus in aller Ruhe ausgeräumt und Wertvolles vom Grundstück abtransportiert wird.
In Japan gibt es Fertigzwinger, inklusive Boden. So ein Käfig wurde, einem Zeitungsbericht zufolge, komplett mit wertvollem Akita gestohlen. Vermutlich hatte der Hund es bei den Dieben besser.
Gefoltert ist ein derart untergebrachter Hund deshalb, weil er ein soziales Wesen ist, seit Jahrtausenden genetisch darauf eingestellt, im engen Verband mit den Menschen zu leben, denen er sich zugehörig fühlt. Gewaltsam von ihnen getrennt zu werden ist schlimm für ihn. Durch seinen Rudelführer selbst aus der Familie gerissen zu werden ist eine entsetzliche Strafe, deren Sinn der Hund schon deshalb nicht verstehen kann, weil sie keinen Sinn *hat*.
Zusammen mit der körperlichen Mißhandlung – denn so muß die Arrestierung des Läufers Hund verstanden werden – macht Zwingerhaltung *jeden* Hund wahnsinnig.
Den einen früher, den anderen später.
Schließlich fällt er in letzter Verzweiflung den an, der ihm das Futter bringt, und man kann nur hoffen, daß es der Halter selbst ist.

Was in einem Buch über Hunde falsch ist und was richtig, ist für den Laien sicher oftmals schwer zu unterscheiden.
Daß es Rassen gibt, die für die Zwingerhaltung geeignet sind, ist jedenfalls eine bösartige Fehlinformation.
Noch eine Anmerkung zur Rubrik Schwachsinn: Ein Zwinger kostet in den meisten Fällen nicht mehr als ein Zaun ums Grundstück. Auf diesem Areal frei laufend, kann der Hund dann das Haus bewachen.
Noch besser kann er das allerdings im Haus. Und da gehört er hin.
Zum Thema »Kinder und Hunde« könnte man natürlich noch viel mehr ausführen, aber weil man nicht alles darstellen kann und unser Buch überschaubar bleiben soll, verweisen wir am Schluß auf einige Bücher, die Sie als fortgeschrittener Hundehalter, aber auch als Newcomer anschaffen sollten, wenn Ihnen das hier Gebotene erfreulicherweise nicht genügen sollte. Andererseits glauben wir, daß Ihnen mit dem bisher Mitgeteilten zunächst einmal geholfen ist. Wir haben eine Menge von jenen guten Sach- und Fachbüchern gelesen, bis wir genug wußten, um den Mangel in der Literatur über Hunde konstatieren zu können: ein Buch wie dieses.

Wie und welcher

»Wo«, so höre ich unsere Leser fragen, »wo aber bleibt das Positive, meine Herren?«
Die Frage ist berechtigt: Bislang war hauptsächlich von dem die Rede, was man besser lassen sollte, und von dem, was nicht so ist, wie es sein müßte. Das liegt größtenteils an der im Vorwort bereits angekündigten erklärten Absicht, mit Vorliegendem die Zahl der Hundebesitzer möglichst *nicht* zu erhöhen. Inzwischen gibt es schon weit mehr Hunde, denen es schlechtgeht, als andere.
Das kann nicht anders sein, denn so, wie wir heute zu leben gezwungen sind, gibt es mehr Gründe gegen Hundehaltung als dafür. Weil es mehr indolente und verantwortungslose Menschen gibt als umgekehrt.
Nun aber: Jemand hat überlegt – lange –, in der Familie sind alle befragt worden, die Kompetenzen unwiderruflich verteilt, der Hauswirt ist einverstanden, das Finanzielle hat sich als möglich erwiesen – wie geht es jetzt weiter, vielmehr: Wie geht es überhaupt los?
Ich setze mal voraus, die Entscheidung über die Rasse ist auch schon gefallen. Nicht? Dann muß auch darüber etwas gesagt werden.
Zunächst: großer oder kleiner Hund? Oder mittlere Größe? Wir stellen im folgenden 100 Rassen vor und geben unseren Senf dazu. Sie können sich das alles in Ruhe angucken. Übrigens gibt es 337 Rassen. Aber wir wollten auch in diesem Punkt Überschaubares anbieten, vorhandene Unsicherheiten nicht noch verstärken durch ein gewaltiges Überangebot an Informationen.
So haben wir uns gedacht, wer denn unbedingt einen Tosa Inu besitzen möchte oder einen Koikerhund, der wird vielleicht wissen, warum, und keine Mühe scheuen, einen ausfindig zu machen.
Wir aber wenden uns nun der Kardinalfrage zu: groß, klein oder mittel?
Fatalerweise ist es den Menschen in Tausenden von Jahren gelungen, Abkömmlinge des Wolfes zu züchten, die weniger Ähnlichkeit mit ihrem Urvater haben als ein Meerschweinchen mit einer Erdkröte.
Fatal deshalb, weil sich inzwischen »Kreationen« darunter befinden, die infolge ihrer körperlichen Beschaffenheit elend dran sind. Fehlgezüchtet ist eine Rasse dann, wenn der »Standard« Merkmale fordert

oder für wünschenswert hält, die das körperliche Wohlbefinden der Vertreter dieser Rasse einschränken oder gar ausschließen. Und wir sind klipp und klar dafür, solche Rassen aussterben zu lassen.
Es kann doch nicht viel Phantasie dazu gehören, sich vorzustellen, daß es keinen Spaß macht, wenn einem die Ohren beim Laufen auf dem Boden schleifen und beim Essen in die Suppe hängen. Auch eine chronische Bindehautentzündung bedeutet nicht weniger als chronische Schmerzen. Die Verursacher solcher Qual: nach unten-außen fallende Lidränder (Ektropium) garantieren allerdings den beliebten melancholischen Ausdruck. Abgeschnittene Ohren und Schwänze werden da vergleichsweise zur Bagatelle. Eins sollte man sich doch mal vorstellen: Es gibt keine Wildhundform, keine Wolfsvariante mit hängenden Ohren. Das »rührende« Schlappohr ist eine mühselig und über einen großen Zeitraum herausgezüchtete Mutation. Das Absurde besteht darin, daß das nunmehr hängende Ohr bei einer Reihe von Rassen wieder abgeschnitten werden muß! (Jaja, wir wissen schon: Seit neuestem ist das Kupieren des Ohres in Deutschland verboten. Aber zum einen bewirkt das nicht allzuviel, und zum anderen hat es lange genug gedauert, so daß man immer noch darüber empört sein darf.)
Nach welchem unerfindlichen Ratschluß einige Hängeohrrassen so bleiben durften, wie sie nach vieler Mühe nun mal geworden waren, andere dagegen nicht, wird wohl nicht mehr zu rekonstruieren sein.
Eine weitere Perversion: Was meinen Sie, wie sich ein Zwei-Zentner-Mann mit dreißig Zentimeter langen Beinen fühlen würde? Wir stellen diese Frage einfach mal allen Bassetfreunden und wissen aus Erfahrung, daß »ihrer« Rasse sofort windhundartige Eigenschaften bescheinigt werden. Wie mißgestaltet ein Hund auch immer aussehen mag, menschliche Einsicht ist nicht zu erwarten.
Warum das so ist, wissen wir auch nicht.
Was die Größe angeht, so vertreten wir eine Faustregel: Zusätzlich zu den rassetypischen Risiken und Spezialkrankheiten (die wir im Rassenverzeichnis nach einer Umfrage bei Tierärzten jeweils benennen) ist jeder Hund, der wesentlich unter fünf Kilogramm oder erheblich über fünfzig Kilogramm wiegt, grundsätzlich gefährdet. Das liegt daran, daß man ein Lebewesen eben nicht ungestraft maßstabgerecht vergrößern oder verkleinern kann, wie ein Architekt das bei einem Bauwerk kann und darf.

Je größer und schwerer ein Hund ist, desto schwächer ist er – relativ! Anders ausgedrückt: Das Verhältnis des Körpergewichts zur Muskulatur sowie zur Festigkeit und Stabilität des Skeletts wird immer ungünstiger. Achten Sie einmal darauf, wie ein Neufundländer sich bewegt im Vergleich zu einem Zehn-Kilo-Hund. Mit den Zwergen ist es genauso, bloß umgekehrt: Die winzigen Knochen bieten nicht mehr genügend Stabilität, den armen Wichten kann man mit einer Hand den Schädel eindrücken, beim Sprung vom Stuhl kann das Rückgrätchen brechen. Die Zähne weigern sich, in solcher Winzigkeit überhaupt in Erscheinung zu treten, oder fallen lange vor der Zeit wieder aus.
Man kann es wenden, wie man will: Vieles, wenn nicht alles, spricht gegen übergroße oder besonders winzige Hunde, so reizvoll sie oft erscheinen.
Wer sich zu so was entschließt, muß bereit sein, das erhöhte Risiko auch zu tragen und dem von Menschen so gewollten Tier beizustehen in seinen schlechten Tagen, falls sie denn kommen sollten. (Und meistens kommen sie!)
Das oft stark reduzierte Lebensalter besonders der Riesenhunde spricht entgegen den wütenden Dementis von Züchtern eine deutliche Sprache. Obwohl wir gerne zugeben, daß manche Dogge, mancher Mastiff länger gelebt hätte, wenn er mit mehr Sorgfalt und Kenntnis aufgezogen worden wäre. Beides braucht es nämlich bei diesen Rassen, um das schnell wachsende Riesentier systematisch zu trainieren, ohne es zu überfordern. (Ein Welsh Terrier oder Mittelschnauzer wird von allein erwachsen und fertig.)
Sowohl die Riesen- als auch die Zwergwüchsigkeit sind eine »Errungenschaft« des Industriezeitalters. Beides entstand in der Ära der Wolkenkratzer und der Mikrochips. Das ist sicher Zufall, aber zufällig *ist* es so. Wenn man Hundebücher der Jahrhundertwende betrachtet und weiter bis zu den zwanziger Jahren, fällt zweierlei auf: Zum einen gab es den größten Teil des heutigen »Rassenangebots« damals schon, zum anderen waren die Hunde weder so übergroß noch so winzig klein, noch so grotesk wie heute. (Ausnahmen in der Zwergwüchsigkeits-Kategorie wie der Chihuahua bestätigen die Regel.)
Der seinerzeit weltberühmte Bernhardiner Barry, der 43 Menschen vor dem Schneetod bewahrt hat, wog nur wenig über vierzig Kilogramm. Unsere heutigen »Bernis« wiegen nicht selten um hundert Kilogramm

und sind zu Rettungsdiensten ebensowenig imstande wie die heutigen Yorkshire Terrier zur Rattenjagd, was bis vor zirka achtzig Jahren ihr Zweck und ihre Leidenschaft war.
Kommen wir zum Preis: Es gibt teure und weniger teure Rassen. Das richtet sich nach dem jeweiligen, vom Trend beeinflußten Marktwert und nach der Exklusivität, das heißt nach dem Seltenheitswert.
Glauben Sie mir: Ein Hund – gleich, welcher Rasse – kostet im Laufe seines Lebens so viel Geld, daß der Kaufpreis eine völlig untergeordnete Rolle spielt, verteilt auf die Gesamtkosten und das Gesamtleben des Hundes. Wenn Sie genügend Geld haben, um einen Hund zu halten, aber kaum etwas auf der »hohen Kante« – so was soll's ja geben –, dann holen Sie sich einen armen Gevatter aus dem Tierheim. Nehmen Sie jemand mit, der etwas von Hunden versteht, damit Sie nicht eine ausschließlich mitleidbestimmte Wahl treffen, und machen Sie erst mal über ein paar Tage Spaziergänge mit dem in Aussicht genommenen Hund. Kluge Tierheimleiter werden das gestatten. (Gegen Vorlage der Personalien, versteht sich.) Viele Menschen haben ihren Hund für ein paar Zehner so erworben, sind glücklich mit ihm geworden und er mit ihnen. Natürlich ist ein Hund aus dem Tierheim, sofern er erwachsen ist, kaum noch formbar. Man muß ihn dann so nehmen, wie er ist. Erfreulicherweise aber haben die meisten Hunde einen guten Charakter, was man von den Menschen nicht so unbedingt behaupten sollte.
Werden im Tierheim ausnahmsweise einmal Welpen angeboten, so können auch die schon deformiert sein. (Warum das so ist, können Sie in einem der vorzüglichen Bücher von Eberhard Trummler nachlesen, die ich überhaupt allen empfehle, die mehr und Spezielleres erfahren wollen, als wir in diesem pragmatischen Kompendium bieten können.)
Ein bißchen Glück gehört beim Hundekauf allemal dazu, und vor Pech bewahrt Sie auch der renommierteste Züchter nicht.
Warum also nicht der Hund aus dem Tierheim: Es gibt Autofachleute, die bestreiten energisch, daß ein Mercedes besser ist als andere Pkw, und die sind sogar bereit, es zu beweisen. Das können Sie mit Ihrem Obdachlosenhund nicht. Aber glücklich können Sie mit ihm werden.

Es gibt *Händler,* die *handeln* mit Hunden. Das ist dann aber kein Gewerbe, sondern eine kriminelle Tätigkeit, die aus nicht zu verstehenden Gründen gesetzlich nicht erfaßt wird.

Wenn Sie, lieber Leser, jetzt fragen möchten, warum das so ist, müßte ich Sie bitten, bis hierher noch einmal zu lesen. Da mir aber Schulmeisterei weder zusteht noch möglich ist: Händler haben nicht die geringste Beziehung zur »Ware« Hund. Wäre es anders, wären sie Züchter und akzeptierten so wenigstens die allermindesten Voraussetzungen der Hundezucht: Papiere, die die Herkunft nachweisen, die für den jungen Hund lebensnotwendigen Impfungen, hundegerechte Unterbringung und Pflege von Mutterhündin und Welpen, verantwortungsvolle Weitergabe der Jungtiere, Anbindung aller – und nicht zu vieler – Hunde an die Familie, artgerechte und ausreichende Ernährung und Haltung. Händler kaufen aus obskuren Quellen überzählige und unterentwickelte Hundebabys – häufig im Ausland – auf, transportieren sie in Kisten und Kofferräumen zum »Umschlagplatz«, schmeißen die inzwischen Verreckten weg und setzen die übriggebliebenen, fast ausnahmslos todkranken Welpen möglichst schnell um. Wobei der Käufer abenteuerliche Papiere als Dreingabe bekommt und die Versicherung, daß der Hund geimpft ist. Oft verdienen dann noch gewissenlose Tierärzte – die es leider auch gibt – an den Häufchen Unglück eine schnelle Mark, indem sie in offensichtlich hoffnungslosen Fällen noch eine Weile »behandeln«, statt dem Leiden dieser Armseligen ein rasches, gnädiges Ende zu machen.
Soviel zum Thema Hundehandel und Händler. Ausnahmen gibt es nicht. Vom Handel mit Hunden kann nur leben, wer gegen alle moralischen Gesetze – andere gibt es ja nicht – der Hundezucht verstößt. Ein Hund ist kein Handelsobjekt.
Und nun zum »Normalfall«: Am schon erwähnten »Verband für das deutsche Hundewesen« kann zwar nicht die Welt genesen – auch nicht die Hundewelt –, aber weiterhelfen kann der VDH schon. (Die Adresse können Sie dem Anhang entnehmen.) Er gibt Ihnen den für »Ihren« Hund zuständigen Zuchtverband auf, und dort werden Ihnen die Züchter dieser Rassen vermittelt, die momentan oder in naher Zukunft Welpen abzugeben haben. Bei weitverbreiteten Rassen können Sie sich Züchter in der Nähe Ihres Wohnbereichs aussuchen, dort jedenfalls erst einmal beginnen. Soll es eine schwach vertretene Rasse mit verhältnismäßig kleinem Bestand sein, sollten Sie sich darauf einrichten, etwas weiter reisen zu müssen. (Es war schon immer etwas teurer, einen besonderen Geschmack zu haben.)

Natürlich können Sie sich auch über Fachzeitschriften kundig machen, in denen Züchter abzugebende Welpen annoncieren – meistens mit hochtönenden Worten, die Sie mißtrauisch machen sollten.
Wenn da beispielsweise von »knallharten Bullterrier-Eltern« die Rede ist, dann hat der Züchter schon mal ein ebenso falsches Verständnis von seiner Rasse wie von Hunden überhaupt. Streichen Sie die Adresse von Ihrer Liste. Züchter, die ihre Welpen zu verschicken bereit sind, kommen ebenfalls nicht in Frage, und wir haben nie begriffen, warum der VDH solche Versandtäter nicht aus dem Zuchtverband ausschließt. Wer so etwas tut, ist kein Züchter, sondern ein Hundevermehrer aus Profitgier: kaltschnäuzig und unbarmherzig. Was da aus dem durchlöcherten Pappkarton herausgezogen wird, ist mit Sicherheit ein neurotisches Bündel, das seinen Schock fürs Leben weg hat.
Man muß sich das mal vorstellen: Nach acht Wochen Leben in einer Welt, die nur aus dem Muttertier und den Geschwistern bestanden hat (eine Prägung auf Menschen, gar auf *den* Menschen, hat bei dieser Art von Hundeherstellern gewiß nicht stattgefunden), wird der Winzling ausgesondert, in eine dunkle, enge Zelle gesperrt und ohne Futter und Wasser, rüttelnd, lärmend und von angsterregenden, nie erlebten Geräuschen und Gerüchen begleitet, auf den Weg gebracht.
Zukunft im menschlichen Sinn können sich Tiere nicht vorstellen, auch Hunde nicht, das Hoffen können sie erst durch Erfahrung lernen.
Der kleine Hund muß also in seinem mehr und mehr stinkenden Folterkarton in Trostlosigkeit versinken. Bis der sich öffnet und er mit Jubelgekreisch von der ganzen Empfängerfamilie hin- und hergezerrt wird. Jeder will ihn mal haben und liebkosen: »Der ist ja so süüüß, ich will ihn auch mal!« Der Welpe, der das schadlos übersteht, der muß schon ein Ausbund von Robustheit sein, und damit ist nicht zu rechnen.

Sie sind nun aber zu einem Züchter gefahren, mit dem Sie vorher korrespondiert und telefoniert haben, und zwar nicht, um den Welpen gleich mitzunehmen. Mindestens einmal sollten Sie sich den Wurf nur ansehen, sich Zeit nehmen zu einem Gespräch und einer Tasse Kaffee.
Der richtige Züchter wird es schätzen, Sie bei der Auswahl Ihres Hundes beraten, sich nach Ihren Verhältnissen erkundigen – und Sie unverrichteterdinge wieder nach Hause schicken, wenn er zu dem Ergebnis kommt, daß »sein« Hund bei Ihnen nicht gut aufgehoben ist.

Macht ja nichts, gehen Sie ruhig beleidigt zu einem anderen, der keine unbequemen Fragen stellt.
Wenn Sie aber klug sind und ein Gefühl für Verantwortung haben, denken Sie im stillen Kämmerlein oder auch im Familienrat noch mal darüber nach, ob der Mann – die Frau – nicht vielleicht recht hatte, ob da nicht etwas dran sei an dieser ablehnenden Haltung, und überprüfen Sie zum x-tenmal, ob Sie nicht besser verzichten sollten. Natürlich sind Züchter in ihrem Urteil über Menschen (und Hunde) nicht unfehlbar, aber wir bevorzugen diese streitbaren Typen, lassen uns beliebig und geduldig ausfragen wie sonst von niemandem auf der Welt, weil ein solches Verhalten zeigt, daß der Züchter ganz eng an seine Hunde gebunden ist, daß es ihm schwerfällt, sich von jedem einzelnen zu trennen, und daß er alles daransetzt, seine Hunde nur solchen Menschen zu überlassen, bei denen es ihnen aller Wahrscheinlichkeit nach gutgehen wird.
Ein guter Züchter empfängt potentielle Käufer mit sauber unterdrückten Haßgefühlen: Da kommt einer, der will ihm »seine« Welpen wegnehmen. Ein Zwiespalt, der für jeden Züchter unauflösbar ist: Einerseits züchten sie, weil es ihnen eine große Freude macht, andererseits tut der Abschied von jedem kleinen Hund, der mit acht Wochen durchaus schon individuellen Charakter zeigt, immer wieder weh. Einerseits kann man nicht alle Hunde behalten, andererseits könnte man sich das ganze Hobby der Hundezucht nicht leisten, wenn nicht wenigstens ein Teil der beträchtlichen Kosten durch den Verkauf gedeckt würde.
So ist es jedenfalls in den meisten Fällen. (Natürlich gibt es auch reiche Züchter, die sind dann noch unbarmherziger bei der Auswahl der Käufer, und recht haben sie.)
Seinen Lebensunterhalt, das sei hier ausdrücklich festgehalten, kann man mit der Zucht von Hunden gewiß nicht bestreiten. Wenn Sie feststellen, daß der Züchter keinen Broterwerb und keine andere Einnahmequelle hat, dann ist das ein miserabler »Hundemensch«, einer von den Hundevermehrern, über die wir schon gesprochen haben. Kaufen Sie dort nicht, auch wenn alles klinisch rein und perfekt organisiert erscheint. Zur Hundezucht gehört auch der enge persönliche Umgang der Züchterfamilie mit den Elterntieren und Welpen. Das ist keine sentimentale Forderung, sondern eine Voraussetzung für physisch und psychisch gesunde Hunde.

Mehr als maximal zwei Würfe gleichzeitig kann kein Mensch bewältigen, und auch diese Situation erfordert schon Bereitschaft rund um die Uhr. Hundezucht kann man nämlich nicht mit »Personal« betreiben. (Das heißt, man kann natürlich, aber wenn Sie bis hierher gelesen haben, wissen Sie, warum man das nicht soll und nicht darf.)
Bei einem Züchter der erfreulichen Sorte soll man sich auf Anhieb wohl fühlen können, in eine familiäre, warme Atmosphäre kommen. Alle Hunde sollen den Fremden im Beisein der Besitzer freundlich entgegenkommen. Überschwang muß nicht sein. Das ganze Ambiente muß nicht perfektionistisch wirken, es darf allerlei rumliegen und -stehen, was auf die Anwesenheit mehrerer Hunde schließen läßt, auch ein noch nicht beseitigtes Häufchen im Zwingerbereich ist kein Zeichen für Verwahrlosung. Die Unterbringung und der Allgemeinzustand der Hunde aber müssen einwandfrei sein, alles muß vorzeigbar sein. Wenn es irgendwo jault und bellt, wo man nicht hindarf, dann ist das ein schlechtes Zeichen, ebenso Wortkargheit oder übertriebene Redseligkeit. Wenn zehnjährige oder ältere Kinder da sind, sollten sie ebenso fachmännisch wie liebevoll mit den Hunden umgehen. Nichts ist widerlicher als Kinder, die mit »ihren« Hunden im Befehlston herumschnarren oder gar an angeleinten Hunden herumreißen. Widerlich ist das und außerdem verdächtig, weil sie es nur von ihren Eltern gelernt haben können. Ein besonders gutes Zeichen sind immer ein paar Hunde mit grauen Schnauzen, die da fröhlich herumhüpfen. Wenn der Zwinger schon geraume Zeit besteht: Wo sollen denn die nicht mehr »Zuchtverwendungsfähigen« geblieben sein? Gewiß, es gibt Einzelfälle, wo eine siebenjährige Hündin, die schon dreimal geworfen hat, noch ein neues Zuhause findet: bei Freunden der Züchterfamilie zum Beispiel, die sie von klein auf kennen und die nun erst in einer Situation sind, einen Hund halten zu können. Sie wird sich dort wohl fühlen, wo sich alles nur um einen Hund dreht, und der Kontakt zu »ihrer« Familie wird nicht abreißen.
Aber das sind Ausnahmefälle, und darum darf man bei seit fünfzehn oder zwanzig Jahren bestehenden Zwingern mehrere Hunde, besonders Hündinnen, erwarten, die würdevoll und in gutem Zustand ihren Lebensabend verbringen. Der Züchter wird mit berechtigtem Stolz auf seine Veteranen verweisen, denen ein Unkundiger ihr hohes Alter nicht ansieht. (»Vierzehn ist die Alte jetzt und immer noch putzmunter, wie Sie sehen. Ich darf nicht daran denken, daß sie uns mal verläßt.«)

Irish Wolfhound – Welpen beim Säugen: Große Rassen wachsen bis zu 9 cm im Monat

Jetzt führt man Sie zu dem Wurf, aus dem Sie sich einen Welpen aussuchen sollen. Wenn Sie nur einmal vor der Übergabe kommen können, sollten Sie das tun, wenn die Welpen vier bis fünf Wochen alt sind. Sie müssen dann schon herumwackeln können und unbeholfen miteinander spielen. Die Hündin sollte aufmerksam Ihren Besuch verfolgen. Verhalten Sie sich ruhig und besonnen, und sprechen Sie leise. Wenn eine Hündin ausgesperrt werden muß, wenn Besuch im Beisein der eigenen Familie den vier Wochen alten Wurf anschaut, dann stimmt da was nicht. Aggressive Hündinnen haben oft aggressiven Nachwuchs, so einfach ist das. Schauen Sie sich überhaupt die Hündin ganz genau an. Ihr Hund wird später einmal ähnlich aussehen, zumindest ist damit zu rechnen. Sollte der Vater des Wurfes auch dabeisein, ist das natürlich ein Glücksfall. Wenn nicht, lassen Sie sich von ihm erzählen, die Adresse geben, Bilder zeigen. Wir haben uns immer den Deckrüden angeschaut, bevor wir einen Hund gekauft haben, aber vielleicht haben Sie ja nicht so viel Zeit. Die Frage ist dann allerdings, wo Sie zukünftig die Zeit für Ihren Neuerwerb hernehmen wollen.
Schauen Sie sich also die Welpen an. Sie sollten rund und glatt und lebhaft und zutraulich sein. Wenn sie gerade trinken oder ineinander verknäult schlafen, müssen Sie eben warten (siehe oben).
Achten Sie nicht so sehr auf Färbungen oder Größe. Die Fellfarbe ist am wenigsten wichtig und ändert sich bei vielen Rassen noch, ebenso wie die Größe. Der Kleinste im Wurf wird manchmal ein richtiger Brecher und umgekehrt.
Nehmen Sie nicht den, der jetzt schon seine Geschwister dominiert, so niedlich der Raufbold im Zwergformat auch wirkt. Besonders dann nicht, wenn Sie schon einen anderen Hund haben, mit dem er sich vertragen soll. So ein Verhalten läßt darauf schließen, daß da ein Alpha-Hund, ein Leittier, heranwächst. Ihr jetziger Hund wird seine angestammte Position verteidigen. Wenn der »Neue« erwachsen wird, könnte es gewaltige Schwierigkeiten geben.
Ist es Ihr erster Hund, könnten Sie und Ihre Familie eine andere Art von Schwierigkeiten bekommen. Zumal, wenn es sich um einen großrassigen Hund handelt und Sie keine große Erfahrung im Umgang mit Hunden haben. Ihre Familie ist künftig das Rudel Ihres neuen Hausgenossen, und er wird – je nach Veranlagung – alles versuchen, seine Position in diesem Rudel in den nächsten ein bis eineinhalb Jahren ein für

allemal festzulegen. Wenn Sie ihm nicht ermöglichen festzustellen, wer das Sagen hat, ganz besonders, was ihn betrifft, dann wird er versuchen, selbst die Führung zu übernehmen, um Ordnung in seinen Clan zu bringen. Und zwar auch dann, wenn er kein Alpha-Tier ist.

Eine funktionierende Rudelhierarchie ist notwendig, um zu überleben. Das steckt genetisch in jedem Hund. Sie müssen in der Beziehung etwas über Hunde wissen, wenn Sie nicht die nächsten zehn bis fünfzehn Jahre unter der Herrschaft Ihres Rottweilers oder Dobermanns verbringen wollen. Wir sprechen noch davon.

Zunächst haben Sie sich für »Ihren« Welpen entschieden, der Züchter markiert ihn mit einem Bändchen – falls es ein großer Wurf ist –, Sie dürfen ihn noch einmal knuddeln, und der Abholtermin wird vereinbart. Der »richtige« Züchter wird Sie einladen, zwischendurch zu kommen, wann immer Sie mögen.

Im allgemeinen werden Welpen zwischen der achten und neunten Woche abgegeben, keinesfalls früher. Zu diesem Zeitpunkt geht bei den Wildhunden und Wölfen die Aufsichtspflicht von dem weiblichen Tier ziemlich übergangslos auf das Vatertier beziehungsweise auf alle erwachsenen Tiere des Rudels über. Und zwar in ziemlich rüder Form. Wenn der Welpe sich bisher so ziemlich alles erlauben durfte, ist damit jetzt Schluß. Der Lernprozeß beginnt und wird begierig von dem jungen Hund erwartet, auch wenn es bei Fehlverhalten Ohrfeigen setzt. Antiautoritäre Erziehung wäre das Ende des Rudels. Jeder muß wissen, was seine Aufgabe ist, damit die Meute überlebt. (In den letzten Jahren ist man darauf gekommen, daß das bei der menschlichen Sozietät auch nicht so richtig klappt mit dem Alles-Dürfen.)

Glauben Sie jetzt nicht, daß Sie das nicht betrifft, weil Sie nur einen Pekinesen haben. Lebensgefährlich kann das freilich nicht werden, aber mit einem giftigen Zwerg in Wohngemeinschaft zu leben, der nur darauf sinnt, wie er jeden anständig zwacken kann, ist ja auch kein Vergnügen. Und Wolfsabkömmlinge sind alle unsere Hunde, das gilt als wissenschaftlich erwiesen. Folglich zeigt auch der Kleinste ein typisches Clanverhalten.

Noch ein paar Worte zu dem, was sich – hoffentlich – in den ersten acht Lebenswochen des Welpen abgespielt hat. Der Welpe muß notwendig auch von Menschen geprägt werden. Und nicht nur von einem! Das heißt: Sobald sich Augen und Ohren als funktionsfähig erweisen, um

den vierzehnten Lebenstag herum, soll der kleine Kerl wissen, daß ihm von Menschen Gutes geschieht. Er soll es genießen, aufgenommen und liebkost zu werden, man soll ihn an die – leise – menschliche Stimme gewöhnen, der menschliche Geruch soll Angenehmes verheißen.
Es versteht sich von selbst, daß alle menschliche Zuwendung innerhalb der Spiel- und Bewegungsphasen erfolgt und die Kleinen weder beim Trinken noch beim Schlafen gestört werden dürfen. Das tun sie in den ersten Wochen etwa zwanzig bis 24 Stunden. Ein Welpe, mit dem sich während der ersten zwei Monate kein menschliches Wesen hautnah beschäftigt hat, ist für die menschliche Familie verdorben. Es bedarf unendlicher Geduld, mit einem so Benachteiligten umzugehen. Ein scheuer, ängstlicher Hund wird er immer bleiben, bei großen Rassen ist das ein Gefahrenmoment, denn er kann zum Angstbeißer werden.
Deshalb eben ist es so wichtig, daß der jeweilige Wurf immer im Mittelpunkt der Züchterfamilie steht, jedwede Zuwendung wie auch jedwede Ruhe bekommt. Und deshalb kaufen Sie nicht bei Züchtern mit vielen Würfen zur selben Zeit. Schon gar nicht, wenn verschiedene Rassen angeboten werden. Da ist nämlich bestimmt was faul, selbst dann, wenn es auf dem ganzen Gelände auffallend reinlich zugeht.

Die Frage, ob Rüde oder Hündin, müssen Sie selbst beantworten. Rüden sehen bei fast allen Hunderassen eindrucksvoller aus, vertreten den Idealtyp ihrer Rasse deutlicher. Wir haben die Erfahrung gemacht, daß sie auch weniger Arbeit verlangen und seelisch häufig robuster sind.
Außerdem: Eine Hündin wird nun mal zweimal im Jahr läufig. Bei manchen bemerkt man das kaum, aber »nicht jedes Mädchen hält so rein«. Es gibt auch unter den Hundeweibern kleine Schlampen, die vier bis sechs Wochen im Jahr überall kleine oder größere Blutflecken hinterlassen. – Wenn »es mal wieder soweit ist«, haben Sie viel Besuch, nämlich die Rüden der näheren und weiteren Nachbarschaft, und das Spazierengehen wird zum Problem.
Hysterisch brauchen Sie deshalb nicht zu werden, selbst wenn ein »Malheur« passieren sollte. Nur wenige Tage, die in der Mitte der Läufigkeit liegen, kann die Hündin trächtig werden. In der übrigen Zeit wird sie ohnehin meist alle Bewerber wütend wegbeißen. Halten Sie sie also nur in der mittleren Woche der »Hitze« unter Verschluß, dann aber rigoros.
Im übrigen verpflichtet Sie der Besitz einer Hündin durchaus nicht da-

zu, das Tier »wenigstens einmal in ihrem Leben« werfen zu lassen. Die Hündin vermißt nichts, das dürfen Sie glauben, und eine Hündin, die schon geworfen hat, wird genausooft oder genauso selten scheinschwanger wie ihre jüngferliche Schwester. Gebärmutterkrebs ist mit erfolgten oder nichterfolgten Geburten nicht in Zusammenhang zu bringen. Auch wenn das »erfahrene Züchter« mit hochgezogenen Augenbrauen behaupten.

Bei einem Rüden können Sie lästige Probleme mit seiner erwachenden Sexualität bekommen. Und Hunde, die ständig an irgendwelchen Stuhl-, Tisch- oder Menschenbeinen herumruckeln, sind einfach lästig. Mit unseren eigenen Hunden haben wir so etwas noch nie erlebt, und das lag sicher daran, daß unsere Hunde immer genügend Bewegung hatten. Glauben Sie bitte auch nicht, daß Sie Ihren Junghund neurotisch machen, wenn Sie ihm solches Treiben verbieten. Im freilebenden Rudel bekommen die jungen Herren ganz gewaltige Abfuhren, wenn sie bei den erwachsenen weiblichen Tieren landen wollen. Die stehen nur dem Chef zur Verfügung. Die Sache mit der weiblichen Emanzipation ist nämlich noch nicht bis zu den Wölfen durchgedrungen!

Welpenspiel auf der Wiese: als Training für das Hundeleben

Die Entscheidung, ob Rüde oder Hündin, bleibt jedenfalls weitgehend Geschmackssache, der günstigste Übergabetermin ist die achte Woche. Meistens klappt das aber nicht so ganz: Der Hund hat die notwendigen Immunisierungsspritzen noch nicht alle bekommen, oder der Zuchtleiter hat den Wurf noch nicht abgenommen.
Vor einem Besitzerwechsel – so sieht es der Gesetzgeber vor – kann ein Kaufvertrag gemacht werden. Seriöse Züchter bereiten ihn vor, seriöse Käufer unterschreiben ihn und akzeptieren damit die in ihm enthaltenen Bedingungen. Wenn der Züchter zu denen gehört, die wir uns wünschen, ist eine Vorkaufsklausel – neben allerlei Üblichem und der Festlegung des Preises – Bestandteil dieses Vertrags. Darin verpflichtet sich der Käufer, den Hund, falls er ihn aus irgendeinem Grund nicht behalten kann (das kann vorkommen) – oder will (das ist eine Schweinerei) –, dem Züchter als erstem zum Rückkauf anzubieten. Außerdem gestattet eine andere Klausel dem Ziehvater Ihres Hundes, sich jederzeit – nach vorheriger Anmeldung – vom Wohlbefinden und der artgerechten Haltung seines Zwingerabkömmlings zu überzeugen.
Diese Klauseln sind kein Mißtrauensvotum des Züchters und schon gar keine Unverschämtheit, sondern der Versuch zu verhindern, daß Hunde in undurchsichtigen Kanälen verschwinden, um schließlich auf irgendeinem Labortisch qualvoll zu verenden.
Aus demselben Grund werden die Welpen tätowiert, neuerdings auf dem Bauch, weil man den nicht wie die tätowierten Ohren ohne weiteres abschneiden kann. (Warum sollten denn auch die Zulieferer der Versuchstier-Laboratorien pingeliger sein als renommierte Züchter, die ihren »geliebten Hunden« die Ohren *ohne* Grund verstümmeln.)
Sie bekommen außerdem eine Liste mit, auf der genau festgelegt ist, wie und was in den nächsten Wochen und Monaten gefüttert werden soll, diverse Zusätze und Aufbaupräparate inklusive. In den ersten Wochen sollten Sie sich unbedingt daran halten, denn wenigstens die Umstellung der Eßgewohnheiten sollte man seinem Welpen ersparen, es kommt ohnehin genügend Neues auf ihn zu.
Hier sollten grundsätzliche Bemerkungen zur Ernährung des erwachsenen und heranwachsenden Hundes Platz finden: Die Großartigkeit von Fertigfutter wird allenthalben proklamiert. Eine riesige Industrie sponsert Bücher, wissenschaftliche Abhandlungen, Züchter- und Zuchtverbände, die infolgedessen alle der frohen Meinung sind, es gäbe nichts

Besseres für die Gesundheit und das Wohlergehen des Hundes als Fertigfutter. Und die Hunde äßen ja auch nichts lieber. Letzteres stimmt und ist mit ein paar Duftstoffzusätzen mühelos zu erreichen.
Wir haben einige Produkte des größten Futtermittel-Herstellers im Labor analysieren lassen. Für Einzelheiten ist hier nicht der Platz, deshalb nur soviel: Das Dosenfutter besteht bis zu sechzig Prozent aus pflanzlichen Bestandteilen (Soja). Das ist ein Fleischaustausch-Produkt, das für den Menschen mit seinem mittellangen Allesfresserdarm Fleisch, das heißt tierisches Eiweiß, ersetzen kann. Beim Hund, der natürlich auch, was den Magen-Darm-Trakt betrifft, ein »Wölfling« ist, sieht die Sache anders aus: Mit seinem extrem kurzen Fleischfresserdarm und Magensäften, die selbst Knochen in kurzer Zeit zersetzen können, ist er nicht in der Lage, pflanzliches Eiweiß zu verwerten, es sei denn in vorverdautem Zustand. Vorverdaute Pflanzen befinden sich zum Beispiel im Vormagen der Kuh und anderer Wiederkäuer. So was können Sie im Hundefutter-Laden oder beim Schlachter für wenig Geld kaufen. Es heißt da grüner Pansen und stinkt. Wenn der gereinigt oder gar gekocht ist, stinkt er nicht mehr und ist als Futter für den Hund nichts mehr wert. (Dafür können *Sie* sich aber eine wohlschmeckende Suppe daraus kochen.)
Eine wertvollere Nahrung für Ihren Hund als dieses unbehandelte Stinkezeug gibt es nicht. Selbst wenn Sie ihn mit Filetsteaks ernähren könnten und wollten: Er braucht, was die Kuh ihm vorgekaut hat. Im Zeitalter der Tiefkühltruhen ist das Geruchsproblem lösbar: Lassen Sie sich den Pansen verkleinert in Tagesportionen eintüten, und holen Sie jeden Abend einen Beutel aus der Truhe, entfernen Sie das Plastik, und lassen Sie ihn an einem Ort auftauen, wo es keiner riecht. Halb Pansen, halb Kopffleisch vom Rind, dazu, mindestens während der Aufbauphase Ihres Hundes, Bioflocken von Nagut oder Matzinger. Etwas Besseres können Sie Ihrem Hund nicht bieten, und Sie wissen, was er hat. Sie dürfen sich nämlich von den appetitlichen Stückchen in den kühn beschrifteten Büchsen nicht täuschen lassen. Der Inhalt ist gekuttert und dann wiederum listig in eine Fleischstückchen vortäuschende Form gebracht worden. Eine Kuttermaschine ist eine Art übermächtiger Fleischwolf. Unten quillt in jedem Fall eine undefinierbare, wurstartig geformte Masse heraus, selbst wenn sie oben einen Konzertflügel hineingetan hätten. Fazit: Um die notwendigen Kalorien zu bekommen,

muß Ihr Hund *viel zuviel* fressen, viel zuviel Ballaststoffe aufnehmen, die zwar nichts zu seiner Ernährung beitragen, wohl aber zu riesigen Haufen, die ganz ähnlich duften wie das Büchsenprodukt: weil sie nur mal eben im Eiltempo durch den Hund durchgelaufen sind.
Die oft und mit Recht beklagte Verschmutzung unserer Städte könnte auf einen Bruchteil reduziert werden, wenn man unsere Hunde wie beschrieben ernähren würde.
Es gibt eine Futtertabelle der Firma Effem, gestaltet wie diese runden Scheiben, auf denen man den Benzinverbrauch der Autos ablesen kann. Diesem Tabulator kann man entnehmen, daß eine säugende Hündin von achtzig Kilogramm (Neufundländer, Mastiff oder ähnliches) täglich 28 Pfund (in Worten: achtundzwanzig!) Büchsen-Fertigfutter fressen muß, um optimal versorgt zu sein. Ein Kommentar dazu dürfte sich für jeden Menschen, der noch geradeaus denken kann, erübrigen.
Rohes Schweinefleisch, das muß noch gesagt werden, enthält einen Virus, der Menschen nichts ausmacht, Hunde aber in kürzester Zeit töten kann. Der Virus heißt Aujesky, und es gibt kein Gegenmittel. Allerdings wird er bereits bei 60 Grad abgetötet.

Wir haben Sie verlassen, als Sie mit Ihrem Bündel Hund auf dem Arm und mit allen guten Wünschen der »Hersteller« versehen ins Auto gestiegen sind. (Jawohl, ins Auto. Öffentliche Verkehrsmittel kommen für diesen ersten Transport nicht in Frage. Natürlich tut's auch ein Taxi.)
Es müssen zwei Personen sein, die den Welpen in sein neues Zuhause begleiten: Einer fährt, der andere hält ihn dicht am Körper im Arm. Das ist nicht sentimental, sondern selbstverständlich: Der erste intensive Geruchskontakt zu seinem »Rudel« wird hergestellt. Ein Handtuch sollten Sie aber schon zwischen sich und den Zwerg legen. Und Sie sollten auch *sehr* vorsichtig anfahren beziehungsweise bremsen. Wenn der Kleine sich übergeben muß, bleibt das Autofahren für ihn eine unangenehme Erinnerung, und schon aus Angst und Nervosität kann es dann immer wieder passieren. Wenn also aus dem Hündchen während dieser ersten Fahrt hinten und vorne nichts rausgekommen ist, dann haben Sie die erste Bataille schon gewonnen, denken Sie daran!
Zu Hause angekommen, ist Ruhe die erste Bürgerpflicht. Kein Geschrei bitte, kein aufgeregtes Gekreische, keine Musik, keine lauten Geräusche. Am besten findet der Transport abends statt. Nach der sanften und

leisen Begrüßung aller Familienmitglieder setzen Sie den Ankömmling irgendwo draußen hin, wo er in Ruhe ein paar Schrittchen laufen kann und sich hoffentlich löst. Bieten Sie ihm dann ein Häppchen an, er wird es wahrscheinlich nicht nehmen, auch wenn es die mitgegebene Kost von »zu Hause« ist.

Jetzt aber: Wo soll der Hund schlafen? Wenn Sie ihn mit ins Schlafzimmer nehmen, wird er mit großer Wahrscheinlichkeit in den nächsten zehn, zwölf Jahren dort seine Nächte verbringen. Dagegen spricht nichts, außer der Tatsache, daß viele erwachsene Hunde heftig schnarchen. Andernfalls versuchen Sie ihn in sein Körbchen in einen anderen, natürlich zugfreien Raum zu legen, geben Sie ihm ein getragenes Kleidungsstück – Strumpf, Schal –, und versuchen Sie sich davonzuschleichen. Manche Hunde schlafen schon in der ersten Nacht brav am zugewiesenen Ort, manche erheben ein klägliches Geschrei, sobald sie allein gelassen werden. Das ist nur zu gut zu verstehen, sie waren nämlich bisher noch nie allein.

Also legen Sie sich in Gottes Namen auf eine Matratze daneben, oder wagen Sie die Schlafzimmerlösung, es gibt ja Oropax. Morgen sieht die Sache – im Falle der Matratzen-Lösung – schon besser aus, Sie werden sehen. Oder übermorgen oder in ein paar Wochen. Sie wollten ja unbedingt einen Hund.

Am anderen Morgen – wie auch immer verbracht – schimmert Ihnen das Problem »Wie kriege ich meinen Hund sauber?« in Form vieler Pfützchen und einiger Häufchen entgegen. Es sei denn, Sie sind trotz totaler Erschöpfung früher wach geworden als der ebenso erschöpfte Welpe. Dann haben Sie Glück, dann nehmen Sie ihn vorsichtig auf, flüstern ihm Freundliches zu und tragen ihn dorthin, wo Sie ihn am Vorabend schon abgesetzt hatten. Er wird ein Weilchen schlaftrunken in die Gegend blinzeln und dann seinen See machen, vielleicht gar noch mehr. Sie haben angesichts solcher Leistung in überschwengliches Lob auszubrechen, wie fortan immer dann, wenn er dort, wo er darf, tut, was er soll und muß. Bis er zuverlässig sauber ist. Wann das der Fall ist, hängt zunächst davon ab, wie er beim Züchter gelebt hat. Haben es die Wetter- und Wohnverhältnisse erlaubt, daß der Wurf sich samt Mutter in einer Wohnhütte im Freien aufhalten konnte, ist Ihr Welpe schon so gut wie sauber: Er war schon daran gewöhnt, nach draußen zu krabbeln, wenn er ein Bedürfnis hatte.

Solange die Welpen ausschließlich Muttermilch trinken, nimmt die Hündin alle Ausscheidungen auf. Sie bestehen zu diesem Zeitpunkt aus einer Art Quark. Wenn ab der vollendeten dritten Woche zugefüttert wird, hört sie damit aus begreiflichen Gründen auf, und das ist dann auch der Zeitpunkt, wo die Welpen versuchen, die Wurfkiste zu verlassen und sich außerhalb zu lösen. Wenn die ganze Idylle natürlich im Zimmer stattgefunden hat (und das ist der Normalfall, jedenfalls bei den kleinen Rassen), wird die Sache etwas komplizierter. Vielleicht ist der Kleine ja gewohnt, seine Sachen auf Zeitungspapier zu setzen, das sehr saugfähig ist und deshalb vernünftigerweise von vielen Züchtern als Unterlage benutzt wird. Versuchen Sie ihm also die gestrige Zeitung dafür anzubieten, mehr ist sie ohnehin nicht wert. Im übrigen hängt es von Ihnen ab, ob der Hund in drei bis 14 Tagen sauber ist oder mit einem Jahr immer noch nicht. Ich hoffe, Sie wissen, daß Sie sich in den nächsten zwei Wochen nichts vornehmen dürfen. Wenn Sie den Kleinen in dieser Zeit nie aus den Augen lassen, ist er im Nu sauber. Sie haben das schnell raus: Immer dann, wenn er verdächtig eifrig beginnt herumzuwieseln – schnell hochnehmen, raus, hinsetzen, warten, loben. Sechs- bis siebenmal am Tag. Und morgens das gleiche Procedere, bevor er wach wird. Wenn Sie ein eingezäuntes Grundstück haben, und es ist warm, können Sie ihm sein Körbchen tagsüber ins Freie stellen, und das Problem verringert sich.

Also noch mal: Je mehr Zeit Sie anfangs aufwenden, desto schneller ist Ihr Hund sauber. Lassen Sie ihn allein, *kann* er nicht sauber werden. Einleuchtend, nicht wahr, und erstaunlich, daß so wenig Hundeneulinge von selbst darauf kommen.

Allein lassen dürfen Sie den Hund tagsüber ohnehin in den ersten sechs Monaten nur kurzfristig. Kurzfristig ist maximal eine Stunde, denn das Alleinsein muß der Hund lernen wie der Mensch.

Nehmen Sie ihn also mit, wenn's irgend geht, oder bleiben Sie zu Hause, Ihre Einrichtung wird's Ihnen danken.

Wenn Sie einen Hund haben wollen, der sich wohl fühlt, geht's nicht anders, Sie wollten ja unbedingt – und so weiter.

Nach ein paar Wochen beginnt der Tagesrhythmus, der zunächst völlig aus dem Leim war, sich einzupegeln, und schließlich macht es ja auch einen Riesenspaß, sich mit dem Kleinen zu beschäftigen und festzustellen, in wie phantastisch kurzem Zeitraum eine Sozialisation in die

menschliche Gruppe stattfindet, wenn man bedenkt, daß die Voraussetzung für eine derart schnelle und selbstverständliche Akklimatisierung ans Menschliche sich in 15000 bis 20000 Jahren abgespielt hat.
Kein Lebewesen ist in seiner Fähigkeit, sich menschlichen Lebensgewohnheiten anzupassen, mit dem Hund vergleichbar. Tragen Sie also das Ihre für ein paar Wochen, ein paar Monate dazu bei, ein winziges Stückchen in der Entwicklungsgeschichte der Beziehung von Mensch und Hund hinzuzufügen. Sie wollten ja unbedingt... Aber das sagten wir schon.
Was jung ist, will spielen. Beim Welpen und Junghund sind das ausnahmslos Kampf- und Beutespiele. Das kann man schon in der Wurfkiste amüsiert beobachten, wenn die Zwerge dumpf knurrend, watschelnd und mit kühnem Blick um einen alten Strumpf kämpfen. Sie üben, was ihnen genetisch eingegeben ist und was sie auf freier Wildbahn brauchten, um zu überleben. In Ihrem Wohnzimmer brauchen sie das nicht, aber die Rituale sind geblieben. Und in Ermangelung eines Rivalen wird der Pantoffel zum bösen Feind erklärt und erbarmungslos gebeutelt.
Da in den meisten Fällen kein zweiter Hund da ist, sind Sie und Ihre Familie Spielgefährten. Das macht viel Spaß, und wenn der Winzling seine nadelspitzen Zähnchen benutzt, gibt es Schrammen, aber was macht das schon.
Sehen Sie, und das ist eben falsch. Sie müssen dem jungen Hund vom ersten Tag an beibringen, seine enorme Kieferkraft zu dosieren, sich auf seine Spielpartner einzustellen. Das lernt jeder Hund, und zwar mit erstaunlichen graduellen Unterschieden und sehr bald: Er begreift rasch, daß er mit Frau und Kindern vorsichtiger umzugehen hat als mit dem Hausherrn, der eine Rüpelei schon mal gelassen hinnimmt. Schließlich tobt der Herr zur Begeisterung des Hundes selbst auch viel »härter« mit ihm herum. Sie müssen nur darauf achten, daß das Spiel nicht immer weiter eskaliert und schließlich zum Rangordnungskampf ausartet. Es sei denn, Sie trauen sich eine solche Auseinandersetzung mit Ihrem Hund zu. Dann ist die Sache zwar ein für allemal ausgestanden, aber wir möchten doch warnen. Meist kommt es zu dieser Aufschaukelei, wenn der Hund zwischen einem Jahr und zwei Jahren alt ist, also, bei großen Rassen, noch nicht fertig, aber ausgewachsen ist. Und wenn Sie nicht ganz sicher sind, mit Ihrem aus den Puschen geratenen Rottweiler

mit der nötigen Kraft und den richtigen Griffen fertig zu werden, dann brechen Sie besser energisch und rechtzeitig ab.
Dem kleinen Spitzzahn bringen Sie die guten Manieren sehr einfach bei: Der Griff ins Nackenfell ist eine ritualisierte Geste, mit der auch in der Wolfsgemeinschaft überschnappende Halbstarke rigoros daran erinnert werden, sich nicht zuviel herauszunehmen. Der Jüngling begreift sofort und trollt sich ohne Anzeichen einer Demütigung. Also, wenn der Kleine beißt: ein fester Griff ins Nackenfell, ein kurzes Schütteln, dosiert nach Rasse, Größe und Alter, versteht sich, und das Spiel kann weitergehen. Man kann auch zurückbeißen, das klappt prima, und der Hund ist baff, aber natürlich ist das nicht jedermanns Sache.
Wenn wir hören, wieviel irgendein junger Hund bei seinen Leuten kaputtmacht und zerstört, liegt der Verdacht nahe, daß er erstens längere Zeit allein gelassen wurde (siehe oben), zweitens zuwenig Beschäftigung hat, drittens zuviel Zeug herumliegt, was ihn unsäglich reizt – dazu gehören jegliche Kleidungsstücke –, und viertens hat er vielleicht kein vernünftiges Spielzeug.
In den ersten drei Fällen ergibt sich Abhilfe von selbst oder wurde hier schon angesprochen. Vernünftiges Spielzeug ist alles, was Kauwerkzeuge und Spieltrieb befriedigt, ohne den Hund zu gefährden.
Knochen gehören nicht dazu! Alle Hunde sind verrückt danach, und sie schaden allen. Über splitternde Knochen von Schwein und Geflügel müssen wir gar nicht reden, aber auch der berühmte »gute Kalbsknochen für den braven Hund« bringt ihm nichts als schmerzhafte Verstopfung, in seltenen Fällen Durchfall. »Aber sie sind doch so wichtig für die Zähne«, hören wir das ewige Klischee kreischen. Hartholz ist genausogut, ebenso alte Schuhe ohne Nägel (die meisten Schuhe sind heute ohnehin nur genäht und geklebt) oder auch die in einschlägigen Geschäften angebotenen Kauknochen aus Rinderhaut, die sich so seltsam aus einem starren Gebilde in einen ekelhaften schleimigen Lappen verwandeln und wieder zurück, wenn der Hund eine Weile *nicht* darauf herumgegnatscht hat.
Zum Thema »Erziehung im allgemeinen« haben wir wenig beizutragen. Wir haben beide von klein auf Hunde gehabt und früher Wert auf solche Dinge gelegt wie »Bei Fuß gehen«, »Platz!«, »Sitz!«, »Ablegen!«, »Such, verloren!« und was es noch so an befehlenden Wendungen gab. Mit den Jahrzehnten ist uns das Interesse daran fast ganz abhanden gekommen,

die Freude an der Beobachtung des natürlichen Verhaltens unserer Hunde immer gewachsen.
Den ganzen »Unterordnungskomplex« – ein widerliches, sehr deutsches Wort – kann man ohne Schaden und mit Vernunft auf vier Anweisungen schrumpfen lassen: »Komm her!« (oder was auch immer), »Hol!«, »Lauf!« und »Aus!« (oder »Nein!« oder was auch immer). Kommen muß der Hund, um sich und andere nicht zu gefährden: Lassen Sie den Welpen, der alles, was er kannte, verloren hat, um Sie und Ihre Familie dagegen einzutauschen, frei laufen, wo das gefahrlos möglich ist. Er wird Ihnen in den nächsten Wochen nicht von der Seite weichen. Nicht, weil er »instinktiv« erfaßt, daß Sie ein so guter Mensch sind, sondern weil Sie jetzt seine einzige Bindung sind. Seine Neugier und sein Interesse an der übrigen Welt erwachen mit drei bis vier Monaten, und dann wird es Zeit, ihn an Leine und Halsband zu gewöhnen. Wählen Sie eine Leine, die nicht reißt, wenn er ruckartig anzieht, denn das wird vorkommen. Und das leichteste Halsband, bitte, das das gleiche garantiert. Sie brauchen mindestens zwei, bis Ihr Hund erwachsen ist, denn auch für den Welpen einer Riesenrasse ist das Halsband, das er als ausgewachsener Hund benötigen wird, zunächst eine Zumutung.
Legen Sie es ihm nur an, wenn Sie das Haus verlassen, Sie laufen auch nicht im Mantel in der Wohnung herum.
Das endgültige Halsband hat keine Dornen, die sich in den Hals graben, damit er »merkt«, daß er nicht ziehen darf. Das Äußerste des Erlaubten – auch für große Rassen – ist das runde Lederhalsband, das sich zusammenziehen kann oder auch nicht, je nachdem, an welchem Ring Sie die Leine befestigen.
Wenn Sie den Hund nur dann halten können, wenn er sich halb erwürgt oder sich Nägelartiges in den Hals bohrt, dann haben Sie erstens den falschen Hund, und zweitens haben Sie versäumt, ihm das Notwendige beizubringen. Sie hatten dafür aber ein paar Monate Zeit.
Noch eins: Jedes Halsband schadet – immer getragen – dem Fell und hinterläßt kahle Stellen. Vielleicht stört Sie das nicht weiter, das sollte es aber, denn es stört den Hund.
Es gibt zahlreiche Methoden, dem Hund »Gehorsam« beizubringen. Die meisten mögen wir nicht. Am einfachsten ist es, wenn Sie Ihren Hund so motivieren, daß er jederzeit *gern* zu Ihnen kommt, weil ihn Angenehmes erwartet: ein kleines Häppchen, eine Streicheleinheit.

Rufen Sie ihn nicht unnötig und fortwährend, damit strapazieren Sie seinen guten Willen. Machen Sie zwei Fehler vor allem nicht: Versuchen Sie nie, hinter ihm herzulaufen. Es gibt keinen Hund, den Sie einholen können, wenn er weglaufen will, es sei denn, er ist noch winzig, und dann – siehe oben – läuft er nicht weg. Der Hund, dem Sie schwitzend und brüllend hinterherrennen, wird es für ein köstliches neues Spiel halten, und Sie sehen in jedem Fall dämlich dabei aus.

Sprechen Sie immer leise mit Ihrem Hund, er hört viel besser als Sie, und Sie haben die laute Stimme für Notfälle in Reserve.

Wenn er erst mal nicht gekommen ist, aber dann schließlich doch, müssen Sie ihn dennoch loben, auch wenn Sie innerlich kochen. Sonst kommt er gar nicht mehr. Warum sollte er, wenn er fürs Kommen gescholten oder gar geschlagen wird.

Wenn Sie meinen, Ihren Hund schlagen zu müssen, sind Sie im Irrtum. Lassen Sie sich von Züchtern und »Ausbildern« sogenannter Gebrauchshund- oder gar Kampfhundrassen nichts erzählen: Wer seinen Hund schlägt, hat bis dahin alles verkehrt gemacht und ist als Hundehalter nicht geeignet. Ausnahmen gibt es nicht.

Im übrigen ist der Ausdruck »Gebrauchshund« ekelhaft und entwürdigend. Es gibt gebrauchte Handtücher und gebrauchte Autos. Ein Hund ist Kamerad und Wegbegleiter, er wird Sie lieben und sein Leben für Sie geben, wenn es nötig werden sollte: selbst wenn Sie darauf verzichten, ihm das beibringen zu wollen. Wenn Sie ihn in Freundschaft und Ruhe aufziehen, wird er instinktiv wissen, wann er Sie und das Ihrige verteidigen muß, wenn nicht, können Sie es nicht ändern. Auch dann nicht, wenn Ihnen ein sadistischer »Hundefreund« vorfaselt, Sie hätten da einen »Kampfhund« erworben. Sie können ihn aber mit Gebrüll und Schlägen zum neurotischen Angstbeißer machen. Ein Hund, der auf Befehl irgendeinen Menschen anfällt, ist zu einem gefährlichen Monstrum mißgebildet worden, von Menschen, die ihr eigenes fehlendes Selbstbewußtsein auf diese fatale Art zu kompensieren versuchen.

Den Drang, seinen Hund beißen zu lassen, einen bissigen Hund zu *besitzen,* Augenzeuge seiner Aggressivität zu sein, diesen Drang haben offenbar vorzugsweise deutsche Menschen. Nirgendwo sonst auf der Welt rotten sich an Feiertagen anscheinend harmlose Bürger in großer Zahl zusammen, um, unter anderen Kunststücken, ihre Hunde in gepolsterte Menschen beißen zu lassen. Ein ebenso lächerlicher wie fürchterlicher

»Gebrauchshunde«, oft im Zwinger eingesperrt, auf dem Abrichtplatz geduckt und scharfgemacht

Anblick. Das »Benutzen« eines Hundes als Waffe wird anderswo Polizei und Militär überlassen – oder dem kriminellen Untergrund. Mißbrauch von Abhängigen ist strafbar. Sogar wenn es sich dabei um Hunde handelt. Aber wo kein Kläger ist, ist auch kein Richter.
Fazit: Lassen Sie Ihren Hund in Ruhe, er wird's Ihnen danken. Ausnahmen: die Verwendung seiner fabelhaften Sinnesorgane zur Auffindung von Verborgenem oder Verlorenem. Egal, ob es sich dabei um Kokain oder verschüttete Menschen handelt. Man kann ihn zu solcher Suche leicht motivieren, und es macht ihm Spaß!

Jetzt sagen wir Ihnen, warum wir dafür plädieren, jeden Hund das Apportieren zu lehren: Sie können ihm damit den notwendigen Auslauf verschaffen, auch wenn die Zeit mal knapp ist: Ein freier Platz, ein Stock oder ein Ball, zehn- oder zwanzigmal geworfen – und der Hund hat sein Tagespensum an Bewegung in einer Viertelstunde absolviert. (Wie gesagt, wenn es mit dem langen Spaziergang, dem durch nichts zu ersetzenden, einmal wirklich nicht klappen sollte.) Werfen Sie dem ganz kleinen Hund irgendeinen Gegenstand hin, und er wird das bewegte Ding einfangen wollen: Das gebietet ihm sein Beutefanginstinkt, und es macht ihm Freude. Er merkt ganz schnell, daß Sie das Spiel nur dann wiederholen können, wenn er Ihnen den Gegenstand zurückbringt. Voilà, der Hund apportiert.
Ein bißchen Geduld müssen Sie hier, wie überhaupt, aufbringen. Lassen Sie ihn ruhig den »gefangenen« Gegenstand ein Weilchen beknabbern. Locken Sie ihn freundlich immer wieder, bald wird's ihm langweilig, und er trabt damit an. (Großes Lob, versteht sich.)
»Lauf!« gibt den herbeigerufenen Hund wieder frei, das hat er am schnellsten weg, und »Aus!« hilft vielleicht bei Raufereien und soll dazu benutzt werden, daß der Hund freigibt, was er im Maul hat.
Ganz wichtig: Der junge, der kleine Hund muß lernen, daß es gegen Ihre Entscheidung kein Veto gibt. (Wir schließen an das über »Spielen« Gesagte hier an.)
Von Anfang an: Er muß den Knochen hergeben, an dem er gerade nagt, wenn es auch noch so schwerfällt, sich den Futternapf jederzeit wegnehmen lassen, seine Zähne anschauen lassen – wichtig, da kann sich mal was verklemmt haben, und den Zahnwechsel muß man auch kontrollieren –, er muß sich baden, kämmen und bürsten lassen, die Ohren nach-

schauen, Medikamente eingeben und Fieber messen lassen. Üben Sie das, bis es klappt. Es gibt eine Menge Hundehalter, die mit ihrem total verfilzten, vor Ungeziefer wimmelnden Hund zu ihrem entsetzten Tierarzt kommen mit der Bankrotterklärung: »Er läßt sich von mir nicht bürsten.«
Dazu fällt uns auch nichts mehr ein, der Zug ist abgefahren, Hopfen und Malz verloren.
Noch eins: Geben Sie dem Welpen soviel Bewegungsfreiheit, wie er mag. Überstrapazieren Sie ihn nicht, und dämpfen Sie andererseits nicht seinen Bewegungsdrang. Machen Sie beim Spaziergang die Pausen, die er diktiert. Und wenn er nicht mehr will, tragen Sie ihn. Sie werden bald merken, wieviel Bewegung gut für ihn ist. Je großrassiger der junge Hund ist, desto sorgfältiger müssen Sie ihn »aufbauen«.
Bedenken Sie: Welpen, gleich, welcher Rasse, unterscheiden sich in Größe und Gewicht längst nicht so eklatant wie die ausgewachsenen Hunde. Aber aus einem Zwergschnauzerwelpen wird in sechs bis neun Monaten ein etwa dreißig Zentimeter großer Hund von etwa fünf Kilogramm, aus dem Doggenzwerg soll in derselben Zeit ein achtzig Zentimeter großer und siebzig Kilogramm schwerer Riese werden.
Sorgfältig abgestimmte Ernährung ist da notwendig und ein mit dem Züchter abgestimmtes Programm, das den abrupt wachsenden Koloß trainiert, ohne die noch weichen Bänder, Muskeln und Gelenke überzustrapazieren.
Bedenken Sie: Die Natur hat weder Riesen- noch Zwerghunde vorgesehen, der Mensch hat sich mal wieder in etwas eingemischt, wovon er besser die Finger gelassen hätte. Wenn Sie nun unbedingt so einen extremen Hund haben wollen, dann müssen Sie sich Kenntnisse verschaffen und eine Sorgfalt walten lassen, die bei der Aufzucht eines normal großen und schweren Hundes nicht notwendig sind. Überlegen Sie also noch mal, ob es denn wirklich ein Bernhardiner, wirklich ein Yorkshire sein muß.
Apropos Bernhardiner: Natürlich nimmt man so ein dickes Bärchen von wenigen Wochen gerne mal auf den Arm oder auf den Schoß. (Immer schön vorsichtig: eine Hand unterm Po, eine Hand unter der Brust.) *Nicht* am Nackenfell hochnehmen, das ist ein Strafgriff. Wenn die Mutter ihre ganz jungen Welpen so transportiert, dann hat sie den Bogen raus. Sie aber nicht! Wenn der winzige Riese plötzlich auf dem Arm un-

vermutet zu strampeln beginnt – und Sie ihn dann nicht halten können, weil Sie nicht aufgepaßt oder den falschen Griff angewandt haben, dann ist das eine Katastrophe und kann sein Ende sein. Die weichen Knochen, Gelenke, Bänder können den verhältnismäßig viel zu schweren Körper nicht abfedern. Er klatscht wie ein nasser Sack auf den Fußboden. Auf dem Schoß kann das auch passieren – allerdings fällt er dann nur aus halber Höhe.
Wenn das Riesentier dann ausgewachsen ist, möchte er natürlich immer noch auf den Arm und auf den Schoß. Wobei er mit der Zeit einsieht, daß Sie ihn nicht mehr tragen können. Warum er plötzlich nicht mehr aufs Sofa und von dort auf den Schoß darf, wird er ganz und gar nicht einsehen. Wenn Sie also nicht über ein Jahrzehnt in verkrümmter Haltung, hinter Ihrem Riesenbaby hervorschielend, dem Abendprogramm im Fernsehen folgen wollen, dann müssen Sie die Schoßlümmelei gar nicht erst anfangen. Schaffen Sie das?
Wir hoffen nicht; wir schaffen das auch nicht!
Entfernen Sie rechtzeitig den Welpenkorb, falls er aus festem Material ist: Der rasch wachsende Hund wird immer wieder versuchen, sich in ihn hineinzuquetschen. Wirbelsäulenschäden aus solchem Grund möchte man sich dann später nicht verzeihen.
Zur Frage: »Ein Hund oder mehr?« soll auch noch etwas gesagt werden: Wir haben festgestellt, daß zwei Hunde die Haltung vereinfachen. Können Sie sich entschließen, gleich zwei Welpen aus demselben Wurf zu übernehmen, erleichtert das die Betreuung merklich, auch wenn Ihnen das nicht sofort einleuchten sollte. Gewiß, die reinen Futter-, Steuer- und Aufzuchtkosten verdoppeln sich. Aber der Zeitaufwand wird geringer, weil die beiden Wurstel herrlich miteinander spielen können, aneinander lernen und dabei nicht total auf den letztlich artfremden Menschen angewiesen sind. Ob Sie beim Spaziergang einen oder zwei glückliche Hunde bei sich haben, macht letztlich keinen Unterschied, und wenn die Bindung an den Menschen in dem Fall nicht ganz so klammernd ist wie bei den als Einzelhund gehaltenen, so ist das wünschenswert. Denn mit der an sich notwendigen Kommunikation mit »fremden« Artgenossen hapert es leider oft. Entweder aus Mangel an Gelegenheit oder aus Mangel an Einsicht oder aus übertriebener Ängstlichkeit. (»Meiner ist schon mal gebissen worden, seitdem traue ich mich nicht mehr, ihn mit anderen Hunden zusammenzulassen.«)

Zwei Rüden wachsen problemlos miteinander auf. Rüde und Hündin bringen die Probleme, die auf der Hand liegen, und wir wissen nicht, ob Sie die beiden zweimal im Jahr für 14 Tage trennen können.
Wenn Sie einen Welpen zu einem erwachsenen Rüden bringen, wird das mit Sicherheit gutgehen, wenn der »alteingesessene« der eindeutig stärkere ist. Im umgekehrten Fall kann es schwierig werden; wenn nämlich der ältere Zwerg den heranwachsenden Riesen auch dann noch dominieren will, wenn der erwachsen wird. Wie gesagt, das kann schiefgehen, muß aber nicht. Es gibt da die rührendsten Symbiosen höchst unterschiedlicher Hunderassen.
Die Haltung von zwei Hündinnen ist auch dann nicht unbedingt zu empfehlen, wenn sie von klein auf zusammen sind. Weibliche Hunde sind in ihrem Ablehnungsverhalten Artgenossinnen gegenüber viel entschiedener und unerbittlicher als Rüden. Das hängt mit ihren arterhaltenden Instinkten zusammen. Zusammenlebende Rüden, die sich mal in der Wolle hatten, können sich wieder vertragen, auch endgültig. Haben sich zwei erwachsene Hündinnen mal gebissen, würden wir nicht raten, sie in Zukunft unbeaufsichtigt allein zu lassen. Wie gesagt: Kann alles sein, muß aber nicht, und die Risiken sind unterschiedlich und nicht kalkulierbar. Für mehr als zwei Hunde würden wir nicht plädieren. Ein kluger Mann hat gesagt: Man soll nicht mehr Hunde halten, als man Hände hat, um sie zu streicheln. Wenn Sie natürlich über nicht überschaubaren Landbesitz verfügen mit dem entsprechenden Personal, bitte, in diesem nicht sehr wahrscheinlichen Fall: Warum nicht?
Es gibt auch Rassen, die durch ihr Sozialverhalten leicht oder leichter zu mehreren gehalten werden können als andere, dazu gehören die meisten kleinen Hunde – Möpse übrigens sind da vorbildlich, das können Sie auf jeder Ausstellung beobachten – und dann die Meutehundrassen, Beagle zum Beispiel oder Dalmatiner. Diese Jagdhundrassen mußten früher ihr Leben in Gemeinschaft mit vielen anderen gleichrassigen Hunden verbringen.

Manche Hunde haben überhaupt keine Haare. Die scheinen uns nicht exotischer zu sein als die, die unter einem unübersehbaren, meist verfilzten und verdreckten Haargebirge unerkannt ihr Dasein verbringen. Außerdem gibt es Rauhhaarige, Kurzhaarige und Stockhaarige. Letztere sind die einzig »Normalen«, alles andere Haarmutanten.

Ich mag die Kurzhaarigen am liebsten. Erstens, weil ich ein Egoist bin und mich an den schönen Bewegungsabläufen meines Hundes erfreuen möchte, unter dessen kurzem Fell jeder Muskel erkennbar ist. Und zweitens kann man solche Hunde mit dem Waschlappen sauberhalten und pflegen. Dicke Kurzhaarige sehen scheußlich aus, und ihre Besitzer haben keine Ausrede. (»Das ist alles Fell, Sie sollten den mal sehen, wenn er naß ist!«)

Wenn es sich nicht gerade um einen Zwergpinscher handelt, frieren die Kurzhaarigen draußen dennoch nicht, sind aber dem Leben in geheizten Räumen am besten angepaßt. Ein Hund friert weniger deshalb, weil er kurzbehaart ist, als deswegen, weil sein Körperinhalt in einem ungünstigen Verhältnis zur Oberfläche steht: Kleine, schmalgebaute, sehr schlanke Hunde sind da betroffen. Je größer das Tier, desto günstiger wird das Verhältnis des Körpervolumens zur Hautoberfläche, desto kälteunempfindlicher wird der Hund.

In gar keinem Fall braucht der Hund irgendeine Kleidung. Auch der Kleinste, mit dem dünnsten Fellchen, nicht. Sein Körperhaushalt gerät hoffnungslos durcheinander, allerlei Wehwehchen sind programmiert. Von Schuhen oder ähnlichem Irrsinn wollen wir gar nicht reden.

Wir glauben einfach nicht, daß es notwendig ist, irgendeinem halbwegs normalen Menschen zu erklären, warum ein Hund keinen Schlafanzug braucht. Einzige Ausnahme: medizinische Indikation: Schuhe für verletzte Füße, Decken für sehr alte, schütterbehaarte, womöglich nierenkranke Hunde. Pudel beispielsweise, denen man so lange an der empfindlichen Lenden-Nieren-Gegend das Fell abgeschoren hat, bis sie eben krank waren. Bei den *Löwchen,* einer seltenen Zwergrasse, verfährt man ebenso, oft sogar schon bei den Welpen. Die Züchter, vorzugsweise Damen, würde ich gern einmal ein Jahr mit freiem Unterkörper dem mitteleuropäischen Klima ausgesetzt sehen.

Extreme allenthalben, auch was das Haarkleid angeht.

Ein mieser Anblick auf Ausstellungen: An den an einer Art Galgen aufgehängten Hunden wird emsig alles getan, um – unter den Augen der Richter – mit Hilfe eines manipulierten Haarkleides eventuelle defekte Körperformen zu verschleiern. Mit Erfolg.

Mancher Schönheits-Champion verdankt die Vielzahl der gräßlichen Pokale (noch niemand hat versucht, ohne Mehrkosten, formschöne herstellen zu lassen) seinem Friseur.

Ich habe noch keinen Richter erlebt, der einen so frisierten Hund – einen Airedale vielleicht – auf seine nicht mehr zu definierenden Körperformen hin abgetastet hat. Das gleiche gilt für Bobtails oder jenen unappetitlichen Haufen verfilzter Wolle, unter denen sich so schöne und charaktervolle Hunde verbergen wie der Komondor.
Lassen Sie sich nichts erzählen, und erzählen Sie mir nichts von den unendlichen Weiten der Pußta, wo diese Dreckhümpel in Eis und Schnee dem Wolf Paroli bieten. Der Wolf jedenfalls hat ein anderes Fell: stockhaarig! Auch in Sibirien. Das ist ein Fell aus harten, mittellangen Oberhaaren und einer sehr dichten, wasserabstoßenden Unterwolle. Pflegebedürftig auch dieses Haarkleid, falls der Hund sich nicht immer im Freien aufhält. (Da aber der Mensch sich nicht immer im Freien aufhält, was soll der Hund da?)
Ich befürchte, daß sich nur sehr wenige Menschen, die sich einen langhaarigen Hund anschaffen, darüber im klaren sind, wieviel Zeit sie künftig tagaus, tagein mit der Pflege verschwenden müssen. Bei den Großen von der langhaarigen Zunft etwa eine Stunde. Täglich! Wenn sich der Hund, was wir mal hoffnungsvoll voraussetzen wollen, täglich bei jedem Wetter im Freien bewegt.
Verschwendet ist die Zeit deswegen, weil der Hund mit kürzerem Fell nicht schlechter ausgestattet wäre. Verschwendet, weil dem Hund die ziepende Kämmerei genausowenig Spaß macht wie seinem Besitzer.
Ich kenne Besitzer von langhaarigen Hunden, die ihren Liebling in der warmen Jahreszeit kurzerhand auf vier bis fünf Zentimeter brachten und einen feinen Sommer zusammen hatten, mit Toben und Spielen im Wasser und auf der Wiese.
Im Winter beließen sie es dann bei der gewählten Haarlänge und mußten nicht mehr die Eisklüten aus den langen Haaren brechen.
Vernunft aber waltet bei der Hundezucht nicht gerade häufig. Und eben auch nicht beim Haarkleid und den Manipulationen damit.
Seit ein paar Jahren werden die eben zitierten Bobtails am Hintern gegen den Strich gekämmt und toupiert. Sie sehen dann aus wie eine Marktfrau, der der Wind unter die Röcke gefahren ist. Diese schönen, selbstbewußten Hunde werden zu Idioten frisiert. Irgendein armseliger Trottel hat sich so etwas ausgedacht, um vorzutäuschen, daß die Hunde hinten höher sind als vorn, wie es der »Standard« fordert, und schon fallen Hunderte von sogenannten Richtern darauf rein.

Wenn Sie also nicht uferlos Zeit haben – oder Geld, mit Geld kann man einiges delegieren –, dann wählen Sie einen kurz- bis stockhaarigen Hund.
Manche Rauhhaarigen müssen mehrfach im Jahr getrimmt werden (Schnauzer, rauhhaarige Terrier und andere). Das heißt, daß ihnen das lose Deckhaar mit Daumen und einem kurzen Messer entfernt werden muß. Tut man das nicht, dann haart der Hund ganzjährig, läßt man ihn fälschlicherweise scheren, bleiben die losen Haarenden übrig, der Hund haart ebenfalls unaufhörlich, nur mit kürzeren Haaren, und kratzt sich den ganzen Tag. Trimmen muß einer können, und es kostet deshalb viel Geld. Scheren ist billiger, einfacher und bequemer, aber bei den betreffenden Rassen sinnlos.
Bei einem großen Hund dauert die Trimmprozedur etwa zwei Stunden, und der Hund wird meistens ungeduldig.
Ich kann ein Lied davon singen, ich hatte zwölf Jahre einen Riesenschnauzer. Abgeben ließ der sich nicht beim Trimmer, und der Gesprächsstoff mit diesem Meister der Trimmkunst reichte bei weitem nicht für zwei Stunden.
Es soll Züchter von rauhhaarigen Rassen geben, die den Käufern ihrer Hunde die notwendigen diesbezüglichen Informationen nicht geben. Das ist eine Unverschämtheit, aber gut zu verstehen, und am klügsten ist es, wenn man das Trimmen lernt und in Heimarbeit verrichtet. Dann kann man dabei Musik hören oder einen Kassettenkursus (Wie erziehe ich meinen Hund?). Soviel zu diesem haarigen Thema.

Hunderaufereien kommen immer mal wieder vor, und so wollen wir darauf eingehen, obwohl auch in der Beziehung mehr sinnlose Aufregung und Unvernunft anzutreffen sind als wirklicher Anlaß zur Besorgnis. Fast alle Beißereien haben im wahrsten Sinne des Wortes einen »Aufhänger«: die Leine. Sie ist die magische Verbindung vom Chef (oder Mitglied des Rudels) zum Schutzbeauftragten. Entweder der angeleinte Hund fühlt sich stark, weil er von dem Gefühl getragen wird, an dieser gemeinsamen Quasinabelschnur könne ihm gar nichts passieren, oder er will seinem Brotgeber imponieren, wohl wissend, daß diese angenehme Verbindung ihm zwar erlaubt, den wilden Mann zu spielen, eine direkte Konfrontation aber meist verhindert.
Oder aber der Hund ist mit Schutzbedürftigen verbunden – Kindern,

Hundeschauen sind vor allem Jahrmarkt der menschlichen Eitelkeit

der Ehefrau – und fühlt sich zum Leibwächter dem fremden Hund gegenüber berufen.
Dritte Möglichkeit: Der Hund wurde zeitlebens durch Reißen, Rucken, Stachelhalsband und ähnliches drangsaliert und fängt vor *Angst* an zu toben: Er weiß, daß er gegenüber einem nichtangeleinten Gegner keine Chancen hat, weil er zusätzlich – irrsinnigerweise – noch gewürgt wird.
Darum muß die erste und unabdingbare Reaktion bei einer nicht mehr zu vermeidenden Auseinandersetzung zwischen zwei Hunden sein, den eigenen sofort von der Leine zu machen. Wenn dazu keine Zeit mehr ist: die Leine einfach loslassen. Sonst bieten Sie Ihren Hund »dem Feind« als annähernd wehrloses Opfer dar. Günstiger sieht die Sache aus, wenn Sie Ihren Hund von der Leine lassen können, bevor der andere heran ist, und so tun, als bewegten Sie sich gleichgültig in eine andere Richtung: Die beiden Kontrahenten wissen nicht mehr so recht, wem sie jetzt imponieren sollen. Und falls nicht gerade eine alte Rechnung zwischen beiden zu bereinigen ist, wird es beim hundeüblichen Ritual mit den typischen Drohgebärden bleiben.
Wir haben mit dieser Methode gute Erfahrungen gemacht, für den Erfolg garantieren können wir deshalb nicht: Erstens gibt es stark ausgeprägte Antipathien auch zwischen Hunden, und zweitens laufen zuviel vierbeinige Neurotiker herum, bei denen man auf normales Verhalten nicht mehr rechnen kann.
Eines nur ist sicher: Neurotisch wurden diese Hunde ausnahmslos durch den Menschen. Kaputterzogen oder genetisch bereits zerstört durch falsche, unverantwortliche Zuchtauslese mit bereits psychisch gestörten Elterntieren. (Oft mehrfach preisgekrönt, weil man ihnen auf den Ausstellungen im In- und Ausland nicht ansehen konnte oder wollte, daß sie einen Dachschaden haben.) Beispielsweise gibt es normalerweise keine tätlichen Auseinandersetzungen zwischen Hunden sehr unterschiedlicher Größe. Aggressionen sehr viel kleinerer Artgenossen werden von haushoch überlegenen gar nicht oder mit sichtlicher Verlegenheit zur Kenntnis genommen.
Wir haben schon mal einen Bernhardiner beobachtet, der unerschütterlich seines Weges ging, obwohl sich ein Zwergschnauzer tobsüchtig in seinem Fell verbissen hatte. Ein großer Hund, der einem Winzling mit Aggressionen begegnet, ist definitiv ein ganz kaputter Typ.

Ebenso sollte man keinen Hund zur Zucht zulassen, der junge Hunde (bis zu sechs Monaten bei kleinen Rassen, bis zu zwölf bis 16 Monaten bei großen oder sehr großen Rassen) angreift oder »Kollegen« vom anderen Geschlecht. (Leider gibt es, wie gesagt, von diesen Entarteten eine ganze Menge.)
Was nun aber tun, wenn ein großer Hund von dieser Sorte auf Ihren kleinen mit allen Anzeichen der Wut zurast? Ja, da müssen Sie sich entscheiden: entweder ableinen oder auf den Arm nehmen. Letzteres klappt fast immer, zumal, wenn Sie den Angreifer scharf anreden. Es kann aber *auch* schiefgehen, und in dem Fall sind Sie *und* Ihr Hündchen übel dran.
Umgekehrt ist es einfacher: Wenn Sie nicht sicher sein können, daß Ihr angeleinter Großer einem Kleinen, Aggressiven, der auf ihn zukommt, nichts tut (was sich eigentlich von selbst verstehen sollte) – dann heben Sie ihn hoch, indem Sie ihn unter die Brust fassen. Auf zwei Beinen fühlt er sich unsicher. Das schaffen Sie nicht? Dann haben Sie einen Hund, der für Sie eine Nummer zu groß ist.
Da wäre noch die Frage nach dem Geschlecht der Streithähne: Rüde – Hündin sollte sich ganz entschieden ausschließen (tut es aber nicht immer, aus Gründen, die wir eben schon erwähnt haben).
Rüdenkämpfe verlaufen meist harmloser, als es bei viel Gebrüll den Anschein hat: Der eine gibt auf, wenn er sich chancenlos fühlt, der andere läßt ihn ziehen. Und es ist durchaus möglich, daß aus zwei Rüden, die sich mal »gehabt« haben, bei weiteren Begegnungen die besten Freunde werden.
Bei Hündinnen nicht. Es hängt mit ihrem Instinktverhalten zusammen, daß sie andere Hündinnen oft erbittert angehen: Für eine Wildhündin oder Wölfin, die unter schwierigen Verhältnissen ihren Wurf aufziehen muß, ist das Auftauchen einer weiblichen Artgenossin oft eine existentielle Bedrohung: Für zwei Würfe reicht die im Umkreis zur Verfügung stehende Beute nicht aus. Also heißt es »meine Jungen oder deine Jungen«, und das Muttertier kämpft, bis einer von beiden auf der Strecke bleibt. Eine Hündin, die andere Hündinnen aggressiv angeht, ist *nicht* verhaltensgestört, sondern tut, was sie tun muß. Außerordentlich lästig ist dieses Verhalten natürlich dennoch und ein Grund, die Hündin- oder Rüdenfrage noch einmal zu überdenken.
Was nun tun, wenn es passiert ist? Vor sich ein Knäuel wild geifernder,

fletschender Hunde, die ihre Auseinandersetzung mit erschreckenden Geräuschen begleiten, ist es wahrlich nicht einfach, die Nerven zu behalten. Seien Sie sich bewußt, daß es gefährlich ist, überhaupt einzugreifen. Auch Ihr eigener Hund wird Sie beißen, wenn Sie ihn trennen wollen, weil er in der Hitze des Gefechts einfach die Übersicht verloren hat und sich natürlich dagegen wehrt, beim Kämpfen behindert zu werden. (Denn nichts anderes ist es ja, was Sie tun.) Lassen Sie sich nicht auf solche Sperenzchen wie Wassergüsse ein. Abgesehen davon, daß meist kein Wasser da ist, wird es von den Kämpfenden als angenehme Erfrischung empfunden. Bleiben Sie von den Köpfen weg, wenn Ihnen Ihre Hände lieb sind, brüllen Sie nicht sinnlos herum. Schlagen Sie weder den eigenen noch den anderen Hund, und hindern Sie auch den »gegnerischen« Hundebesitzer an derartigem Irrsinn. Jeder Schmerz, wenn überhaupt in diesem Erregungszustand wahrgenommen, wird ursächlich auf den Gegner bezogen und verhärtet die Situation. Packen Sie Ihren Hund an den Hinterbeinen, und veranlassen Sie den Besitzer des anderen, ein Gleiches zu tun. Dann drehen Sie langsam beide Beine parallel nach oben. Irgendwann muß und wird der Hund loslassen. (Der Kampf ist natürlich nur dann zu Ende, wenn das *gleichzeitig* passiert.)
Kämpfende Rüden kann man »schlagartig« außer Gefecht setzen, indem man den Schwanz hochzieht und mit der flachen Hand einmal kurz und kräftig auf die Hoden schlägt. Der Betroffene geht sofort k.o., ohne daß ihm Schaden entsteht. (Mir ist einmal passiert, daß ich auf diese Weise zwei bös ineinander verbissene große Hunde trennen wollte, und *beide* waren Kryptorchiden, das sind Rüden, deren Hoden sich nicht dort befinden, wo sie hingehören, sondern in der Bauchhöhle. Aber so etwas kommt auf der Welt sicher nicht noch einmal vor und konnte nur mir zustoßen.)
Mit unserem »Erziehungsprogramm« und unseren Ratschlägen ad hoc sind wir damit schon fast am Ende. Wollen Sie mehr: Wir geben Ihnen die Titel weiterführender guter Bücher im Anhang gern auf.
Wollen Sie anderes: Auch darüber wurde viel geschrieben. Aber verlangen Sie nicht, daß die Autoren dieses Buches die sattsam bekannte Mördergrube aus ihrem Herzen machen. Wir halten für richtig, was wir hier gesagt haben, hätten dieses Buch sonst nicht gemacht und befinden uns mit dem Gesagten in guter Gesellschaft: in der Sozietät nämlich der Freunde unserer Hunde.

Zum Schluß und am Ende

Allen Kassandrarufen zum Trotz: Sie haben Ihren Hund gesucht, gefunden, erworben, und er ist ein unnützliches, aber geliebtes Mitglied der Familie geworden. Laien und Fachleute versichern Ihnen, was für ein schöner Kerl er doch sei und ob man denn keine Lust verspüre, mit ihm Furore zu machen, den Profis auf den Hundeshows mal zu zeigen, was da – verborgen für die Fachwelt der Kynologen – für ein Superhund herangewachsen ist.

»Wir lieben unsern Hund auch so«, sagen Sie dann, »so einen Rummel brauchen wir gar nicht. Nicht wahr, Teddy?«

Und Sie haben recht damit. Keine Frage. Obwohl – ganz im Hinterkopf fragt etwas: »Warum eigentlich nicht?« Ja, warum eigentlich nicht?

Wenn Teddy Vertreter einer Rasse ist, die stark verbreitet und hochbeliebt ist, müssen Sie sich um den Fortbestand ja keine Sorgen machen: Unter den vielen wird es genügend Exemplare geben, die vorzüglich sind oder von den Preisrichtern, die sich für kompetent halten, dafür gehalten werden.

Warum sollen Sie sich mit Ihrem Teddy tagelang in diese Wartesäle der Eitelkeit hocken und sich dem Urteil irgendeines fremden Menschen aussetzen, der Ihren Teddy ja gar nicht kennt.

Warum sich dem Risiko aussetzen, daß Teddy, der ja kein Profi ist, sich nicht ausstellungskonform verhält: sich vom Richter beispielsweise nicht das Gebiß entblößen läßt, sondern es lieber bei dieser Gelegenheit selbst entblößt. Der Richter ist dann beleidigt, der Hund unten durch – was ihm egal ist – und Sie blamiert.

Was Ihnen auch egal sein sollte.

Falls nun aber der Züchter von Teddy so große Stücke auf sein Produkt hält – schön, dann soll er doch ruhig mal mit Teddy losziehen und sein Glück versuchen. Kommen die beiden müde, aber hochdekoriert zurück, hat es nicht geschadet, und sie teilen die Ehre, ohne mit Arbeit, Geld, Zeit und Frust dafür bezahlt zu haben. Denn Frust gibt es immer auf Ausstellungen, dafür sorgen die zahllosen ehrgeizigen Besitzer und Züchter, die jedes Wochenende Zeit haben, herumzustehen und etwas von ihrem, meist minderen, Charakter herauszulassen. Mit Vorliebe an

Newcomern. Hat der Hund nichts gewonnen, nimmt der Züchter Ihnen – und ihm – das vielleicht übel, und Sie haben künftig Ihre Ruhe.

Haben Sie sich aber für den Angehörigen einer seltenen Rasse entschieden, sieht die Sache ein bißchen anders aus: Dann verweigern Sie dem geringen Potential vielleicht wirklich eine Bereicherung, wenn Sie sich weigern, auszustellen und – folgerichtig – zu züchten. Selbst wenn das so sein sollte: Tun Sie, was Ihnen Spaß macht. Aber wenn Sie sich entschließen, auf dieses närrische Karussell der Selbstsucht und notorischen Hysterie aufzuspringen, dann müssen Sie gute Nerven, viel Zeit und noch mehr Geld haben.

Denn, wie wir schon festgestellt haben: Nur unverantwortliche Züchter mit kriminellen Methoden können an der Hundezucht Geld verdienen. Deshalb behauptet das auch keiner von sich, und noch die mieseste Type ist bemüht, die Uneigennützigkeit ihrer Bemühungen und den selbstlosen Amateurstatus hervorzukehren: Alles für die geliebte Rasse, kein Opfer ist zu groß.

Anders zu argumentieren ist auch platterdings nicht möglich. Wer je auf einer Ausstellung war, hat festgestellt: Den Hunden ist der ganze Zirkus bestenfalls Wurscht – falls es sich um nervenfeste Exemplare handelt. Die meisten Lieblinge ihrer vor Ehrgeiz entstellten Besitzer aber fühlen sich kreuzunglücklich: Plötzlich in Käfige gesperrt, ohrenbetäubendem Lärm ausgesetzt und von unzähligen Geruchseindrücken ihrer Artgenossen derart überflutet, daß ihnen ein Selektieren und damit Kommunizieren nicht mehr möglich ist, reagieren sie teils panisch, teils aggressiv, teils apathisch. Die wenigen Nervenfesten reagieren stoisch.

Und weil Menschen ungern zugeben, egoistisch zu handeln – schon gar nicht zum Nachteil anderer –, bleibt ihnen nur die faule Ausrede von der Sorge um die Rasse.

Manchmal ist das natürlich auch keine Ausrede, aber wir wollen hier Praktikables an die Hand geben und nicht von den berühmten Ausnahmen reden, die bis zum Überdruß den ekelhaften Regelfall bestätigen.

Wie sonst sind hochprämierte Hunde denkbar, denen jeder Veterinär auf den ersten Blick einen Haufen anatomischer Fehler ansehen kann. Wie können Hündinnen – auf einer *Zuchtschau* – als vorzüglich bezeichnet werden, die wegen extremer Zwergwüchsigkeit erklärtermaßen gebärunfähig sind. Woher weiß der Richter, ob dieser Beau von einem Rüden den Deckakt ohne menschliche Hilfe ausführen kann. Was er können sollte, wenn er einen Beitrag für die Gesundheit der Rasse leisten soll. Der Züchter wird es Ihnen nicht sagen, falls es da Schwierigkeiten gibt.

Auch der Züchter jener hochgelobten Hündin, die man nach dem Werfen Tag und Nacht beobachten muß, damit sie ihre Welpen nicht auffrißt, wird darüber Stillschweigen bewahren, weil er blind ist vor unkontrolliertem Ehrgeiz und taub gegen sein Gewissen, das ihn zwingen müßte, solche Hündinnen aus der Zucht zu nehmen, und seien sie noch so schön. So etwas gebiert nämlich nicht selten entzückende Welpen, die sich, sobald sie krabbeln können, versuchen, gegenseitig den Garaus zu machen. Die muß man dann trennen und der fatalen Mutter – unter Aufsicht, versteht sich – einzeln anlegen.

Und aus so etwas werden dann wieder Ausstellungstiere.

Die seelischen Krüppel und die Pappdrachen auf Ausstellungen sind Legion. Von den vertuschten und verdeckten anatomischen Defekten abgesehen. Wer – mit einschlägigen Kenntnissen versehen – diese Tatsachen leugnet, ist ein Heuchler, ein kynologischer Tartüff.

Sie wissen also, was Sie erwartet, wenn Sie auf der Ausstellung erscheinen, ein Parzival unter den Hundeeignern, das Panier der Verbesserung und Vervollkommnung dieser und aller anderen Hunderassen in der schweißnassen Hand.

Natürlich kann die Züchterei auch Spaß machen, große, echte Freude bereiten, wer könnte das vor einem Korb gesunder Welpen leugnen, aber auch im schönsten Fall ist immer Trauer dabei: Rückschläge bleiben nicht aus, und die Trennung von den kleinen Wursteln, die man nach acht Wochen schon ganz genau kennt, ist obligatorisch und fällt immer wieder bitter schwer (wie wird er es wohl treffen, gerade der Kleine mit der reizenden weißen Blesse). Man kann dem Käufer nicht ins Herz sehen.

Einen *vernünftigen* Grund für die Hundezucht gibt es schlechthin nicht. Genausowenig wie für die *Hundehaltung*. Es gibt nun einmal viel zu viele Hunde und auf der Welt ganz andere existentielle Probleme. Es gibt nur einen akzeptablen Grund für die Sache mit dem Hund: Man muß verrückt danach sein und in der Lage, die besonderen, einmaligen Fähigkeiten dieser Spezis, ihre nie versiegende, dringliche Affinität zum Menschen zu erkennen und immer wieder neu zu genießen.

Die egoistische Freude am Hund, an einem Wegbegleiter, der sich glücklich fühlt und dieses Gefühl auf seinen Freund und Beschützer in reichem Maße überträgt, diese, durchaus selbstsüchtige, Freude macht gute Hundebesitzer, sonst nichts.

Hunde, die niemals krank sind, gibt es ebensowenig wie lebenslang gesunde Menschen. Außerdem gibt es kleinere oder größere Unfälle. Also: Wenn Ihr Hund sich anders verhält, als er und Sie es gewohnt sind: Fieber messen. Der gesunde Hund hat zwischen 38 und 38,5° Körpertemperatur (anal gemessen natürlich, erinnern Sie sich, Sie sollten das üben!). Kleinere Hunde haben ein bißchen mehr. Große ein bißchen weniger.
Bei Über- oder Untertemperatur: Sofort zum Tierarzt. Warten Sie nicht ab, und fangen Sie nicht an herumzudoktern, und versuchen Sie nicht erst anhand von Büchern, im Blitzkurs zum Sauerbruch der Tiermedizin aufzusteigen. Gehen Sie zu einem guten Tierarzt, sofort, wenn Sie nicht wissen, was los ist, der Hund nicht frißt oder Verdauungsschwierigkeiten hat. (Wenn er humpelt, können Sie ein paar Tage warten, eine Stauchung oder Zerrung gibt sich manchmal von selbst.)
Ein guter Tierarzt sollte einen freundlichen, warmherzigen und interessierten Eindruck machen. Er sollte nicht versuchen, mit seinen Kenntnissen zu prahlen, sollte sie aber haben, und zupacken können, ohne sentimental zu sein.
Aber ein Tierarzt, dem nicht die Tränen kommen, wenn er einem langjährigen Patienten aus unabweisbaren Gründen die Todesspritze geben muß, der ist kein Tierarzt nach meinem Geschmack.
Über beträchtliches Fachwissen kann er dennoch verfügen. Und der überaus freundliche Kollege kann eine Pfeife auf seinem Gebiet sein.
Aber ich denke, Sie kriegen das schon raus. Schließlich haben Sie selbst auch so lange Ihren Arzt gewechselt, bis Sie den Doktor Ihres Vertrauens gefunden haben.
Damit sind wir dann wirklich am Ende, und auch das – das Ende eben eines Hundelebens – ist absehbar und gehört zu den Verpflichtungen, die der Mensch übernimmt, wenn er das kleine Fellbündel am ersten Tag in seiner Familie Einzug halten läßt.
Ein Hund, der in hohem Alter stirbt, weil seine Lebensreserven einfach verbraucht sind, der nach einer Zeit zunehmender Müdigkeit, aber ungebrochener Freude an den täglichen Höhepunkten eines Hundelebens

morgens tot in seinem Korb liegt, hat einen glücklichen Tod gehabt und seinen Menschen viel erspart. Leider sterben die meisten unserer Hunde nicht mehr diesen leisen, selbstverständlichen Tod. Lange Krankheiten sind häufig, Schlaganfälle oder schwere Schmerzen in den Gliedmaßen machen dann das Leben unlebenswert.

Müssen hier auch noch Ratschläge gegeben werden? Meinen Sie nicht, daß Sie am besten erkennen, wenn Ihr alter Hund nicht mehr mag? Oder wenn Ihr noch gar nicht alter Hund so krank ist, daß ihn jede Lust am Leben verlassen hat? Sie werden das wissen. Dennoch möchten Sie nicht wahrhaben, was Sie sehen und spüren.

Aber glauben Sie: Ein Hund, der über seinen Körper nicht mehr nach Lust und Bedürfnis verfügen kann oder sich nur unter Schmerzen seine täglichen kleinen Wünsche erfüllen kann: So ein Hund lebt nicht mehr gern, er trauert um alles, was ihm entschwindet: die Lust am Laufen, am Wittern, am Kommunizieren mit Menschen und Artgenossen, am Essen schließlich.

Dann ist es Zeit. Sie können ihm keine Alternative bieten: Ein gutes Buch kann er nicht lesen oder seine Memoiren schreiben, und sei es im Rollstuhl. Ihm jetzt noch dieses elend gewordene Leben zu lassen ist purer Egoismus.

Gönnen Sie ihm jetzt, was so vielen Menschen aus Kompetenzstreitigkeiten verweigert wird: einen guten, schmerzlosen Tod in Ihrem Arm.

Und schauen Sie ganz zuletzt nicht aufs Geld. Lassen Sie, wenn noch Zeit ist – der Hund vielleicht nicht mehr gerne Auto fährt –, lassen Sie *Ihren* Tierarzt *kommen.*

Die meisten Hunde haben Angst vor der Veterinärpraxis. Es hat da schon mal weh getan im Laufe der Jahre, und man durfte sich nicht wehren.

Ersparen Sie Ihrem todesmatten Freund diese Aufregungen. Den Tierarzt wird er – in eigener Umgebung – freundlich begrüßen, wenn es denn ein guter Tierarzt ist. Der gibt ihm einen sanften Tod ohne jede Angst oder Erregung. So, wie wir ihn uns alle wünschen.

Lassen Sie sich zum guten Ende Glück wünschen für den geplanten und beschlossenen Anfang eines gemeinsamen Lebens mit Ihrem Hund. Denn selbst wenn Sie viel mehr wüßten, als wir Ihnen hier raten konnten – und selbst wenn Sie dies und mehr beherzigen wollten und würden: Glück – Glück muß immer dabeisein.

100 Rassen im Test

Wenn wir Ihnen auf den folgenden Seiten, wie versprochen, die bekanntesten Vertreter der heute registrierten Hunderassen vorstellen, dann möchten wir nicht verhehlen, daß viele seit Jahrzehnten gezüchtete, anerkannte Rassen nach unserem Erachten gar keine sind. Es soll endlich mal gesagt werden, daß sich unter mannigfaltigen Frisuren und diversen Haarkleidern der gleiche – oder doch fast der gleiche – Hund befindet.

Den Unterschied beispielsweise zwischen dem Cairn Terrier und dem Westhighland White, den soll mir doch mal einer malen. (Wenn man von der Farbe absieht; und davon darf ja wohl abgesehen werden.)

Schnauzer und Pinscher sind vernünftigerweise in *einem* Club vertreten, und wenn man einen Zwergschnauzer seiner grimmigen Kopfpracht beraubt, ist er enttarnt: ein Zwergpinscher mit dem typischen spitzen Schnäuzchen! Der Welsh Terrier ist ein Lakeland, dem keine anderen Farben als Schwarz und Loh gestattet sind. Quelle différence! Der irische Terrier aber ist ein etwas langbeinigerer Welsh und der Airedale ein maßstabgerecht vergrößerter Welsh. (Mittelschnauzer und Riesenschnauzer, Vertreter *einer* Rasse, gleichen sich in den Proportionen entschieden weniger.) Und weiter: Manche Hovawarts sehen aus wie etwas mickerige Neufundländer, manche Neufundländer wie besonders mächtige Hovawarts. Leonberger ähneln großformatigen Retrievern; Bernhardiner sind hochbeinigere braun-weiße Neufundländer; Landseer ohne Frage Neufundländer: schwarz-weiß und nicht in jenem verfetteten Zustand, den der Neufundländer-Standard verlangt, damit der Hund »bärenhaft« aussieht.

Malteser sind unfrisierte und unrasierte Löwchen, Yorkshire braunweiße Malteser, Lhasa Apsos sind Shi Tzus, und der weithin unbekannte Silky Terrier ist ein weniger verzwergter Yorkshire. So jedenfalls muß es einem unbefangenen Betrachter erscheinen, traut er seinen Augen. Und so *kann* man das auch sehen.

Was wäre denn nun falsch daran, derart ähnliche Hunde zu *einer* Rasse zusammenzufassen und mit frischem Blut und weniger eng geschnürten Standards (die in den wirklich wesentlichen Punkten ohnehin häufig nicht eingehalten werden) Hundetypen zu erzüchten, die sich möglicherweise nicht ähneln wie ein Ei dem andern, dafür aber gesund sind, weil das oft viel zu kleine Zuchtpotential erweitert werden konnte. So könnten Rassen entstehen, die sich *prototypisch*, nicht fotografisch, ähneln. Überall da, wo es auf Leistung (das heißt Gesundheit) ankam, bei allen Hirtenhundrassen beispielsweise, ähnelten sich bis zum vorigen Jahrhundert Exemplare einer Rasse häufig weit weniger als manche heutigen Hunde, künstlich zu »Rassen« auseinandergepult.

Was bei unserer festgefahrenen, engstirnigen Hundezüchterei fehlt, ist ein bißchen neues Leben in der Bude. Egal, ob der Schwanz »richtig« getragen wird (und was bei dem einen »richtig« ist, ist beim andern »falsch«) oder ob beide Augen vorschriftsmäßig im dunklen Farbbereich liegen: Wenn der Hund gut geraten ist an Leib und Seele, sollte man auch dann mit ihm züchten, wenn er ein stehendes und ein kippendes Ohr hat. Wir haben übergenug optisch makellose Krüppel!

Ein Bearded Collie ist nun mal ein kleiner Bobtail, das sieht jedes Kind. Was also soll das Verwirrspiel angesichts der Tatsache, daß viele Rassen ohnehin in zwei oder mehr Schlägen zugelassen sind. Diese Kleinteiligkeit, die falsche Bewertung wichtiger und unwichtiger Merkmale haben letztlich zum Niedergang fast aller Rassen geführt, zum Debakel in der Hundezucht schlechthin, vor dem wir heute stehen.

Im übrigen: Das Wutgeheul der Zuchtvereinsvorsitzenden, der Gralshüter kaputter Hundetypen jeglicher Couleur braucht sich gar nicht erst zu erheben, kann übergangslos in Hohnlachen umschlagen. Wir wissen selbst, daß daraus nichts wird. Wir wissen sogar, warum: Wenn es möglich wäre, dem internationalen Vereinsmeiertum das Kleinkarierte und die Korinthenkackerei auszutreiben, dann sähe es nicht nur in der Hundezucht erfreulicher aus, dann hätten wir eine bessere Welt.

Wir zählen im folgenden bei jedem Hund die Krankheiten auf, die rassetypisch sind. Das bedeutet: *Wenn* dieser Hund erkrankt, dann wird es aller Wahrscheinlichkeit nach eine von den genannten Krankheiten sein. Das bedeutet *nicht*: Der Hund *muß* notwendigerweise krank werden oder gar von *allen* Krankheiten befallen werden, die rassetypisch sind. Natürlich wächst das Risiko für eine Rasse, je länger der Katalog der für sie typischen Krankheiten wird.

Affenpinscher

Schulterhöhe: 25 cm bis 30 cm. *Gewicht:* ca. 4 kg. *Farbe:* möglichst rein schwarz. Braune oder graue Abzeichen sind zugelassen. Vorbeißer. Harte und dichte Behaarung, kaum Pflege. *Welpenpreis:* etwa 800 DM. *Gezüchtete Hunde pro Jahr:* 43.
Typische Krankheiten: Wirbelsäulenverkürzung – führt zum rassetypischen, affenähnlichen Sitz, Unterkieferverkürzung in leichter Form soll sein.

Mit dem grimmigen Zwerg ist nicht zu spaßen. Wen er nicht kennt, der soll die Finger von ihm lassen. Das apfelköpfige kleine Monster gehört zu den wenigen Hunden, die ich mich hüten würde anzufassen. Der beißt wirklich! Dabei ist er rührend anhänglich gegenüber seiner Familie, unbestechlich und nervtötend wachsam. Sieht aus, als wäre er eine Kreation von Spielberg, ist aber eine uralte Rasse. Dürer hat ihn schon in Holz geschnitzt! 1896 wurde er endgültig aus dem Wirrwarr der Kurz- und Langhaarigen, Lang- und Kurzbeinigen herausgefiltert. Ein Hund für Leute, die mehr Wert auf Charakter als auf Schönheit legen. Wird uralt – 15 Jahre und älter – und selten krank.

Afghane

Schulterhöhe: Rüden: 68,5 cm bis 73,5 cm. Hündinnen: 5 cm bis 7,5 cm kleiner. *Farbe:* Alle Farben werden akzeptiert. Das Fell ist sehr pflegeaufwendig. *Welpenpreis:* 1200 DM bis 1500 DM. *Gezüchtete Hunde pro Jahr:* 313.
Typische Krankheiten: angeborene Hornhautdegeneration, jugendlicher grauer Star, lokal begrenzte Auflösung des Knorpels am Oberarmkopf, angeborene Ellenbogengelenksluxation.

Windhunde sind wahrscheinlich die ersten Hunde, die nach und nach vom Menschen zur Rasse geformt wurden. Schon vor Jahrtausenden wurden sie vor allem auf Schnelligkeit gezüchtet, um das Wild zu hetzen. Ihre athletische Figur findet man auf uralten Wandbildern, Vasen und Schmuckstücken verewigt. Sie dienten den Ägyptern, Griechen und Römern als Jagdgefährten. Und die Germanen züchteten sich durch Einkreuzen von Doggenblut einen schwereren Typ zum Jagen von Hirschen und Keilern. Der Windhund, ein zuverlässiger Fleischlieferant, hatte damals unter allen anderen Hunden eine bevorzugte Stellung. Das ließ erst nach, als die Schußwaffe erfunden wurde und ihn entbehrlich machte.
Zu den alten orientalischen Windhundrassen gehört auch der Afghane. Auf Höhlenzeichnungen, die aus dem Jahre 2200 vor Christi Geburt stammen, sind seine Konturen schon zu sehen, und nach einer Legende ist er der Hund, den Noah in seiner Arche mitnahm. In seiner unwegsamen Heimat hetzt er die Gazelle viele Kilometer weit. Dabei ist er ganz auf sich allein angewiesen. Diese Unabhängigkeit haben sich viele Afghanen bis heute bewahrt. Und das bringt sie oft in Schwierigkeiten. Doch davon später.
Nach Europa kam der Afghane erst sehr spät. Seine Ausfuhr aus Afghanistan war bei Todesstrafe verboten. Die ersten beiden Exemplare schmuggelte 1888 ein englischer Offizier außer Landes. 1907 wurde der erste Afghane namens »Zarwin« in London ausgestellt, und er war sofort eine Sensation. Nach Deutschland kam der Afghane erst nach dem Ersten Weltkrieg, also viel später als die meisten Windhundrassen. In alten Hundebüchern wird er noch ziemlich grob als »salukiartig mit Setterköpfen und Setterruten« beschrieben.
Mittlerweile ist er bei uns zum populärsten Windhund geworden – nicht unbedingt zu seinem Glück. Immer wieder wird er wegen seines eleganten Aussehens als Renom-

ffenpinscher △

▽ Afghane

mierhund angeschafft. Und das geht dann oftmals in die Hose! Seine vielgepriesene Unabhängigkeit führt zu Konflikten, denn auf Wildern steht bei uns die Todesstrafe.
Ein harmloser Spaziergang mit dem Afghanen kann zum Horrorerlebnis werden. Schon ein aufgewirbeltes Blatt Papier bringt den Afghanen zum Durchstarten. Dann kann man nur noch hoffen, daß die nächste Autobahn, der nächste Schienenstrang oder der nächste Jäger möglichst weit weg sind. Wenn der Afghane erst einmal rennt, dann gibt es für ihn kein Halten mehr, Rufe und Pfiffe sind sinnlos. Mancher Besitzer hat sein kostbares Tier deshalb schon entnervt ins Tierheim abgeschoben.
Ein Afghane, den man unangeleint laufen lassen kann, ist eine fast zirkusreife Rarität. Alle Windhunde jedoch brauchen extrem viel Auslauf, sonst ist der Tatbestand der Tierquälerei erfüllt. Als Etagentiger wird er, zum Laufen geboren, unweigerlich krank. Am besten bewegt man ihn beim Fahrradfahren oder geht zum Training auf den Windhundrennplatz.
Wer sich aber selber nicht gern bewegt oder beim Hund zuerst bedingungslose Ergebenheit schätzt, sollte den Afghanen meiden. Er ist nämlich ein ziemlicher Egozentriker, der meistens sogar Distanz zur eigenen Menschenfamilie hält. Aber gerade deshalb werden diese unbequemen Zeitgenossen, die auch sehr nachtragend sein können, von manchen geliebt.
In den letzten Jahren wurde dem Afghanen immer mehr Fell angezüchtet, vor allem über fellreiche Afghanen-Importe aus Amerika. Das mag seine Exklusivität heben, macht die Fellpflege aber immer aufwendiger. Und auf Schönheitskonkurrenzen sieht man, wie der Hund von seinem Besitzer aufgemotzt wird, als ginge es zum Opernball. Für verhinderte Frisöre ist der Gazellenjäger a.D. aus dem wilden Afghanistan wirklich zu schade.

Airedale Terrier

Schulterhöhe: Rüde 58 cm bis 61 cm. Hündin: 56 cm bis 59 cm. *Farbe:* schwarz oder grizzle mit Lohfarbe. Sollte mindestens viermal im Jahr mit dem Trimmesser gerupft werden, nicht geschoren. Ein Trimming kostet zwischen 60 DM und 80 DM. *Welpenpreis:* etwa 1200 DM. *Gezüchtete Hunde pro Jahr:* 1214.
Typische Krankheiten: Knorpeldefekte im Wachstum, Hüftgelenksdysplasie, Hautgeschwulste, Entropium, örtlich begrenzte haarlose Stellen, erbliche, fortschreitende Kleinhirnrindenverkümmerung, Leukämie, dauerndes Muskelzittern.

Der Airedale Terrier stammt ursprünglich aus der englischen Grafschaft Yorkshire und dort aus dem Tal des Flusses Aire, von dem auch sein Name kommt.
Die Bauern, Fabrikarbeiter, Bergleute und Viehhändler im wasserreichen Yorkshire brauchten schneidige, wetterfeste Hunde, die Haus und Hof vor Dieben schützten und einzeln oder in der Meute in Gewässer getrieben werden konnten, wo sie vor allem Ottern und Ratten aufspüren sollten. Sicher wurden sie auch zum Wildern benutzt. Das Jagen war damals noch das Privileg des Adels. Der hatte kostbare Wind- und Jagdhunde. Terrier aber lebten bei den kleinen Leuten, waren in Ställen und auf dem Hof zu Hause. Das einfache Leben machte sie hart und widerstandsfähig.
Als Schöpfer des eigentlichen Airedales gilt ein gewisser Wilfried Holmes, der in der Nähe von Bradford in der Grafschaft Yorkshire lebte. Er kreuzte diesen Terrier, der sich seit Jahrhunderten bewährt hatte, mit dem besonders wassertüchtigen Otternhund, mit dem Black and Tan Collie und dem Gordon-Setter, die dem Terrier seine braun-schwarze Färbung verliehen. Bullterrierblut erhöhte die Kampfeslust, und der Bluthund vererbte ihm die feine Nase.

Durch komplizierte Kreuzungen, Rückkreuzungen und Inzucht entstand in relativ kurzer Zeit der Airedale Terrier, damals auch unter dem Namen »Bingley Terrier« bekannt. 1878 wurde der Hund vom englischen Kennel-Club als Rasse anerkannt. Bald schon verbreitete er sich von seiner Heimat Yorkshire aus über die ganze Welt. In Deutschland machte ihn der »Klub für rauhhaarige Terrier« (heute »Klub für Terrier«), der 1894 gegründet worden war, populär. Fast gleichzeitig mit dem Schäferhund trat er als Gebrauchshund in die Dienste der Polizei. Airedales begleiteten Deutsche 1900 in China beim Boxer-Aufstand; in Afrika wurden sie zur Löwenjagd verwendet. Auch im Ersten und Zweiten Weltkrieg wurden sie als Diensthunde verpflichtet. Bis heute wurden über 115000 Airedales in das Zuchtbuch des »Klubs für Terrier« eingetragen.
Damals erhielt er wohl zu Recht den Namen »König der Terrier«. Den Airedale kenne ich von allen Rassen am besten. Schon als Kind, 1947, bekam ich meinen ersten Airedale-Rüden, und später habe ich selbst einige Würfe gezüchtet. Aber auch Könige können vor die Hunde gehen. Am Airedale habe ich beobachtet, wie züchterischer Wahnsinn eine robuste, nervenstarke Rasse gefährden kann.
In den letzten 15 Jahren haben vor allem einige wenige Champions, auf Schönheitsausstellungen mit Haarshampoo aufgeputzt und bis zum letzten Härchen perfekt zurechtgezupft, als Vererber dominiert. Für Wesen und Charakter interessierten sich nur noch wenige Züchter. Einer dieser Schönheitskönige, Champion von Deutschland, Dänemark, Holland, Luxemburg und noch dazu dreifacher Europasieger, deckte nach meinen Unterlagen allein in der Bundesrepublik mindestens 25mal und zeugte dabei 160 Nachkommen. Erst dann stellte sich heraus, daß er unter schwerer Hüftgelenksdysplasie (HD) litt, die er natürlich vererbt hatte. Sein Besitzer, ein Großzüchter, hatte darauf verzichtet, ihn röntgen zu lassen, obwohl oder vielleicht sogar weil er mit diesem Hund eine Menge Geld verdiente.
Aber der Irrsinn geht noch weiter: Mit den Nachkommen dieses Hundes, äußerlich wunderschön, wurde fleißig drauflos gezüchtet, sogar Inzucht betrieben, so daß in manchen Ahnentafeln der schwer hüftkranke Champion von allen Seiten bis zu achtmal auftaucht. Heute haben die Airedale-Züchter schwer mit der HD zu kämpfen. Inzwischen ist Röntgen Pflicht. Es darf nur noch mit HD-freien Hunden oder mit einem Grenzfall gezüchtet werden. Außerdem soll jetzt auch die Nachzucht geröntgt werden. Aber gegen all diese, für die Rasse lebenswichtigen Maßnahmen wird immer wieder, vor allem von den namhaften Züchtern, gestänkert.
Trotzdem scheint die Talsohle in der Zucht langsam überwunden zu sein. Auch auf ein kerniges Wesen wird wieder mehr geachtet. Aus Osteuropa wurden Hunde importiert, die vielleicht nicht besonders schön sind, dafür aber mächtig auf Draht. Die schützen ihren Herrn wieder und müssen nicht selbst geschützt werden.
Ein guter Airedale ist immer noch einer der herrlichsten Hunde, die es gibt. Deshalb – wenn ein Airedale Terrier, dann nur von einem kleinen Züchter, der zusammen mit seinen paar Hunden lebt. Die anderen sollte man auf ihren Pokalen sitzenlassen.

Alaskan Malamute

Schulterhöhe: 56 cm bis 64 cm. *Gewicht:* 32 kg bis 42 kg. *Farbe:* wolfsgrau, schwarz und weiß, dunkle Maske. Haare dick und harsch, fettige Unterwolle. *Welpenpreis:* 1000 DM und mehr. *Gezüchtete Hunde pro Jahr:* 90.
Typische Krankheiten: Zwergwuchs, Blutgerinnungsstörungen, Verkümmerung der Nierenrinde.

Airedale Terrier △

▽ Alaskan Malamut

Natürlich ist das ein schöner, ja ein prächtiger Hund, ein Eskimohund, der schon 1926 auf einer Ausstellung gezeigt wurde.
Man sollte ihn dort lassen, wo er sich wohl fühlt: in arktischen Zonen. Dafür wurde er gezüchtet, und dort gehört er hin: in klirrende Kälte, vor den Schlitten, im Rudel der anderen.
In Mitteleuropa ist ein solcher Hund mit Sicherheit fehl am Platz. Wer sich für ihn entscheidet, entscheidet sich gegen ihn: gegen sein Klimabedürfnis, gegen seine unbändigen Laufgelüste.
Es spricht für ihn, daß er sich auch mit den Verhältnissen eines Familienhundes abfinden kann. Es spricht gegen die Familie, wenn sie ihm das zumutet.

Australian Terrier

Schulterhöhe: 25 cm. *Gewicht:* 6,5 kg. *Farbe:* blau, stahlblau oder dunkel blaugrau mit reicher Lohfarbe an Gesicht, Ohren, Unterkörper, am unteren Teil von Läufen und Pfoten. Wird gebürstet und gekämmt und ein wenig ausgezupft. *Welpenpreis:* 1000 DM bis 1200 DM. *Gezüchtete Hunde pro Jahr:* 40.
Typische Krankheiten: nichts bekannt.

Der Australian Terrier ist ein fröhlicher, selbstbewußter kleiner Hund, der aus dem vollen schöpft. Trotz seines Namens stammt auch dieser Terrier eigentlich aus England. Schottische Auswanderer haben ihn Anfang des letzten Jahrhunderts vor allem in den Midlands von Tasmania aus einer ganzen Anzahl von britischen Terrier-Rassen zusammengemixt. Pate standen unter anderem Skye Terrier, Schotten Terrier, Cairn Terrier, Dandie Dinmont. Für die kräftige Farbe sorgte das Einkreuzen des Manchester Terriers.
Der Australian ist klein, aber oho, bewährte er sich doch von Anfang an als Schlangentöter und unerschrockener Wächter. In Australien, wo der »Aussie« ungewöhnlich beliebt ist, war man lange Zeit nicht pingelig mit seiner Zucht. Noch bis 1940 wurde ihm frisches Blut aus anderen Terrier-Rassen zugeführt. Das kommt ihm bis heute zugute. Trotz seiner geringen Größe ist er nicht zum Schoßhund verkommen.
Leider gibt es in Deutschland bisher nur wenige Liebhaber dieser Rasse. Dabei ist er ein idealer Stadthund: verträglich, kinderlieb, pflegeleicht und mit einer hohen Lebenserwartung. Ich persönlich würde ihm vor fast allen anderen kleinen Hunden den Vorzug geben.

Barsoi

Schulterhöhe: Rüde: 70 cm bis 82 cm. Hündin ist etwa 5 cm niedriger. *Farbe:* weiß, gold in allen Schattierungen, gold mit silbernem Anflug, gold, dunkel gewolkt, rot, schwarz gewolkt bei dunklem Fang und Läufen, grau, von aschgrau bis gelblichgrau, gestromt. Gold, rot, oder grau mit ausgedehnten dunkleren Streifen, rot, schwarz und alle Abstufungen dieser Farben. Brandzeichnung ist erlaubt, doch nicht wünschenswert. Wird regelmäßig gebürstet und gekämmt. *Welpenpreis:* 1200 DM bis 1500 DM. *Gezüchtete Hunde pro Jahr:* 139.
Typische Krankheiten: Kahnbeinfrakturen, Magendrehung.

Dem Barsoi mit seinem extrem langen und schmalen Schädel und dem imposanten Halskragen haftet immer noch ein Hauch des längst untergegangenen russischen Zarenreiches an. Auch heute noch in Bürgerhand wirkt dieses Tier aristokratisch. In seinem großen Epos »Krieg und Frieden« beschreibt Leo Tolstoi schwärmerisch die Barsoi-Hündin Milka. Graf Tolstoi war ein leidenschaftlicher Windhundjäger, ehe er

später dem blutigen Waidwerk ganz abschwor.
Der Barsoi, auf russisch heißt das schnell oder flink, war der Lieblingshund des Adels. Er wurde zur Hasen- und Fuchsjagd benutzt, vor allem aber auf den Wolf gehetzt. Auf der Wolfsjagd hatte jeder Reiter drei Hunde bei sich, meistens zwei Rüden und eine Hündin. Sie mußten den Wolf niederwerfen und so lange festhalten, bis der Jäger ihm mit dem Messer den Todesstoß versetzen konnte.
Gute Barsois waren begehrter als Juwelen. So ist überliefert, daß ein Graf Woronzew eine Besitzung mit 200 Hektar Land für einen einzigen Barsoi eintauschte, der seinen eigenen Hunden auf der Jagd überlegen war und sie »mit Schande bedeckte«.
Der Zar hielt sich eine eigene Meute Barsois in der Nähe von Petersburg im Zwinger »Gatschina«. Den Idealtyp des Barsois züchtete aber wohl Seine Kaiserliche Hoheit, der Großfürst Nikolai Nikolaijewitsch, auf seinem Gut Perchino. Zeitweise hielt er dort bis zu 150 der russischen Windhunde. Aus der ganzen Welt kam vor allem der Adel, um seine Tiere zu besichtigen und um vielleicht einen oder mehrere dieser Wolfsjäger mit nach Hause zu nehmen. Bis heute fließt in fast allen westeuropäischen Barsoi-Züchtungen das berühmte Perchino-Blut.
Doch nicht nur in der freien Wildbahn wurden die Barsois auf den Wolf angesetzt, sondern auch in extra dafür eingerichteten Hippodroms in Moskau und Petersburg. Dort rückten sie vor einem schaudernden Publikum und kritischen Richtern, die Mut und Kampfstärke bewerteten, ihrem vorher eingefangenen Todfeind auf den Pelz.
Mit dem Zarenreich ging auch der Barsoi in Rußland unter. Einen empfindlichen Schlag versetzte der Zucht schon die Abschaffung der Leibeigenschaft. Ein Fürst füttert seine Hunde in den seltensten Fällen selbst. Und mit der Revolution 1917 war dann endgültig Schluß: Der Barsoi, verhaßtes Symbol des Feudalismus, wurde zusammen mit der Herrschaft exekutiert.
Aber längst hatte sich der Hund Europa und Amerika erobert. 1913 wurden auf einer Ausstellung in Berlin 71 Barsois gezeigt. Bald geriet der Hetzhund von entlegenen Rittergütern auf die Boulevards der großen Städte, wo er dann vorwiegend von vornehmen Damen spazierengeführt wurde. 1929 schrieb Freifrau Staël v. Holstein wehmütig über den von ihr geliebten Windhund, der so gut ins Art-deco-Zeitalter paßte: »Er sinkt herab zum Modehund, verfällt rettungslos der Entartung. Die Züchter schaffen groteske, sinnwidrige Zerrbilder. Sie versündigen sich an der Natur des edlen, wehrlosen Geschöpfs.« Damals sagte man dem Hund eine Zeitlang nach, er sei dumm und bissig.
Auch heute ist der Barsoi alles andere als ein einfacher Hund. Seine Zuchtbasis ist viel zu schmal, und in ihm wohnt eine gewisse Labilität. Wie alle Windhundrassen braucht er besonders viel Bewegung, doch ist sein Hetztrieb nicht ganz so stark wie bei seinen orientalischen Artgenossen. Der Barsoi ist sehr wachsam, leider aber oft auch sehr rauflustig gegenüber anderen Hunden. Der Wolf, sein alter Feind, scheint ihm manchmal zu fehlen.

Bassenji

Schulterhöhe: etwa 40 cm. *Gewicht:* nicht über 12 kg. *Farbe:* meist rot, aber auch schwarz. Brust, Beine und Schwanzspitze weiß. Haare kurz und fein. *Welpenpreis:* 1000 DM. *Gezüchtete Hunde pro Jahr:* 10.
Typische Krankheiten: Anämie, Nierenkrankheiten, Schilddrüsenunterfunktion, Leistenbrüche, Zerstörung von roten Blutkörperchen, angeborene Augenveränderungen.

Hunde, die genau wie Bassenjis aussahen, wurden vor 15000 Jahren als Felsbilder

»verewigt«, wie man das zu Recht nennen könnte.
1869 stieß der Afrikaforscher Schweinfurth auf Hunde, die Bassenjis genannt wurden. In der Stammessprache der Niam Niam bedeutet das »kleines Buschding«.
Nachdem Schweinfurth noch beiläufig die Pygmäen entdeckt hatte, machte er sich mit zwei Bassenjis auf den Heimweg. Sie sprangen ihm in Kairo aus dem Hotelfenster, und erst 1935 gelangen einer Engländerin die Akklimatisierung und die Zucht. 1977 wurden sie in Deutschland bekannt.
Bassenjis bellen nicht, verfügen aber über eine sehr variable Lautskala. Sie putzen sich wie Kätzchen und sind auch so graziös. Einen Bassenji laufen zu sehen ist ein ästhetischer Hochgenuß, ganz besonders, wenn er mit seinesgleichen spielt. Man sollte ihm einen Artgenossen zur Seite geben, er hat ein ausgeprägtes Sozialverhalten.
Bassenjis sind so intelligent, daß sie schwerlich abzurichten sind.
Ihr immer heiteres, koboldhaftes Wesen entschädigt ihre Familien reichlich für mangelnden Gehorsam.
Sie fühlen sich überall wohl, passen sich immer an.
Wer ihnen die enorme Bewegung verschaffen kann, die sie brauchen, hat zwölf bis 15 Jahre Freude an ihnen.

Basset

Schulterhöhe: etwa 35 cm. *Gewicht:* bis 32 kg. *Farbe:* schwarz, weiß, rot oder zweifarbig. Haare kurz und hart. *Welpenpreis:* etwa 1 000 DM. *Gezüchtete Hunde pro Jahr:* 214.
Typische Krankheiten: Zwergwuchs, Scheinschwangerschaft bei Hündinnen, Neigung zur Harnsteinbildung, Hypersexualität der Rüden, Stufenbildung im Ellenbogengelenk mit Arthrosen und Frakturmöglichkeit, Ektropium, grüner Star, Fehlen der Tränenflüssigkeit – Trockenauge, Leistenbruch, Hodensack- und Vorhauterfrierungen, Ellenbogengelenkserkrankungen, Ohrverletzungen.

»Auch meine Hunde sind aus
Spartas Zucht.
Weitmäulig, scheckig und ihr Kopf
behangen
mit Ohren, die den Tau vom Grase
streifen,
krummbeinig, wammig wie Thessaliens
Stiere.
Nicht schnell zur Jagd, doch ihrer Kehlen
Ton
folgt aufeinander wie ein Glockenspiel!«

So prahlt Theseus im »Sommernachtstraum«. Es muß also auch zu Shakespeares Zeiten niederläufige Jagdhunde gegeben haben.
Gab es auch, und sie sahen ungefähr so aus wie die heutigen Bassets aus Frankreich: Basset Artésien, Basset Fauve de Bretagne, und wie sie alle heißen.
Das sind schlanke, leichtfüßige Hunde, die hochbeinigen Riesendackeln ähneln oder Bracken mit verkürzten Beinen.
Die Engländer haben groteske Mutanten aus ihnen herausgezüchtet, indem sie Bluthunde einkreuzten.
Heraus kam folgerichtig ein Bloodhound ohne Beine. An den dicken Stummeln, die ihm statt dessen zum Laufen dienen müssen, hängt die Haut in grotesken Falten wie bei einem Armeleutekind die selbstgestrickten Kniestrümpfe.
Der treue Blick beruht auf einem durch die viel zu schwere Haut an Kopf und Kehle heruntergezogenen Unterlid, das schmerzhafte Bindehautentzündung hervorruft.
Die Ohren, tief und schmal unter dem herausgewölbten Hinterhauptbein angesetzt, sind länger als der Kopf, schleifen also am Boden, wenn der Hund die Nase unten hat.
Sehr witzig, diese Art von englischem Humor.

Australian Terrier △

▽ Barso

Bassenji △

▽ Basset

Der Rüde trägt sein Skrotum – das eines großen Hundes – wenige Zentimeter über der im Winter gefrorenen Erde. Die Folgen stehen am Anfang dieses traurigen Kapitels.
Die Zeiten, da sich Herren und Damen an den Fürstenhöfen standesgemäß königlich amüsierten, wenn verzwergte Krüppel durch Späße aufwarteten, sind vorbei: Hunde sind an die Stelle der elenden Spaßmacher getreten. Hunde, die Sie ihr Leben lang die Treppen rauf- und runtertragen müssen, wenn Sie den vorzeitigen Verschleiß der überbeanspruchten Bandscheiben zumindest aufhalten wollen.
Es versteht sich von selbst, daß die Züchter und »Liebhaber« der Rasse auf die Gesundheit und Leistungsfähigkeit ihrer Lieblinge schwören.
Sie lügen. Der Basset ist so extrem problematisch, wie er aussieht.
Wenn Sie mir nicht glauben, nehmen Sie wenigstens eine Hündin, die hat wie generell bei allen extremen Rassen die besseren Chancen, weil die schrecklich typischen Merkmale bei ihr weniger ausgeprägt sind. (Außer bei den Zwergrassen, da muß man sich den kräftigsten Rüden aussuchen, um ein bißchen mehr Hund fürs Geld zu bekommen.)
Der Basset ist wesensmäßig ein ruhiger und freundlicher Hund, vielleicht ein kleines bißchen schwerfällig im Denken. Wenn er eine Spur hat, ist er aber trotzdem weg, und schneller als Sie kann er trotz seiner Krüppelbeine laufen, also geben Sie acht!
Und halten Sie ihn so schlank wie möglich, sonst ist er gleich geliefert. Vielleicht wird ja die »Form der Vernunft« mal Mode und gleicht ihn seinen französischen Vettern wieder an.
So, wie er jetzt aussieht, darf ein Hund nicht aussehen.

Beagle

Schulterhöhe: etwa 35 cm. *Gewicht:* zwischen 10 kg und 18 kg. *Farbe:* dreifarbig: braun, schwarz, weiß. Kurzes, festes Haar. *Welpenpreis:* 900 DM bis 1 200 DM. *Gezüchtete Hunde pro Jahr:* 317.
Typische Krankheiten: Bandscheibenvorfall, Neigung zu verschiedenen Tumoren, Netzhauterkrankungen, Augenerkrankungen, Herz- und Kreislauferkrankungen, Epilepsie, Pylorusstenose, Bluterkrankheit, Autoimmunkrankheit, Bindegewebsanomalien, Gliedmaßenverstümmelung.

Wir reden hier nur von Jagdhundrassen, die über ihre sogenannten jagdlichen Eigenschaften hinaus zu Familienhunden wurden, weil wir der Auffassung sind, daß es nicht zu verantworten ist, Dutzende von hochspezialisierten Hunderassen zu züchten, wo der Mensch dafür gesorgt hat, daß es kaum noch etwas zu jagen gibt.
Der Beagle ist immer noch ein Hund mit starkem jagdlichem Trieb, das heißt, er neigt dazu abzuhauen und läuft dann Gefahr, abgeschossen zu werden. Außerdem ist er ein Meutehund, fühlt sich unter vielen Menschen und Artgenossen wohl und freut sich im allgemeinen über jeden Neuankömmling. Also nicht gerade das, was man sich unter einem Wachhund vorstellt. (Bellen tut er aber gern und oft!)
Ein Hund mit besonders liebenswertem Wesen, von ansteckender Fröhlichkeit und großem Temperament. Er will laufen, laufen, laufen, also laufen, laufen, laufen Sie mit ihm!
Unproblematisch ist dieser hübsche Hund, er geht auch gern mit Freunden des Hauses spazieren, falls der Besitzer mal knapp mit der Zeit ist.
Seine Verträglichkeit und sein sanftes Wesen haben ihn zum bevorzugten Objekt für Tierversuchslaboratorien gemacht. So mies ist die Welt und müßte nicht so sein!

Passen Sie also gut auf Ihren Beagle auf, lassen Sie ihn auf dem Bauch tätowieren, das vermindert das Diebstahlrisiko.
Und wenn Sie ihm einen Teil der Freude zurückgeben wollen, die er Ihnen schenkt, dann geben Sie ihm einen Gefährten. Vielleicht einen, der *keine* jagdlichen Eigenschaften hat, aber ebenfalls kein Zankteufel ist (zum Beispiel einen Mops).

Bedlington Terrier

Schulterhöhe: etwa 41 cm, Rüden können etwas darüber sein, Hündinnen etwas darunter. *Gewicht:* 8 kg bis 10 kg. *Farbe:* blaulohfarben, leberfarben, sandfarben. Je dunkler die Pigmentierung, desto besser. Das Haar muß alle acht bis zehn Wochen geschnitten werden, kostet zwischen 35 DM und 40 DM. *Welpenpreis:* 1200 DM bis 1500 DM. *Gezüchtete Hunde pro Jahr:* 74.
Typische Krankheiten: Netzhautablösungen, Verkleinerung des Augapfels, Wimpernmißbildungen, Fehlen des Tränennasenkanales, Kupferspeicherkrankheit, Kollaps der Luftröhre, Knochenbrüchigkeit, Hüftgelenksdysplasie, Ektropium.

Es heißt, daß der Bedlington Terrier ganz am Anfang zusammen mit dem Dandie Dinmont Terrier in einer Wurfkiste lag. So stellte im letzten Jahrhundert der Graf von Antrim zwei Wurfbrüder aus, den einen als Bedlington, den anderen als Dandie Dinmont. Der Bedlington war ein beliebter Hund bei den Bergarbeitern in der Gemeinde Bedlington – daher sein Name. Sie benutzten ihn zum Jagen und veranstalteten am Sonntag mit ihm Hunderennen. Mit Sicherheit wurden im Laufe der Jahre Otternhund, Whippet und Bullterrier eingekreuzt, vielleicht auch Pudel für das Haarkleid. Damals sah der Bedlington noch wie ein Hund aus. Der heute typische Schäfchenschnitt kam erst später in Mode. Doch können diese Schäfchen mitunter sehr eigenwillig und scharf sein. Mancher Bedlington hat sogar eine Schutzhundprüfung abgelegt.
Leider ist die Rasse schlimm von der Kupferspeicher-Krankheit befallen. Die Leber der Hunde speichert zuviel Kupfer, und sie gehen dann an dieser Erbkrankheit zugrunde. Einige Züchter haben inzwischen die Zucht aufgegeben, weil sie »nicht die Hundefriedhöfe füllen wollen«. Andere, Verantwortungsbewußte, lassen die Tiere an der Leber punktieren, bevor sie mit der Zucht beginnen. Eine Pflichtuntersuchung wurde bisher nicht eingeführt. Es gibt Züchter, die die Krankheit des Bedlington am liebsten durch Totschweigen kurieren würden. Deshalb: wenn es denn ein Bedlington sein muß, vorher genauestens informieren und unbedingt einen versierten Kleintierarzt zu Rate ziehen.

Belgischer Schäferhund

Schulterhöhe: 62 cm. *Gewicht:* (im Standard nicht erwähnt) etwa 30 kg.
4 Varietäten

1. Tervueren
Farbe: rotbraun mit dunkler Maske und dunklem Anflug sogenannter Charbonnage. *Haar:* lang und glatt. *Welpenpreis:* etwa 1000 DM. *Gezüchtete Hunde pro Jahr:* 59.

2. Groenendal
Farbe: schwarz. *Haar:* lang und glatt. *Welpenpreis:* etwa 1000 DM. *Gezüchtete Hunde pro Jahr:* 50

3. Malinois
Farbe: rotbraun mit dunkler Maske und etwas Charbonnage. *Haar:* kurz, am Kopf und an den Gliedmaßen sehr kurz, am Hals etwas länger (Kragen). *Welpenpreis:* etwa 1000 DM. *Gezüchtete Hunde pro Jahr:* 38.

Beagle △

▽ Bedlington Terrie

Belgischer Schäferhund (Tervueren) △

▽ Belgischer Schäferhund (Groenendal)

4. Laeken (Lakenois)
Farbe: rotbraun. *Haar:* rauh, derb und struppig, etwa 6 cm lang, wenig. Bart, der hart und rauh sein muß. *Kein Zuchtaufkommen* in Deutschland.
Typische Krankheiten: epileptiforme Anfälle, Aggression.

Ein Hund in vier Gewändern, wobei der Laeken im Aufkommen letzter wird. Nach meinem Geschmack zu Unrecht. Vielleicht läßt das Rückschlüsse auf das Selbstbewußtsein der Hundehalter im allgemeinen und der Besitzer von belgischen Schäferhunden im besonderen zu: Elegant begleitet ist man vom Tervueren und Groenendal – bei letzterem sogar mit einem Stich ins Dämonische (rabenschwarz).
Der Malinois sieht solide aus, und wenn man Pech hat, wird er für einen nicht gelungenen deutschen Schäferhund gehalten oder für einen sehr gelungenen Mischling. Leute, denen so was nichts ausmacht, *haben* aber meist einen Mischling.
Tja, mit dem Laeken kann man keine Salons erobern, er ist der Gassenjunge unter den vieren, eher ein bißchen komisch, und er wirkt ein wenig ungewaschen.
Niemand kennt ihn, keiner bewundert ihn, niemand beneidet seinen Besitzer um ihn. In erhöhtem Maße gilt darum für ihn, was ich über den Malinois gesagt habe. Der Originellste ist er zweifellos, aber in ein sogenanntes »gutes« Lokal kommt man mit ihm wohl nur, wenn der Besitzer im Smoking ist. Und dann hat der einen Groenendal.
Begonnen hatte das belgische Schäferhundfestival am 15. November 1891, wo 117 Hunde dem Herrn Professor Reul, einer kynologischen Kapazität seiner Zeit, vorgestellt wurden. Vor 1890 ist die Literatur über belgische Schäferhunde spärlich und vage.
Acht Jahre wurde nach den Direktiven von Professor Reul gezüchtet, dann die vier heutigen Varietäten festgelegt, und dann ging das übliche Theater los mit Club und Gegenclub, Verein und Dissidentenverein, Trennung und Versöhnung der Freunde dieser Rasse.
Was dabei herauskam, ist immerhin erfreulich: ein durch und durch vernünftig angelegter Hund von mittlerer Größe und eher zartem, aber drahtigem Körperbau, ein unermüdlicher Läufer, an dem das Fehlen jeder Besonderheit seine Besonderheit ist.
Er *hat* die Linie der Vernunft, die dem deutschen Schäferhund abhanden gekommen ist. Und Vernunft herrscht vor bei denen, die ihn heutzutage verwalten. Der Verkaufsmodus für diese Hunde dürfte einmalig sein: 1 000 Mark generell, um Spekulationen aufs große Geld vorzubeugen und eine aufs Vermehren ausgerichtete Zucht zu bremsen, und 150 Mark davon zurück, wenn der Käufer nach einem Jahr nachweist, daß er seinen Hund auf Hüftgelenksdysplasie röntgen ließ.
Ich hoffe, daß ein derart faires Angebot von zufriedenen Besitzern dieses harmonischen Hundes meist nicht angenommen wird. (Ich würde mich jedenfalls genieren, dem Züchter meines Hundes das Zertifikat über dessen Gesundheit vorzulegen und dann die Hand aufzuhalten.)
Wenn ich eben harmonisch gesagt habe, muß ich das einschränken, wenn vom Wesen gesprochen wird. Bei allen äußeren und inneren Vorzügen: Die Belgier neigen zunehmend zu niedrigen Reizschwellen. Zu deutsch: Sie werden oft viel zu früh und unangemessen aggressiv. Der einzige Hund, der mich je gebissen hat, war ein Tervueren, der sich erst ein Häppchen zustecken ließ und mich in die Hand biß, als ich ihm anschließend über den Kopf streichen wollte. Das ist nicht die feine Art, und der Klub sollte sehr darauf achten, daß derart hysterische Krischperln von der Zucht ausgeschlossen bleiben.
Alles ist relativ. Wenn man bedenkt, wie viele unserer Rassehunde physisch *und* psychisch verkrüppelt wurden, dann ist dieser gesunde und attraktive Hund ein Hund mit Zukunft.

Berger de Brie (Briard)

Schulterhöhe: 63 cm bis 70 cm. *Gewicht:* im Standard nicht angegeben. Wird um 30 kg liegen. Ohren wurden bisher abgeschnitten, das ist jetzt in der Bundesrepublik verboten. *Farbe:* alle einfarbig bis auf weiß, je dunkler, desto besser. Haar lang und harsch (Ziegenhaar). *Preis:* etwa 1300 DM bis 1500 DM. *Gezüchtete Hunde pro Jahr:* 299.
Typische Krankheiten: Hüftgelenksdysplasie, Netzhautschädigungen.

Ungefähr zwanzig französische Hütehundrassen gibt es. Vom Berger d'Arbazile bis zum Berger des Pyrénées. Der Briard ist hier am bekanntesten.
In Frankreich werden heute noch in weiten Gebieten große Schafherden gehalten, daher der Bedarf an wachsamen, intelligenten und robusten Hunden, die sensibel und selbständig reagieren müssen.
Ein Hund also nicht für die gute Stube, sondern für das Haus auf dem Land.
Der Standard enthält einen schwachsinnigen Passus, der typisch dafür ist, wie mit überflüssigen, unwichtigen oder gar schädlichen Merkmalen, die als Conditio sine qua non deklariert werden, beste Hunde der Zucht ferngehalten werden: Der Briard *muß* doppelte Afterkrallen haben, sonst wird er disqualifiziert!
Vernünftigerweise werden sonst diese archaischen Überbleibsel bei Welpen gleich nach der Geburt komplikationslos entfernt. Sie haben keine Funktion, provozieren aber beim erwachsenen Hund schwere Unfälle, weil er damit hängenbleibt, wenn er sich in natürlicher Umgebung rasch bewegt, was ein Hütehund ja wohl tut.
Ich habe eine solche Verletzung mal in einer Tierarztpraxis gesehen, es war kein schöner Anblick. Afterkrallen sind so überflüssig wie ein Kropf! Ich kann mir nicht vorstellen, daß Hirten so etwas bei ihren Hunden dulden.
Ich kann mir noch viel weniger vorstellen, wie man auf die Idee kommen kann, so etwas bei einer Hunderasse obligatorisch zu machen.
Im übrigen: ein schöner Hund mit eleganten Bewegungen und angenehmen Eigenschaften. Kann alt werden.

Berner Sennenhund

Schulterhöhe: 60 cm bis 69 cm. *Gewicht:* bis 40 kg. *Farbe:* schwarz mit rotbraunem Brand und weißer Blesse, Pfoten, Rutenspitze und Brust weiß. Haare weich, schlicht und lang, leicht gewellt, aber nicht kraus. *Preis:* etwa 1200 DM. *Gezüchtete Hunde pro Jahr:* 1106.
Typische Krankheiten: Hüftgelenksdysplasie, Zerstörung von Oberarm- und Oberschenkelkopf mit Folgen, Spalt- und Doppelnasen, Aggressivität gegen Familienangehörige.

Ein schöner, eindrucksvoller Hund, mit würdigem Gesichtsausdruck und gravitätischem Gang.
Seine Vorläufer sollen zusammen mit ihren vielfältigen Kollegen den Römern ihren lebenden Proviant über die Alpen getrieben haben. Die meisten Berner, die einem begegnen, sind zu dick, und ihre Besitzer reden sich auf das dicke Fell und den »stämmigen« Körperbau – siehe Obelix – hinaus.
Wie für alle anderen Hunde gilt auch hier, daß über den Rippen sich nur Haut und Fell zu befinden haben und daß dicke Hunde kürzer leben.
Wenn man das beachtet, kann der Berner Sennenhund alt werden, er wirkt massiv und respekteinflößend, ist aber kein Riese. Wer mit einem Bernhardiner oder Neufundländer liebäugelt, sollte sich die Sache noch mal überlegen: Tut's ein »Berni« nicht auch? Manchmal ist weniger mehr.
Von seinen Hüteaufgaben entbunden, wurde er zum freundlichen, ausgeglichenen

Berger de Brie (Briard) △

▽ Berner Sennenhun

Familienhund, sensibel, aber nicht nervös. Ein gar nicht zu seinem Wesen passender Hang zu plötzlicher, ebenso unbegreiflicher wie heftiger Aggression, der in den letzten Jahren bei dieser Rasse auftauchte, soll nicht verschwiegen werden. Hoffentlich nehmen die Zuständigen solche Tiere konsequent aus der Zucht.
Ansonsten ein Hund, mit dem man gut beraten ist, vorausgesetzt, man drückt sich nicht um lange Spaziergänge. Die braucht auch er.

Bernhardiner

Schulterhöhe: etwa 75 cm. *Gewicht:* bis 100 kg und darüber! *Farbe:* weiß und rot in verschiedenen Abstufungen oder umgekehrt rot und weiß. Haar stockhaarig oder langhaarig. *Welpenpreis:* 800 DM bis 1000 DM. *Gezüchtete Hunde pro Jahr:* 493.
Typische Krankheiten: Lähmung der Nachhand, Entropium, Ektropium, Afterkrallen, Hautanlagen mit Haaren auf der Augenhornhaut, Verdrehung der Nickhaut, Speichelzysten, Hüftgelenksdysplasie, Kniebeschwerden, Knorpeldefekte im Wachstum.

Über ein halbes Jahr hinweg registrierte mein Anrufbeantworter in steigender Strenge folgendes: »Hier ist Baronin Soundso vom ›Club zur Rettung der Bernhardiner‹, meine Telefonnummer ist soundso, ich erwarte Ihren Rückruf.« Schließlich meldete ich mich mit den Worten: »Hier spricht Gert Haucke, ich bin für das Aussterben der Bernhardiner.« Danach hörten die Anrufe auf.
In der Tat ist das mein Credo. Aus guten Gründen ist generell sowohl von übergroßen wie auch von verzwergten Hunden abzuraten. Auf Vernunft ist offensichtlich nicht zu hoffen, also kann man nur auf die »Wende« warten, einen modischen Trend, nach dem Riesenhunde »out« sind und ihre Herstellung sich für die Vermehrer nicht mehr lohnt.
Warum ist es nur so schwer einzusehen, daß man *gesunde* überschwere Hunde ganz offensichtlich nur in Ausnahmefällen erzielen kann. Diese molossoiden Hunde, die aus unerfindlichen Gründen nicht zu den sieben Molosserarten gehören, obwohl sie zweifelsfrei auch aus den römischen Begleit- und Kampfhunden hervorgegangen sind, diese in der Regel freundlichen Riesen hat man so kaputtgezüchtet, daß in Teilen Amerikas ihre Haltung wegen Aggressivität ganz verboten wurde.
Diese Hunde wurden schon um 1880 übergewichtig, das heißt um achtzig Kilogramm herum gezüchtet. Ihre große Zeit im Hospiz von St. Bernhard, wo sie unter der Obhut der dort ansässigen Mönche wahre Wundertaten bei der Rettung in Bergnot Geratener vollbracht haben sollen, war da aber auch schon 200 Jahre vorüber.
Im Museum zu Bern ist der ausgestopfte »Barry« zu bewundern, der vierzig Menschen vor dem sicheren Tod bewahrt haben soll: ein mittelgroßer, stockhaariger Hund, ohne Wamme und hängende Lefzen, ohne Gesichtsfalten, der gewiß nicht über fünfzig Kilogramm gewogen hat. (Im Hospiz selbst gibt's *noch* einen ausgestopften Barry!) *Aufzeichnungen* über seine Taten liegen *nicht* vor.
Fest steht, daß unsere heutigen Bernhardshunde zu irgendwelchen körperlichen Hochleistungen nicht mehr in der Lage sind. In Verruf geraten sind sie, weil blöde Menschen sie häufig in Zwinger gesperrt haben, wo sie, wie zu erwarten war, verrückt wurden aus Einsamkeit und gekränktem Stolz.
Wenn ein Bernhardiner durchdreht, sind die Folgen natürlich entsprechend und die Reaktion der ahnungslosen Bürger haßerfüllt.
Es gibt ja auch immer weniger bedrohliche Objekte, die überhaupt zu orten sind, gegen

deren Existenz der einzelne etwas unternehmen kann. Gegen den Moloch Verkehr, um nur ein Beispiel zu nennen, in all seinen tödlichen Varianten, ist kein Kraut gewachsen.
Aber so ein riesiges Tier auf unseren Straßen ist ein Atavismus, also weg mit ihm!
Schuld an dieser ungezielten Emotionswelle sind »Hundefreunde«, wie sie sich im »Verein zur Erhaltung der Bernhardiner« oder ähnlichem zusammenfinden. Hätten die heutigen Bernhardiner »Barrys« Ausmaße und hätte man sich konsequent darum bemüht, diese respekteinflößenden Hunde nur dann zur Zucht zuzulassen, wenn ihre kompromißlose Friedfertigkeit erwiesen war, dann gäbe es keine physischen, keine psychischen und keine Haltungsprobleme.
Wie die Dinge nun einmal liegen, kann man niemanden ermutigen, einen solchen Hund zu erwerben.
Niemand aber, das sei hier noch einmal betont, hat vom Bernhardiner, dem er mit seinem Menschen auf der Straße begegnet, etwas zu befürchten. Die Tragödien spielen sich auf jenen Hinterhöfen und in jenen Schuppen ab, wo Bernhardiner, zu lebenslänglich verurteilt, ihr entsetzliches Dasein fristen. Der verzweifelte Versuch auszubrechen richtet sich so gottlob in fast allen Fällen gegen den Besitzer.

Bichon frisé

Schulterhöhe: 27 cm. *Gewicht:* 2 kg bis 3 kg. *Farbe:* weiß, Haar etwa 10 cm lang, kraus und wollig. *Welpenpreis:* 1 000 DM bis 1 500 DM. *Gezüchtete Hunde pro Jahr:* 35.
Typische Krankheiten: Doppelwimperbildung, Kniescheibenluxationen.

Ich zitiere mal aus Müllers »Großem Hundebuch«: »Über die Herkunft und Abgrenzung der vielen französischen Zwerghundrassen herrschte von jeher Unklarheit, die bis heute nicht beseitigt werden konnte.«
So ist es.
Und sie unterscheiden sich auch nicht wesentlich voneinander. Der bekannteste ist zweifellos der Malteser, etwas kurzbeiniger als der Bichon, der seinerseits wohl mit dem Zwergpudel verwandt ist. Der Bichon ist ein echter Schoßhund, ein zärtliches, kindliches weißes Bündel, dazu prädestiniert, geliebt, geküßt und verzärtelt zu werden und im Bett zu schlummern, wo denn sonst.
Sein zartes Gestellchen muß behütet werden.
So weit, so gut. Daß man dem Winzling das Fell an den Stellen abrasiert, wo er es am dringendsten braucht, nämlich am empfindlichen Unterleib, ist eine Schweinerei. (Den Pudeln tut man den gleichen Tort an, ebenso den sehr Bichon-ähnlichen »Löwchen«.)
Ich habe mal eine Züchterin, die auf einer »Show« unverantwortlicherweise eine säugende Hündin mit Welpen zeigte, die bereits ebenfalls am Unterkörper rasiert waren, gefragt, wie sie sich denn fühlen würde, wenn man sie, von der Taille abwärts unbekleidet, auf die Straße schicken würde. Würde hatte die Antwort nicht, Einsicht war nicht zu erwarten, ein Tierschutzgesetz, das keine Handhabe bietet, solchen Kreaturen die Hunde wegzunehmen, hat einmal mehr seine Sinnlosigkeit bewiesen.
Wenn Sie sich also für einen so kleinen Hund entscheiden – und ich bezweifle, daß das eine kluge Entscheidung ist –, halten Sie ihn warm, indem Sie ihm sein molliges Pelzchen lassen und ihm genügend Gelegenheit bieten, vergnügt herumzuhopsen. Er kann nichts dafür, daß er so klein ist, braucht aber Bewegung wie alle anderen.

Bloodhound

Schulterhöhe: etwa 67 cm. *Gewicht:* unter 50 kg. *Farbe:* schwarz und rot, rot, braun und rot. Haare kurz und seidig. Weiße Farbflecken an Brust, Pfoten und Schwanzspitze sind erlaubt. *Welpenpreis:* 1 800 DM. *Gezüchtete Hunde pro Jahr:* 7.
Typische Krankheiten: Entzündungen im Gehörgang, Ektropium, Hautentzündungen, besonders in Falten, Knorpeldefekte im Wachstum.

Kopf und Ausdruck erinnern an einen englischen Lordrichter der alten Schule, und wie dieser hat er nur eine Leidenschaft: die Jagd. Im Profil sieht der ganze Hund irgendwie merkwürdig aus: der einzige Hund, der höher wirkt, als er lang ist.
Starke Knochen, kurzer Hals und ein langer, schmaler Kopf mit überentwickeltem Hinterhauptbein und gewaltigen Ohrlappen. Die ausgeprägte Wamme will wiederum nicht so recht zu den trockenen und langen Muskeln passen, ebensowenig die langen Lefzen und ausgeprägten Gesichtsfalten.
Aber wenn er ins Laufen kommt – und infolge seiner maximal entwickelten Nase kommt er leicht ins Laufen –, dann sieht er wunderschön aus, elegant und leichtfüßig. Was Wunder: Für seine Größe ist er ein leichter Hund. Der extrem gutmütige Geselle hat eine große Vergangenheit als Kriminaler. Bis zu sechs Tage alte Spuren kann er noch verfolgen und hat über 700 Jahre mit dieser phänomenalen Eigenschaft den unterschiedlichsten Herren ohne Ansehen der Person gedient, wenn sie nur lieb und zart mit ihm umgingen, denn er ist hochsensibel und leicht gekränkt.
Seine vermutlich ersten Züchter, flandrische Mönche, nannten ihn zutreffend St. Hubertushund, und als die Engländer ihn umtauften, meinten sie damit, er sei aus edlem alten Blut.
Die blutrünstige Bedeutung seines Namens paßt zu ihm wie die Kuh zum Walzertanzen: Er krümmt niemandem ein Haar, meldet Freunde allenfalls mit seiner wunderbaren tiefen Glockenstimme, nimmt aber keine Notiz von ihnen.
Wem nun soll man diesen freundlichen Hund empfehlen? In der Stadt verkümmern seine wunderbaren Fähigkeiten, wird er von unseren ekelhaften Dünsten mehr als andere Hunde gequält.
Auf dem Lande ist er dauernd unterwegs in Sachen Jagd. Auf gut deutsch, er haut ab, notfalls durchs geschlossene Fenster, und fällt den Grünröcken früher oder später zum Opfer, denen er so gute Dienste leisten könnte wie eh und je, aber sie wollen ihn nicht mehr: zu groß, zu teuer, frißt zuviel.
Ich fürchte, über diesen Aristokraten der alten Schule ist die Zeit hinweggegangen.

Bobtail

Schulterhöhe: Rüden: 56 cm und mehr. Hündinnen: etwas weniger. *Farbe:* alle Töne von grau, graumeliert, blau oder bluemerle, mit oder ohne weiße Abzeichen. Jegliche braunen oder gelben Farbtöne sind zu verwerfen. *Welpenpreis:* 1 500 DM bis über 2 000 DM. *Gezüchtete Hunde pro Jahr:* 591.
Typische Krankheiten: Knorpeldefekte im Wachstum, Nabelbrüche, grauer Star, Entropium, Hüftgelenksdysplasie, Dickbeinigkeit, Bluterkrankheit.

Bekannt ist er unter dem Namen Bobtail, was aus dem Englischen übersetzt soviel wie Stummelschwanz heißt. Aber eigentlich lautet seine korrekte Bezeichnung Old English Sheepdog. Das weist auch auf seinen früheren Beruf hin. Wie der Collie war er einst Schafhüter auf den Britischen Inseln. Heute dagegen sieht er selbst aus wie ein Schaf, das allerdings intensiv mit Haarwuchsmitteln behandelt wurde.

Bernhardiner △

▽ Bichon fris

Bloodhound △

▽ Bobtail

Dr. Wilfried Peper, Präsident des Verbandes für das Deutsche Hundewesen (VDH), hat kürzlich zum Thema Hund süffisant gesagt: »Die eigentlichen Degenerationserscheinungen sind am oberen Ende der Leine zu finden.« Ein wahrer Satz, der vor allem auch auf die Bobtail-Züchter zutrifft. Wie sie ihre Hunde auf Ausstellungen präsentieren, ist schon eine Zumutung. Viele Hundeliebhaber, die das miterlebt haben, holen sich da lieber gleich einen anständigen Bastard aus dem Tierheim. Da wird das Fell des Bobtails gekreidet und sein Haar mit einer Mischung aus Spiritus und Wasser eingerieben, damit es sich harscher anfühlt. Das Hinterteil der armen Hunde wird so nach oben über den Rücken toupiert, daß es aussieht, als habe sein Besitzer ihm einen Spoiler anmontiert.
Die Richter, die immer wieder vollmundig betonen, daß sie keine Schönheitsrichter, sondern Zuchtrichter sind, stören sich nicht an den ihnen vorgeführten »Puderquasten« (Dr. Peper), deren Anatomie noch unter ihren Augen durch ständiges Bürsten und Kämmen kaschiert wird. Und den Pokal bekommt dann auch meistens nicht der beste Hund, sondern der geschickteste Frisör.
Ich bin gespannt, wann sich endlich einmal einer dieser sogenannten Zuchtrichter ein Herz faßt und die Hundekosmetiker aus dem Ring jagt. Wahrscheinlich nie. Die Abhängigkeiten untereinander sind in der Hundeszene wohl einfach zu groß.
In Privathand dagegen ist der Bobtail meist ein freundlicher, problemloser Hund. Dickfellig ist er nicht nur äußerlich, sondern auch innerlich. Er hat bestimmt nichts dagegen, wenn man ihm sein aufwendiges Haarkleid auf eine pflegegerechte Länge zurechtstutzt. Mancher übrigens möchte unbedingt einen Bobtail mit blauen Augen haben. Die sind schön bei Hans Albers, beim Bobtail aber ein Risiko. Blauäugige Bobtails leiden vermehrt unter Innenohrtaubheit.

Bordeauxdogge

Schulterhöhe: etwa 65 cm. *Gewicht:* über 50 kg. *Farbe:* rotbraun bis gelb in allen dazwischenliegenden Schattierungen, mit oder ohne schwarze Maske. Kleine weiße Abzeichen an Brust und Pfoten sind erlaubt. Haare kurz und fein. Wie bei allen kurzhaarigen Rassen genügen zur Pflege feuchter Lederlappen und Bürste. *Welpenpreis:* 2300 DM bis 2500 DM. *Gezüchtete Hunde pro Jahr:* 9.
Typische Krankheiten: Hüftgelenksdysplasie, Knorpeldefekte im Wachstum.

Die Bordeauxdogge gehört zu den sieben molossoiden Rassen. Was auch immer das bedeutet, sie sind in Deutschland in einem Club zusammengefaßt, und Clubmitglieder sind außerdem Fila Brasiliero, Mastino Napoletano, Mastin Español, Mastiff, Bullmastiff und der japanische Tosa.
Woher die Molosser kommen, wie und warum sie sich von den Doggenartigen unterscheiden, darüber gibt es zahlreiche Theorien und blutrünstige Geschichten.
Erhärtet ist, daß diese armen Hunde zu allen Zeiten als Waffen mißbraucht wurden. Kampfmaschinen im Dienst des auf andere Menschen mit allen Hilfsmitteln einknüppelnden Menschen oder zur Erheiterung auf andere Tiere oder Artgenossen gehetzt.
1863 fand im Botanischen Garten von Paris die erste Hundeausstellung statt, und dort wurden auch Bordeauxdoggen vorgeführt.
Sie sahen aber noch nicht so aus, sondern unterschieden sich untereinander mehr als alle heutigen »festgelegten« Molosser untereinander.
Seit 1896 gibt es dann endlich den Standard, und nun ging es los mit der Züchterei nach Waage und Zollstock, man wußte jetzt, worauf es anzukommen hatte.
Herausgekommen ist ein imponierend aussehender Hundeathlet, besonders, wenn er

gelbe Augen hat, was bei Hunden ohne Maske erlaubt, aber nicht gewünscht wird, warum, weiß kein Mensch.
Ein Hund an der Grenze zum Riesen, ein Hund, der eigentlich »funktionieren« müßte: kraftvoll, wohlproportioniert und von freundlichem Wesen. Er war nie in Mode, das ist gut. Er ist so wenig gewünscht, so unbekannt, daß mit den wenigen Exemplaren eine verantwortliche Zucht, zumindest in Deutschland, nicht möglich ist. Das ist schlecht.
Es scheint, als ob diese schöne Rasse am Ende ist.
Es sei denn, die Molosser-Züchter entschlössen sich, den vorhandenen Bestand in eine modernere Rasse zu integrieren, beispielsweise mit dem – noch relativ intakten – Bullmastiff, von dem sie sich ohnehin nur unerheblich unterscheidet. Ich zitiere ein paar Merkmale aus den Standards beider Rassen:
Allgemeine Erscheinung Bordeauxdogge: »Die Bordeauxdogge ist ein außergewöhnlich kräftig gebauter Hund mit einem sehr muskulösen, insgesamt harmonischen Körperbau.«
Allgemeine Erscheinung Bullmastiff: »Der Bullmastiff ist ein kräftig gebauter, ebenmäßiger Hund. Stark, aber nicht schwerfällig.«
Schädel Bordeauxdogge: »umfangreich, kantig, breit. Lefzen dick, leicht hängend, Vorbeißer. Nasenschwamm breit, weit geöffnete Nasenlöcher, Ohren relativ klein.«
Schädel Bullmastiff: »Der Schädel soll, von jeder Seite aus gesehen, groß und viereckig sein, Lefzen nicht hängend, Vorbeißen erlaubt. Nasenschwamm breit, mit von vorn gesehen weit geöffneten Nasenlöchern. Die Ohren sollen klein sein.«
Brust Bordeauxdogge: »mächtig tief und breit«.
Brust Bullmastiff: »breit und tief«.
Und so weiter. Vergleichen Sie selbst, wie sich die Bilder gleichen. Aber selbstverständlich werden die Anhänger beider Rassen das anders, also gar nicht sehen. Schade um die Bordeauxdogge, so wird sie denn noch ein Weilchen vor sich hin kränkeln müssen.

Border Terrier

Schulterhöhe: 32 cm bis 35 cm. *Gewicht:* 7 kg und etwas drüber. *Farbe:* rot, weizenfarben, grizzle und tan (graumeliert mit Lohfarbe) oder blue and tan (blau mit Lohfarbe). *Welpenpreis:* 1200 DM. *Gezüchtete Hunde pro Jahr:* 52.
Typische Krankheiten: nichts bekannt.

In seiner Heimat Großbritannien streiten sich die Kynologen bis heute darüber, ob der Border Terrier nun von den frühen Bedlington Terriern und den Dandie Dinmonts abstammt oder ob es genau umgekehrt verlaufen ist. Heimat aller drei Terrier-Rassen jedenfalls ist das rauhe Grenzgebiet zwischen Schottland und England, deshalb auch der Name Border (Grenz-Terrier).
Ursprünglich wurde der Border Terrier als Spezialist für die Fuchsjagd gezüchtet. Oft hielt man ihn in Meuten, und bis heute hat er sich eine große Verträglichkeit mit seinen Artgenossen bewahrt. Man kann sich getrost ein Dutzend Border halten und muß keine Beißereien befürchten. Im Gegenteil, oft teilen sie sich zu dritt einen Ohrensessel. Auf Ausstellungen in England sieht man über hundert Border Terrier. Der kleine Hund mit dem otterähnlichen Kopf und dem dicken, losen Fell ist dort ungeheuer populär.
Aber viele Freunde der Rasse mögen ihn nicht als Show-Hund. Sie sehen auch heute noch in ihm einen reinen Arbeitsterrier und achten streng darauf, daß ein mittelgroßer Mann den Brustkorb des Hundes gleich hinter den Schultern mit beiden Händen umspannen kann. Nur so ist der Border in der Lage, den Fuchs auch in die engste Röhre zu verfolgen. Auch von Rei-

Bordeauxdogge △

▽ Border Terrier

tern wird der Border geschätzt. Er hat eine Kondition wie Nurmi und ist ein idealer Begleiter der Pferde.
Ich selbst besitze seit vier Jahren zwei Border Terrier und bin dem Charme dieser Rasse erlegen. Rasse? Immer wieder werde ich gefragt, aus welchem Tierheim ich denn diese netten Bastarde habe. Gesund jedenfalls sind sie wie Mischlingshunde. Ein anständiger Border wird steinalt. Den Tierarzt sieht er nur zum Impfen. Nichts an ihnen ist kupiert, und auch getrimmt werden müssen sie nicht unbedingt. Allerdings sollte man sie jeden Tag gründlich striegeln, sonst haaren sie mächtig.
Auf langen Fahrradtouren laufen meine Border den viel größeren Airedale in Grund und Boden. Dreißig Kilometer sind für sie keine Strecke. Und immer muß man scharf aufpassen, daß sie ihr starker Jagdtrieb nicht noch viel weiter laufen läßt. Zu Hause habe ich noch keinen Hund erlebt, der den Menschen so zugewandt ist wie der Border. Am liebsten springt er noch mit in die Badewanne.
Die erste Züchterin des Borders in der Bundesrepublik war Wiebke Steen, die große alte Terrier-Lady. Ein Glück für die Rasse, denn bisher wurde in der Border-Zucht kein Unfug getrieben. Aber man scheut sich, für diesen Hund zuviel Reklame zu machen, denn das Schicksal eines Modehundes wünsche ich ihm nicht. Deshalb: eigentlich ist er ein Hund fürs Land. In der Stadt braucht er zumindest einen Garten und viel Auslauf und Bewegung, sonst verkümmert er.

Boston Terrier

Schulterhöhe: 35 cm bis 40 cm. *Gewicht:* 6 kg bis 11 kg (3 Schläge: unter 7 kg, 7 kg bis 8,5 kg, 8,5 kg bis 11 kg). Vorbeißer. *Farbe:* dunkelgestromt mit weißen Abzeichen, die dem Standard entsprechen müssen. Schwarz mit weißen Abzeichen ist erlaubt, aber »weniger wertvoll«. Haar äußerst fein, kurz und glänzend. *Welpenpreis:* etwa 1500 DM. *Gezüchtete Hunde pro Jahr:* 46.
Typische Krankheiten: Geburtsschwierigkeiten, Hornhautentzündungen, Keilwirbelbildung, Netzhautschädigungen, Kehlkopfkrampf bei Narkose, Kleinhirnrindendegeneration, grauer Star, Ellenbogengelenksluxation, Überproduktion von Nebennierenrindenhormon, Gaumenspalten, Kniescheibenluxation, Spaltwirbelsäule, Löwenkiefer (gummiartig), Neigung zu Tumoren, Pylorusstenose (Verschließung des Magenausganges), Herz- und Gefäßmißbildungen.

Eine junge Rasse, keine hundert Jahre alt. 1891 wurde der Standard aufgestellt, zwei Jahre später kam die Anerkennung durch den amerikanischen »Kennel Club«. Eine »création« aus englischem Bulldog, französischem Bulldog und Bullterrier, mit einer Prise Whippet.
Es entstand ein eleganter, äußerst muskulöser kleiner Athlet von großer Intelligenz und Anmut, der in Amerika so beliebt wurde, daß schon vor dem Zweiten Weltkrieg jährlich nicht weniger als 10000 Welpen eingetragen wurden.
Die Rasse ist vergleichsweise gesund und wird bei minimalem Pflegeaufwand überdurchschnittlich alt. Begeisterter unermüdlicher Läufer.
Bei uns hat der Boston – leider oder erfreulicherweise, wie man's nimmt – nie Fuß gefaßt. Ich weiß nicht, warum. Ich weiß aber, daß es sich um einen besonders angenehmen Hausgenossen handelt, ein gut zu »handelndes« kleines Kraftpaket mit großem Selbstbewußtsein; er dröhnt nicht herum, ist aber auch kein Schoßhund.
Ich weiß das alles, weil ich schon den zweiten Boston besitze. Es gibt Geburtsschwierigkeiten, soviel ist richtig, weil die Hunde verhältnismäßig große Köpfe haben, bei sehr schmalen Becken.
Diese Schwierigkeiten treten bei den französischen Bulldogs verstärkt auf, dennoch

haben sie es dabei immerhin auf die dreifache Welpenzahl pro Jahr gebracht. Das Problem ist wieder mal hausgemacht: Würden Hündinnen mit breiteren Becken akzeptiert und zur Zucht selektiert, wäre alles in Ordnung.
Mein Boston ist ein Prachtexemplar. Er heißt Willi Wertlos, und ich habe ihn für die Hälfte bekommen! Der Standard verlangt, daß beide Augen innerhalb des dunklen Fellbereiches liegen. Bei Willi Wertlos liegt das eine halb im weißen Bereich.
Bei einem Aufkommen von zwei Dutzend Welpen im Jahr ist es wahrlich eine selbstmörderische Entscheidung, auf einen gesunden, schönen Hund von gutem Wesen zu verzichten, weil die Farbverteilung nicht ganz der »Vorschrift« entspricht.
Irgendwie erinnert mich so eine Haltung an jene blöden Geschichten vom Kapitän, der mit der Hand an der Mütze ehrenvoll ersäuft.
Nun, immerhin: Wenn das deutsche Schiff mit Mann und Maus untergegangen ist, kann man in diesem Fall eine neue Mannschaft mit frischem Blut in jeder Stärke anheuern. Direkt aus den USA!

Bouvier des Flandres

Schulterhöhe: Rüden: 62 cm bis 68 cm. Hündinnen: 59 cm bis 65 cm. *Gewicht:* Rüden: etwa 35 kg bis 40 kg. Hündinnen: 27 kg bis 35 kg. *Farbe:* im allgemeinen »fauve« (Brauntöne zwischen gelb und hellrot) oder grau, oft gemischt, oder mit schwarzen Grannen durchsetzt; schwarzes Fell ist ebenfalls zugelassen. Helle, ausgewaschene Farben sind unerwünscht. Wird zweimal im Jahr mit der Handschere am ganzen Körper auf 6 cm getrimmt. Der Standard schließt Weiß, Gelb und Pfeffersalz als Fehler aus. Die ideale Farbe ist eine dunkle Mischung aus »Fauve« und Grau. *Welpenpreis:* etwa 1000 DM. *Gezüchtete Hunde pro Jahr:* 199. *Typische Krankheiten:* Kehlkopfverengungen mit Stimmbandlähmungen, Knochenerkrankungen, Hüftgelenksdysplasie.

Der Bouvier des Flandres hat eine ähnliche Vita wie unser deutscher Rottweiler. Ursprünglich trieb er daheim in Flandern das Vieh zum Schlachthof oder zu den Märkten. Wie der Rottweiler mußte auch er für seinen Besitzer als Zughund die Karre aus dem Dreck ziehen, Bouviers zogen sogar Kanalboote. Der Name Bouvier hat sich aus dem französischen »bœuf« (Ochse) entwickelt. Anfangs war er auch unter dem Namen Koehund (Kuhhund) oder Vuilbaard (Drecksbart) bekannt. Die Rasse ist vermutlich eine Kreuzung aus den französischen Schäferhunden Briard und Picard mit doggenartigen Hunden.
Die ersten »Bouvierhunde« waren 1900 auf einer Ausstellung im belgischen Hasselt zu sehen. Von Flandern kam der Hund nach Holland. Nachdem er als Viehtreiber arbeitslos geworden war, fand er wegen seiner guten Schutzhundeigenschaften neue Betätigung bei Polizei und Militär. Die beiden Weltkriege machten auch dieser Rasse schwer zu schaffen.
In der Bundesrepublik wird der Bouvier seit 1971 gezüchtet. Sein größter Sieg bisher war wohl, daß er 1982 als achtes Mitglied in den erlauchten »Klub der Gebrauchshundrassen« aufgenommen wurde. Der Bouvier findet immer mehr Fans, die auf den Hund schwören. In seinem Rassestandard wird er so beschrieben: »Die Glut in seinem Blick bringt auch diese Lebhaftigkeit, seine Willenskraft und seinen Mut zum Ausdruck.«
Leider haben sich die Bouvier-Züchter in der Bundesrepublik untereinander so zerstritten, daß es bei uns inzwischen drei separate Klubs gibt, was sicher nicht zum Vorteil für diesen Hund ist. Die einen bevorzugen den mehr auf Schönheit gezüchteten holländischen Typ, der kleiner und gedrungener ist, die anderen – vor allem Gebrauchshunde-Leute – propagieren den

belgischen Typ, der höher und grobknochiger ist. Auch beim Bouvier dürfen jetzt die Ohren nicht mehr kupiert werden. Man darf gespannt sein, wie es seine Züchter mit den neuen Spielregeln halten.
Auf jeden Fall aber sollten alle, denen etwas am Bouvier liegt, den Rat des bekannten Züchters Justin Chastel beherzigen, der über seine Hunderasse schreibt: »Die Ruhe und Stabilität des Bouvier des Flandres bezaubert alle, die das Glück haben, einen dieser Hunde zu besitzen. Er hat nichts von einem Dandy, sein Charme geht hauptsächlich von seinem Charakter aus. Der fast menschliche Blick durch die zottigen Augenbrauen bezeugt dies. Was würde ihm noch bleiben, wenn er diese Qualität verliert. Alle sollten das wahre Wesen des Bouviers erkennen und für die Zukunft erhalten.«

Boxer

Schulterhöhe: 63 cm. *Gewicht:* etwa 30 kg. *Farbe:* von hellgelb bis hirschrot und gestromt. Weiße Abzeichen erlaubt. Vorbeißer. Haar kurz und hart. *Welpenpreis:* etwa 1200 DM. *Gezüchtete Hunde pro Jahr:* 2711.
Typische Krankheiten: Allergieneigung, Neigung zu Tumoren, Herz- und Gefäßmißbildungen sowie -erkrankungen, Ektropium, Verwachsungen der Wirbelsäule, Haareinlagerungen in die Haut, Scheidenvorfälle, Dauerbrunst, Hüftgelenksdysplasie, Kryptorchismus, zu langes Gaumensegel, Scheinschwangerschaft, Hornhautgeschwüre, Unterfunktion der Schilddrüse, epileptiforme Krämpfe, Netzhautschädigungen, Rachen-Gaumen-Spalten, Albinismus mit Taubheit etc., Zwergwuchs, Schwergeburten, Harnsteinbildung, Überproduktion von roten Blutkörperchen – Blutungsneigung.

Die deutschen Boxerfreunde schlossen sich 1896 zusammen, bildeten erst mal einen Club, versteht sich, und konnten sich fürderhin nicht einigen. Angeblich waren der grobknochige Danziger Bullenbeißer und der vergleichsweise elegante Brabanter Bulldog seine Väter. Der Vater des ersten ins Zuchtbuch eingetragenen Boxers, Mühlbauers Flocki, war allerdings ein englischer Bulldog.
Trotz festgelegtem Standard schwankte seitdem seine Form ständig zwischen den beiden Urtypen hin und her.
Beständig aber blieb er in der Gunst des Publikums, und es sieht fast so aus, als ob er sich nun davon nicht mehr erholen könnte.
160000 Zuchtbuch-Eintragungen gibt es, er hat alle nationalen und internationalen Karrieren gemacht, gehört zur elitären Loge der acht Gebrauchshundrassen (Boxer, Schäferhund, Rottweiler, Riesenschnauzer, Dobermann, Hovawart, Airedale, Bouvier des Flandres).
Jeder kennt ihn, jedes Antlitz jeden Alters verklärt sich, ist von ihm die Rede: »Als Kind hatten wir einen, Rocky hieß der, also wenn ich an den denke – 15 ist er geworden und bis zum Schluß mobil. –«
Und er ist ja auch ein Prachtkerl, eine Augenweide und charakterlich ohne Ecken und Kanten.
Aber, ach, was hat es ihm genützt. Wenn mich heute einer fragt, ob ich ihm einen gesunden Boxer vermitteln kann – und das heißt immer einen Hund, der nach dem heutigen Stand der Dinge Chancen hat, gesund aufzuwachsen und zu bleiben –, ich muß die Antwort schuldig bleiben.
Die Dauerhaftigkeit seiner Beliebtheit, die ehrlichen Züchtern keine Chance ließ vor den Geldgeiern Vermehrer, die ungeheure, nicht mehr überschaubare Menge dieser Hunde, Fraktionskämpfe der Gruppen und Grüppchen haben diesen einstmals strotzend gesunden Hund zu einem an vielen Krankheiten leidenden Invaliden gemacht.
Das Risiko, viel Kummer und Traurigkeit bei der Aufzucht und Haltung zu erleben

Boston Terrier △

▽ Bouvier des Flandre

Boxer △

▽ Bullmastiff

und dazu noch einen Haufen Geld loszuwerden, ist groß geworden.
Auch mit seiner Wesensfestigkeit ist es nicht mehr weit her. Aus dem ruhigen, freundlichen, sehr verspielten Kameraden der Kinder ist oft ein nervöser Geiferer geworden. Man muß sich nur das Theater ansehen, das die Hunde, von den Besitzern noch angestachelt, auf Ausstellungen im Ring veranstalten. Jeder geht jeden an, und die »Crew« jedes Hundes tut an den Ringbegrenzungen mit Winken, Schnalzen, Rasseln und quietschendem Spielzeugkram das Ihrige, um das Tohuwabohu komplett zu machen. Die Ausstellungsleitungen und die Verbände sind mit dieser Art der Vorführung offensichtlich einverstanden. Die Nachfrage nach Boxern hat nachgelassen. Ob das schon die Folge seines gesundheitlichen Niedergangs ist oder ob »der Trend« vornehmlich andere Rassen ausgespäht hat, um sie zu verderben, das weiß ich nicht.
Käme er endlich mal aus der Mode, der Boxer hätte mit Hilfe seiner wahren, treuen und trauernden Freunde noch eine Chance.

Bullmastiff

Schulterhöhe: 63 cm bis 69 cm. *Gewicht:* bis 60 kg. *Farbe:* jede Schattierung von gestromt, falb oder rot, kleines weißes Abzeichen an der Brust erlaubt. Haarkleid kurz und hart. *Welpenpreis:* etwa 2500 DM. *Gezüchtete Hunde pro Jahr:* 22.
Typische Krankheiten: Knorpeldefekte im Wachstum.

Ein imponierender, stattlicher Hund an der unteren Grenze zum »Überhund«, an jener Grenze, die durch sinnlose Vergrößerung Vergröberung aller dazugehörigen Probleme bringt. Zudem geht bei den Riesen die Beweglichkeit zurück, die einen gesunden Hund gesund erhält.
Die Hunde, die Ende des 18. Jahrhunderts aus der Kreuzung von Bulldog und Mastiff entstanden, waren jedenfalls leichter und kleiner, etwa vierzig Kilogramm, ohne an Substanz eingebüßt zu haben. Vor der bedenklichen Tendenz, diesen wohlproportionierten Hund aus seinem idealen Rahmen wieder hinauszuzüchten, kann nicht eindringlich genug gewarnt werden. In den USA sollen die Richter bei sonst gleichwertigen Hunden dem schwereren den Vorzug geben. Falls Sie einen Bullmastiff zu Ihrem Begleiter wählen, gehen Sie bitte den entgegengesetzten Weg!
Der Bulldog ist ein sehr eigenwilliger Hund. Dieses Wesen liegt auch im Bullmastiff. Er muß lernen, seine Familie als »weisungsbefugt« anzuerkennen. (Ich vermeide das irreführende und häßliche Wort »Unterordnung«.) Vermeiden Sie unter allen Umständen die sogenannte »Mannarbeit« mit dem Bullmastiff. Er – wie alle großen und starken Hunde, besonders aber die molossoiden – wird Sie im Ernstfall ganz gewiß verteidigen. Auf ihn ist Verlaß, das braucht er nicht zu lernen. Lernen muß er, andere Hunde und Menschen *nicht* anzugreifen. Er flößt durch seine Erscheinung ausreichend Respekt ein. Richtig behandelt und erzogen, das heißt mit Ruhe und Entschiedenheit, ist er ein angenehmer und liebevoller Familienhund. So gehalten, erreicht er ein normales Hundealter.

Bullterrier

Beim Bullterrier gibt es weder Gewichts- noch Größenbeschränkungen, aber der Hund soll stets den Eindruck vermitteln, daß er für seine Größe ein Maximum an Substanz besitzt. *Farbe:* für weiße Hunde reinweiß, Hauptpigment und Kopfabzeichen erlaubt. Bei Farbigen muß die Farbe überwiegen, gestromt ist bevorzugt. *Welpenpreis:* 1500 DM bis 2000 DM. *Gezüchtete Hunde pro Jahr:* 616.
Typische Krankheiten: Neigung zum Nabelbruch, Knorpeldefekte im Wachstum,

Entropium, Taubheit bei weißen Hunden, Nierenerkrankungen, Neigung zu Tumoren, Herz- und Kreislauferkrankungen, Hüftgelenksdysplasie.

Die Geschichte des Bullterriers ist eine blutrünstige Geschichte, in der die Menschen eine üble Rolle spielen. Wie wohl keine andere Hunderasse wurden seine Vorfahren aufs scheußlichste mißbraucht. Zuerst mußten sie als »vierbeinige Gladiatoren« in den römischen Arenen gegen Menschen kämpfen, später dann wurden sie in ihrer eigentlichen Heimat England zur Volksbelustigung auf Bären, Löwen und Bullen gehetzt.
Ende des 18. Jahrhunderts ersannen die Menschen dann wieder ein neues Schauspiel für ihre Hunde: Sie mußten in den »pit«, den Kampfring, und dort gegen ihre eigenen Artgenossen kämpfen. Während sich die Hunde gegenseitig im Ring zerfleischten, wurden auf den Sieger große Gelder gewettet.
Der Bullterrier, so wie wir ihn heute kennen, entstand etwa um 1860. Als sein Schöpfer gilt James Hinks. Er züchtete in Birmingham Bulldoggen und den weißen englischen Terrier. Diese beiden Rassen brachte er zusammen. Außerdem fließt im Bullterrier wohl auch das Blut vieler anderer Terrier-Arten, von Greyhound, Dalmatiner, Foxhound und Mastiff. 1882 wurde in England »The Bullterrier Club« gegründet. Neben dem Bullterrier entwickelte sich der Miniatur-Bullterrier, der wie eine Taschenausgabe des Bullterriers aussieht. Zu seinen engen Verwandten zählen außerdem der Staffordshire Bullterrier und der Staffordshire Terrier, beides Rassen, in denen das Bulldog-Erbe überwiegt.
Das Blutrünstige in der Geschichte des Bullterriers wird auch heute noch nicht als abartig angeprangert, sondern eher als Heldensage kultiviert. Und immer neue Geschichten werden hinzugefügt über den »Gladiator« unter den Hunden: Bullterrier, die sich in Reifen von fahrenden Tanklastzügen verbissen haben. Bullterrier, die Pferde und Kühe attackieren. In Wien biß neulich ein Bullterrier einem Münsterländer das Ohr ab. Sein Besitzer hob das Ohr hoch und zeigte es den Umstehenden wie eine Trophäe.
Selbst Dr. Dieter Fleig, renommierter Bullterrier-Züchter und Herausgeber der Bullterrier-Gazette, in der immer wieder für einen vernünftigen Umgang mit diesen Hunden plädiert wird, kann sich der Gewaltverherrlichung nicht entziehen.
Fleig: »Der Bullterrier hat ein völlig anderes Sozialverhalten, als man es sonst bei Hunden findet. Vielleicht muß man sogar sagen, daß es entartet ist. Er kennt keine Tötungshemmung, und wenn er in Rage ist, empfindet er keinen Schmerz mehr. Das alles ist seit Jahrhunderten in ihm. Was nichts taugte, das starb im Ring. Zur Zucht wurden nur die siegreichen Gladiatoren benutzt. Das Blut dieser altenglischen Kampfhunde pulst noch immer in den Adern unseres heutigen Bullterriers. Dies zu wissen und einzukalkulieren ist von außerordentlicher Bedeutung für eine richtige Behandlung und verständnisvolle Erziehung unseres Hundes.«
Lebender Beweis für Fleigs Thesen ist seine eigene Frau. An ihrem Mittelfinger fehlt die Hälfte. Eine Hündin hat ihr die andere Hälfte abgebissen, als sie beim Deckakt assistieren wollte. Überhaupt ist die Zucht des Bullterriers ziemlich problematisch. Die Welpensterblichkeit ist extrem hoch, liegt bei etwa vierzig Prozent. Oft werden die Welpen von der eigenen Mutter totgebissen. »Sie halten ihren Nachwuchs«, so vermutet Züchter Fleig, »wahrscheinlich für Ratten.« Und schon mit sechs bis sieben Wochen fallen die kleinen Hunde häufig übereinander her und fügen sich blutige Wunden zu. Sie müssen deshalb frühzeitig voneinander getrennt werden. In der letzten Zeit häufen sich auch Fälle, in denen Bullterrier die eigene Familie angreifen und vom Tierarzt getötet werden müssen.

All diese Entartungen sind aber nicht dem Hund anzulasten, sondern dem Menschen, der nur noch ein Beißwerkzeug produzieren will. Das Schicksal dieses Hundes ist es wohl, daß er dem Teufelskreis von Neurotikern und Verbrechern nicht mehr entrinnen kann.
Bei verantwortungsbewußten Züchtern, die den Hund lieben und sich nie auf diese kriminellen Entwicklungen eingelassen haben, kann man den Bullterrier als durchaus liebenswürdigen Zeitgenossen kennenlernen. Aber das wird möglichst gar nicht erwähnt, weil es seinem Killer-Image schaden könnte und damit auch dem Geschäft.
Lieber rühmt man schon den Kampfesmut des Bullterriers auf dem Abrichteplatz. Hier geschieht ein weiteres Verbrechen, ohne daß die Polizei einschreitet. Ein Hund mit so niedriger Reizschwelle darf einfach nicht mannscharf gemacht werden. Aber auch dieser Irrsinn hat Tradition in Deutschland. Schon vor dem Zweiten Weltkrieg schrieb ein ausländischer Richter nach einer Bullterrier-Ausstellung: »Ich habe den Eindruck, daß die scharfe Zick-Zack-Dressur die Seele dieser gezeigten Bullterrier ein wenig verbogen hat.« In England, dem Heimatland des Hundes, wäre es undenkbar, einen Bullterrier nur zum Sport auf Menschen zu hetzen. In den letzten Jahren sind die Bullterrier-Clubs in der Bundesrepublik regelrecht unterwandert worden von der Unterwelt, und auf Zuchtschauen versammeln sich – so schätzen Kenner der Szene, regelmäßig »ein paar hundert Jahre Knast am Ring«. Hundekämpfe oder »Dogfighting«, wie es inzwischen heißt, blühen im verborgenen. Dabei geht es um hohe Wettgelder. Längst ist da der Bullterrier den Profis nicht mehr scharf genug. Sie haben sich seinen Verwandten, dem Staffordshire Terrier und dem Pit Bullterrier, zugewandt, die als Killer einen noch legendäreren Ruf genießen.
In einigen Stadtverwaltungen wird inzwischen darüber nachgedacht, auf die Kampfhundehaltung die strenge »Verordnung zum Halten von wilden Tieren« anzuwenden, die eigentlich einmal für Wölfe, Löwen und andere Exoten in Privathand gedacht war. Wölfe seien mittlerweile harmlose Geschöpfe, meint Dr. Willhelm Wegner, Professor am Institut für Tierzucht und Vererbungsforscher der Tierärztlichen Hochschule Hannover, gegen das, was da an Kampfhunden produziert würde.

Cairn Terrier

Schulterhöhe: 28 cm bis 31 cm. *Gewicht:* 6 kg bis 7,5 kg. *Farbe:* schwarz-grau oder grau in allen Schattierungen, rot, weizenfarben bis hell sandfarben. Rein schwarz oder weiß darf der Cairn nicht sein. Muß ein wenig mit dem Trimmesser gerupft werden. *Welpenpreis:* 1000 DM bis 1200 DM. *Gezüchtete Hunde pro Jahr:* 536.
Typische Krankheiten: grüner Star, Entropium, Fehlen der Tränenflüssigkeit (Trokkenauge), Bluterkrankheit, Scheinbluterkrankheit, Harnsteinbildung, Leistenbruch, Löwenkiefer (CMO), Rückenmarks- und Gehirnveränderungen.

Obwohl der Cairn Terrier der letzte der schottischen Terrier war, der als Rasse offiziell anerkannt wurde (1912), gehört er zu den alten Terrier-Rassen Schottlands, die schon im Mittelalter bekannt und geschätzt waren. Cairn ist das gälische Wort für Steinhaufen oder Steinhügel. In seiner Heimat, dem schottischen Hochland, ist die Küste felsig und steinig. Unter den Geröllhaufen verbergen sich Füchse, Dachse und Ottern, und die sollte der Cairn Terrier jagen.
Bei uns in der Bundesrepublik erfreut sich der Cairn Terrier gerade in den letzten Jahren wachsender Beliebtheit. Vielleicht vor allem deshalb, weil er zwar nicht so fein aussieht wie seine Vettern, der Skye Terrier, der Dandie Dinmont, der Scottish Ter-

Bullterrier △

▽ Cairn Terrier

rier und der West Highland White Terrier, aber sicher ist er pflegeleichter und wohl auch robuster. Ein kleiner abgehärteter Hund, der auch durch seine große Kinderliebe besticht.

Chihuahua

Schulterhöhe: im Standard nicht angegeben, aber wie groß soll ein Hund zwischen 900 g und 3 kg schon sein. *Farbe:* alle zugelassen. Haare entweder kurz und fein oder lang und seidig. Stockhaar mit Unterwolle ist auch zugelassen. *Welpenpreis:* 800 DM bis 2000 DM. *Gezüchtete Hunde pro Jahr:* 328.
Typische Krankheiten: Haarlosigkeit, Fehlen der Tränenflüssigkeit (Trockenauge), grüner Star, Herz- und Gefäßmißbildungen sowie -erkrankungen, offene Fontanelle, Geburtsschwierigkeiten, Wasserkopf, angeborene Veränderung von Nerven- und anderen Zellen (Tod unter 2 Jahren), Kollaps der Luftröhre, offener Rücken, Gliedmaßenverstümmelung, besonders vorn, Knochenbruchdisposition.

Eine Puppe von einem Hund. Herkunft Mexiko oder Ägypten, von Sagen umwoben. Jedenfalls eine sehr alte Rasse, die weit unterhalb der Grenze liegt, die biologisch noch gutzuheißen ist. Aber nett ist das Zwerglein schon.
Und wenn man ihn nur läßt, benimmt er sich wie ein Hund. Man läßt ihn aber meistens nicht, denn wer einen Hund für flotte lange Spaziergänge haben will, wählt ihn ein paar Nummern größer. Dabei macht er alles mit, ist bester Laune, intelligent und erstaunlich selten krank.
Im Standard ist eine Ungeheuerlichkeit festgeschrieben: Ein rassetypischer schwerer Defekt, eine auf Lebenszeit offene Fontanelle, wird dort mit spürbarem Stolz als Eigenheit hervorgehoben, die nur der Chihuahua besitzt. Inzwischen ist das nicht mal mehr die Wahrheit. Zunehmend kommt dieser Defekt auch bei anderen verzwergten Rassen vor, beispielsweise beim Yorkshire. Dort gilt er allerdings noch als schwerer Fehler, nicht als reizende kleine Eigenheit. Dementsprechend könnte man auch Einäugigkeit oder Dreibeinigkeit als Rassemerkmal deklarieren. Raus damit aus dem Standard, weg damit bei den Hunden!
Der stämmige Winzling mit dem großen Selbstbewußtsein hat es nicht ganz leicht, bei anderen Tieren als das angesehen zu werden, was er ist, nämlich ein Hund. Ich habe beobachtet, daß sich Katzen bei seinem Anblick so verhalten, wie sie es Beutetieren gegenüber tun. Sie schleichen sich an, sind sprungbereit.
Chihuahua-Besitzer sollten deshalb auf der Hut sein und ihren offenköpfigen Liebling vor Muttis Stricknadeln und vor Katzenkrallen behüten.
Andere Hunde sind bei seinem Anblick eher peinlich berührt, auch wenn der Kleine den Zwergenaufstand probt. In Baden-Baden habe ich eine alte, sehr vornehme Dame gesehen, die ihr Hündchen liebevoll beim Umherhüpfen auf dem gepflegten Hotelrasen beobachtete. Der Chi attackierte entschlossen eine dicke Amsel, die da saß. Sie flog beim Ansturm ihres natürlichen Feindes nicht auf, sondern hopste immer nur zwei, drei Schritte beiseite und blickte ihn, mit schrägem Köpfchen, pikiert an. Die Dame machte dann dem unwürdigen Geschehen ein Ende, indem sie ihn in ihren altmodischen Pompadour steckte, mit der Bemerkung, daß sie ja noch sein Essen einkaufen müsse: »200 Gramm Hackfleisch!« Und auf meinen etwas irritierten Blick: »Da hat er dann aber drei Tage!«
Teuer in der Haltung ist er also nicht, und weil er auch selten kränkelt, kann man lange sein kleines Leben behüten.
Die Tatsache, daß man aus Farben und Haarkleid kein Credo gemacht hat, hat das an sich kleine Zuchtpotential vielleicht überlebensfähig erhalten.

Chinese Crested Hairless Dog

Schulterhöhe: etwa 28 cm. *Gewicht:* bis zu 5 kg. *Farbe:* alle Hautfarben erlaubt. Haare nur schopfartig am Kopf, an der Rutenspitze und am unteren Drittel der Beine. *Welpenpreis:* 1000 DM bis 2000 DM. *Gezüchtete Hunde pro Jahr:* 33.
Typische Krankheiten: Defektgen mit rezessiver Letalwirkung in autosomal dominanter Vererbung, Gebißanomalien.

Es gibt einen legitimen Interessentenkreis für diesen Exoten: Hundeliebhaber, die gegen Haare allergisch sind. Nach dem Motto »Besser ein nackter Hund als gar keiner«. Denn auch wenn Züchter und die wenigen Liebhaber der Rasse wieder mal das Gegenteil des auf der Hand Liegenden behaupten: Ein Hund *mit* Fell ist einem Hund *ohne* Fell vorzuziehen. Zumal in fast jedem Wurf wieder Welpen mit Haarkleid geboren werden. Sie heißen dann Powder Puff, und wenn man nur mit ihnen weiterzüchten würde, wäre es mit der Nacktheit der Rasse schnell vorbei.
Klein Powder Puff sieht im übrigen reizend aus, die Rasse ist gescheit, sehr liebebedürftig und anschmiegsam.
Körpertemperatur etwa ein Grad höher als normal, und *natürlich* sind die Tiere gegen Kälte empfindlich und können Sonnenbrand bekommen. (Leichter als Menschen, denn auch diese Hunde können nur an den Pfotenballen schwitzen, die Haut bleibt also trocken.)

Inca Orchid Moonflower Dog und Xoloitzcuintle

Es gibt noch einen größeren Nackthund, dessen Name mehr Buchstaben hat als seine Träger Haare auf dem Kopf. Er heißt *»Inca Orchid Moonflower Dog«*, kommt wie der Mexican Hairless ursprünglich wahrscheinlich aus dem Südamerika der alten Inkas und ist 40 cm bis 50 cm groß bei einem Gewicht zwischen 9 kg und 12 kg. *Gezüchtete Hunde pro Jahr:* 2. Die Haut muß bei dieser Varietät gesprenkelt sein, im Gegensatz zum unaussprechlichen *»Xoloitzcuintle«*, der mit 33 cm bis 50 cm Schulterhöhe und zirka 8 kg knapp dazwischenliegt und wie ein Manchester Terrier mit Haarausfall aussieht. *Farbe:* graurot oder elefantengrau.
Alle Nackthunde können bei entsprechender Pflege uralt werden und bewegen sich mit großer Leichtigkeit und Eleganz.

Chow-Chow

Schulterhöhe: mindestens 45,5 cm. *Gewicht:* 20 kg bis 25 kg. *Farbe:* schwarz, rot, blau, zimt, creme oder weiß. Haare lang und außerordentlich üppig. Es gibt einen – seltenen – Kurzhaarschlag. Muß sorgfältig gepflegt werden. *Preis:* etwa 1200 DM bis 1500 DM. *Gezüchtete Hunde pro Jahr:* 274.
Typische Krankheiten: Ekzeme, Entropium, Verkleinerung des Augapfels, Hornhautentzündungen, Kniebeschwerden, starke Krallenbeugung, Hauttumoren, Stuhlbeinigkeit, erbliche Muskelsteifheit, Dickdarmriesenwuchs, Hüftgelenksdysplasie, Nabelbruch mit schlechter Heilungstendenz nach Bauchoperation, Farbaufhellungsfaktor-Krankheit, Albinismus.

Ein etwas mürrischer Hagestolz unter den Hunden, der auf Zärtlichkeiten meist würdevoll verzichten kann. Vielleicht ist das seine subtile Rache dafür, daß man ihn jahrhundertelang in China als wandernden Braten gehalten hat. Nun will er von den Menschen nicht mehr allzuviel wissen.
Wenn überhaupt, dann ist nur *einer* seine Bezugsperson. Mit anderen und auch mit Kindern hat er nicht viel im Sinn. Mit Artgenossen auch nicht. Er hält die Rituale nicht ein und sieht durch andere Hunde ge-

Chihuahua (Kurzhaar) △

▽ Chinese Crested Hairless Dog

Chow-Chow △

▽ Cocker Spaniel

wissermaßen hindurch. Kommt ihm einer pampig, beißt er ohne Vorwarnung, und zwar gewaltig. Er ist ein ernst zu nehmender Gegner, die Widersacher bekommen meist nur Wolle ins Maul.
Sein eigentümlich steif wirkender Gang wird durch eine völlig steile Hinterhand – kaum gewinkelte Sprunggelenke – verursacht.
Seine Verbreitung wäre sicher weniger groß, wenn er nicht als Baby so unglaublich herzig aussehen würde, so wie ein besonders gelungenes Plüschbärchen. Ein Hund für Männer oder Frauen, die allein bleiben wollen und dann doch wieder nicht.
Der Chow geht mit seinen Kräften eher ökonomisch um, er ist das Gegenteil eines Springinsfeld und kann – daher? – sehr alt werden.

Cocker Spaniel

Schulterhöhe: Rüden: etwa 41 cm. Hündinnen: etwa 38 cm. *Gewicht:* je nach Geschlecht zwischen 12 kg und 15 kg. *Farbe:* schwarz, rot, schwarz mit tan, schwarzweiß, blauschimmel, orangeweiß, orangeschimmel, braun-weiß, braunschimmel und tricolour. *Welpenpreis:* etwa 800 DM. *Gezüchtete Hunde pro Jahr:* 2422.
Typische Krankheiten: grauer Star, Netzhauterkrankungen, Entropium, Eklampsie, Neigung zu Nabelbrüchen, Ekzeme, Neigung zu Tumoren, Entzündung des äußeren Gehörgangs, Neigung zur Zuckerkrankheit, Neigung zu Nierenerkrankungen, Harnsteine, Bluterkrankheit, Hüftgelenksdysplasie, Zerstörung von Oberarm- und Oberschenkelkopf mit Folgen, Geschlechtszwitterstellung, Cockerwut (rot), Epilepsie (vor allem die bunten Farbschläge), Zitterkrankheit.

Der Spaniel wurde in England schon in Gesetzestexten von Howel dem Guten (948), König von Wales, erwähnt. Und im 14. Jahrhundert schrieb Gaston Phöbus über diese Hunde: »Sie haben große Köpfe und große, schöne Körper, das Haar ist weiß oder gefleckt. Man zieht diejenigen vor, welche nicht so dicht behaart sind, aber eine Federruthe haben. Sie zeigen große Anhänglichkeit an ihren Herren, suchen während der Jagd unter ständigem Ruthenwedeln vor ihm her und stöbern alles Feder- und Haarwild auf.«
Als Stöberhund machte sich der Spaniel viel später auch in Deutschland einen Namen. Die Bezeichnung Cocker stammt aus dem Englischen und wird hergeleitet von »woodcock« – Waldschnepfe, die er jagen mußte.
Als Jagdhund ist der Cocker Spaniel bei uns inzwischen in Pension gegangen, nur noch wenige werden im Revier eingesetzt, was von Liebhabern der Rasse bedauert wird, weil der Hund für die Jagd eigentlich gute Voraussetzungen mitbringt. Eine Zeitlang war der Cocker groß in Mode, was sicher auch dieser Rasse schwer geschadet hat. Er ist nämlich alles andere als ein Hätscheltier. Und wenn er gesund bleiben soll, braucht er sehr viel Auslauf. Leider sieht man allzuoft fettgefütterte Cocker, die sich vorwiegend auf der Couch räkeln. Dazu kommt, daß diese Rasse von sich aus schon sehr verfressen ist und sich blendend darauf versteht, bei Tisch herzerweichend zu betteln.
Als Spekulation wird von wirklichen Kennern der Rasse abgetan, daß man schon an der Farbe des Cockers erkennen kann, wessen Geistes Kind er ist. So soll der schwarze Cocker besonders ruhig und ausgeglichen sein, die schwarz-weißen und blauschimmelfarbenen Cocker dagegen temperamentvoll und ungebärdig.
Ernster wird es schon beim roten Rassevertreter. So mancher verhält sich auffallend aggressiv und beißt sogar die eigene Familie. Das Karlsruher Tierarzt-Ehepaar Schmidtke hat die Verhaltensabnormität beim roten Cocker, die auch »Cockerwut« genannt wird, untersucht. In ihrem Bericht

heißt es: »Die ersten Störungen zeigen sich im Alter von zwei bis drei Jahren zunächst anfallsweise. Bei irgendeiner Gelegenheit, bei der der Besitzer dem Hund zu nahe kommt, beißt dieser kräftig und wütend zu, meist ohne vorherige Warnung. Während dieses Anfalls führt Strafe niemals zur Unterwerfung. In einer Mischung von knurrender Wut und Angst mit geweiteten Pupillen und gesträubtem Haar würde der Hund bis zum letzten Atemzug zurückbeißen.«
Meistens bleibt nichts anderes übrig, als die von der Cockerwut befallenen Hunde einzuschläfern. Angeblich soll die krankhafte Aggressivität vom Irish Terrier kommen, der in England zur Verbesserung der Farbe eingezüchtet wurde.
Aber außerdem leidet auch mancher Cocker unter epileptischen Anfällen. Hier sollen nach Auskunft von Experten vor allem die bunten Farbschläge betroffen sein. Inzwischen ist die Epilepsie so verbreitet, daß rigorose Maßnahmen der Züchter zur Bekämpfung der Krankheit, die bei den Tieren oft erst mit drei bis vier Jahren auftritt, an der Zeit wären.
Der »Jagd-Spaniel-Klub« betreut neben dem Cocker Spaniel auch noch die anderen Spaniel-Rassen, die bei uns sehr selten sind: amerikanische Cocker, Sussex Spaniel, Fieldspaniel, Clumber Spaniel, Welsh Springer Spaniel, English Springer Spaniel, Irish Water Spaniel.

Collie

Schulterhöhe: Rüden: 56 cm bis 61 cm. Hündinnen: 51 cm bis 56 cm. *Gewicht:* Rüden: 20 kg bis 30 kg. Hündinnen: 18 kg bis 25 kg. *Farbe:* Die drei anerkannten Farben sind gelb-weiß, tricolour und blue merle. *Welpenpreis:* 1 000 DM. *Gezüchtete Hunde pro Jahr:* 956.
Typische Krankheiten: Entropium, Netzhauterkrankungen, Mikrophthalmus, Collie-eye-Anomalie, Taubheit und Sehschwäche, Lichtekzem, Gray-Collie-Syndrom, Ellenbogendysplasie, Ellenbogenluxation, Herz- und Gefäßmißbildungen, Neigung zu Tumoren, schwere Muskelschwäche, Skelettentwicklungsstörungen, Blutplättchenmangel.

Kaum eine andere Rasse wie der Collie ist ein so lebender Beweis dafür, wie der Hund vor die Hunde gehen kann. Ursprünglich einmal war er im Norden Englands und in Schottland ein unverwüstlicher Hirtenhund, so wie sein Vetter, der Border Collie, der es bis zum heutigen Tag geblieben ist. Schon Mitte des letzten Jahrhunderts aber geriet der Schafhüter in den Modetrend. Geschäftstüchtige Züchter stylten ihn: Seidiges Fell gab der Setter, und der Schädel wurde mit Hilfe des Barsois schnittiger. Die neue Linie verschaffte ihm sogar Zutritt bei Hofe. Queen Victoria hielt sich mehrere Collies.
Auch in Deutschland machte der Collie schon im letzten Jahrhundert Karriere. Bewundernd schrieb damals der Kynologe Richard Strebel: »Der Collie ist heute überwiegend Luxushund geworden. Alles, was ihn zu dieser glänzenden Erscheinung in der Hundewelt gemacht, sind Eigenschaften, die ihm als Hirten nicht gut anstehen, so vor allen Dingen das übermäßig reiche Haarkleid. Kaum wird jemand in den heutigen Größen den Arbeitshund früherer Zeiten erkennen. War sein damaliges Haarkleid die brauchbare Arbeitsjacke, so ist jetzt das wallende, seidig glänzende Gewand wohl das Vollendetste und Prachtvollste, was eine raffinierte Zucht zu erreichen imstande war. Natürlich sind das immer nur einzelne von vielen, aber gerade diese haben die Liebhaberei in so weite Kreise getragen, sie waren es, welche so fabelhafte Preise erzielten, die in die Zehntausende gingen. So wurden für den Champion Christopher 20000 Mark bezahlt.«
Zum Schicksal wurden dem Collie aber erst so richtig die zahllosen Lassie-Verfilmun-

gen, in denen der britische Schäferhund das Publikum zusammen mit dem Kinderstar Elizabeth Taylor zum Lachen und zum Weinen brachte. Plötzlich wollte alle Welt so einen Hundehelden, und wenn der dann im Leben keine Heldentaten vollbrachte, dann hieß es allzuoft: ab ins Tierheim.
Die Fließbandzucht machte aus dem Collie schnell einen scheuen, kränkelnden Hund. Die Zucht wurde bedingungslos vorangetrieben. Ein Champion-Rüde, der, wie man heute weiß, nicht das beste Erbgut in sich trug, deckte pro Jahr bis zu siebzigmal. Schließlich gehörte er einem hohen Vereinsfunktionär, der im Club für Britische Hütehunde das Sagen hatte. Und auch von der Inzucht wurde beim Collie kräftig Gebrauch gemacht. Vor gar nicht so langer Zeit wurde auf Ausstellungen noch über Collies gespottet: »Die müssen durch den Ring getragen werden, weil sie vor Angst nicht laufen können.« Und in Hundebüchern wurde der Collie als »Pelzkragenschönheit« beschrieben, es hieß über ihn: »Die Zucht auf aristokratisches Äußeres hat einmal wieder das Blut verdorben.«
Mittlerweile ist Gott sei Dank ein Teil der Collie-Züchter zur Vernunft gekommen. Sie haben amerikanische Hunde importiert, die frisches Blut und Nervenfestigkeit mitbrachten. Auf Ausstellungen aber werden die Hunde aus den USA und ihre Nachkommen leider allzuoft nach hinten gestellt, weil sie den unbelehrbaren Richtern zu groß sind. Ich jedenfalls würde mir nur einen Collie aussuchen, bei dem amerikanische Hunde mit von der Partie waren.
Hände weg aber auf jeden Fall vom Blue-Merle-Collie. Die extravagante Färbung wird durch Zucht mit dem sogenannten Merle-Faktor erreicht, einem Defektgen, das bei den Hunden zu Blindheit und Taubheit führen kann.

▽ Collie

Dackel

Der Dackel wird in drei verschiedenen Haararten gezüchtet, und zwar als:
1. Kurzhaardackel
2. Rauhhaardackel
3. Langhaardackel

Größe: Alle drei Dackelrassen gibt es wiederum in drei Größenvarianten. Die Größe beim Dackel wird nicht an der Schulterhöhe gemessen, sondern nach Brustumfang hinter den Vorderläufen an der breitesten Stelle. Der *Normalschlag* soll mehr als 35 cm Brustumfang haben. Der *Zwergteckel* hat einen Brustumfang von 30 cm bis 35 cm. Der *Kaninchenteckel,* der Zwerg unter den Zwergen, hat einen Brustumfang bis zu 30 cm. Alle Maße gelten ab 15 Monaten.

Farbe beim Kurzhaardackel: einfarbiger Teckel: rot, rotgelb, gelb, alles mit oder ohne schwarze Stichelung. Indes ist reine Farbe vorzuziehen und rot wertvoller als rotgelb und gelb zu betrachten. Auch stark schwarz gestichelte Hunde gehören hierher und nicht unter die andersfarbigen. Zweifarbige Teckel: tiefschwarz oder braun oder grau oder weiß, je mit rostbraunen oder gelben Abzeichen (Brand) über den Augen, an den Seiten des Fanges und der Unterlippe am inneren Behangrand, an Vorderbrust, den Innen- und Hinterseiten der Läufe an den Pfoten, um das Weidloch und von da ab bis etwa ein Drittel bis ein halb der Unterseite der Rute. Fehler: Schwarze Farbe ohne Brand, ebenso weiße ohne jeden Brand sind unzulässig. Zu stark verbreiteter Brand ist unerwünscht.

Farbe beim Rauhhaardackel: Alle Farben sind zulässig. Weiße Abzeichen an der Brust sind erlaubt, aber nicht erwünscht. Im übrigen gilt das gleiche wie bei den Kurzhaarteckeln.

Farbe beim Langhaardackel: Haarfarbe genau wie bei den kurzhaarigen Teckeln.

Welpenpreis: ab 400 DM. Für die kleineren Varianten wird etwas mehr verlangt. *Gezüchtete Hunde pro Jahr:* Im Deutschen Teckelklub wurden im letzten Jahr 16306 Dackel gezüchtet. Die Hälfte davon sind Rauhhaardackel, dann folgen etwa vier Fünftel Langhaardackel und ein Fünftel Kurzhaardackel.

Typische Krankheiten: Netzhauterkrankungen, Bindegewebsanomalie, Entropium, Hornhautdegenerationen, Hornhauterkrankungen beim Langhaardackel, Dackellähme, Ellenbogenerkrankungen (ungleiches Auseinanderwachsen von Elle und Speiche, führt zu schweren Behinderungen), Perthes-Krankheit, Gehörgangentzündung, Zahnfleischtumoren, Krämpfe in der Säugeperiode, Herz- und Gefäßmißbildungen sowie -erkrankungen, Leukämie, Zuckerkrankheit, Analtumoren, Mastdarmerweiterungen, Harnsteinbildung (besonders bei Rüden), Haareinlagerungen in der Unterhaut, epileptiforme Krämpfe, Verschluß des Magenausgangs, Wasserkopf, Verkürzung des Unterkiefers, Knickruten, abartiger Beiß- und Verteidigungstrieb (rote Langhaardackel).

Lange schon raufen sie sich darum, in der Publikumsgunst die Nummer eins zu sein: der deutsche Schäferhund und der Dackel, auch Teckel oder Dachshund genannt. Zwei recht unterschiedliche Kontrahenten, diese beiden Hunde. Erschmeichelt sich der Schäferhund die Gunst des Menschen durch ungewöhnliche Anpassungsfähigkeit und Gehorsam, so hat sich der Dackel den Ruf eines eigenwilligen, oft unbequemen Individualisten erworben.

Vom Deutschen Teckelklub (DTK) wird der Hund so charakterisiert: »Von Natur ist er meist eigensinnig und launenhaft, bei sorgfältiger Behandlung treu und anhänglich, folgsam und abrichtungsfähig. Jedenfalls ist der Teckel im Wesen einer der eigenartigsten Hunde, gleichsam eine Kreuzung von Liebenswürdigkeit, Übermut und Weltschmerz, Tatendurst, Gleichmut und Empfindsamkeit, Winzigkeit und Größenwahn.«

Und er macht seinem Image tatsächlich alle Ehre. Wenn ich im Wald spazierengehe und auf Leute treffe, die sich heiser schreien und pfeifen, dann handelt es sich in den meisten Fällen garantiert um die wütenden oder verzweifelten Herren eines Dakkels, der stiftengegangen ist. Dackelbesitzer sind indes Gemütsmenschen, das wird ihnen jedenfalls nachgesagt, und schnell bereit, ihrem Tier Unart und Eigensinn wieder zu verzeihen. Viele resignieren aber auch und gewöhnen sich daran, daß sie einen Hund haben, der nicht wie ein anderer das tut, was sein Herr will, sondern nur, was er selbst für richtig hält. Und so kommt es vielleicht nicht von ungefähr, daß man einen starrköpfigen Menschen einen »Lakkel« schilt. Ungerecht dagegen ist die Sache mit den krummen Dackelbeinen. Die sollen nämlich nach Zuchtvorschrift bei diesem Hund kerzengerade sein.

Wo kommt er eigentlich her, dieser kernige Hundezwerg? Seine Urform ist wahrscheinlich durch eine Laune der Natur entstanden, die die Wissenschaft als Mutation bezeichnet, eine plötzliche Veränderung der Erbsubstanz. Schon im alten Ägypten gab es während des Mittleren Reiches (2040–1785 v. Chr.) den Tekal, der als Wachhund diente und später ausstarb. Jener Hund war dem heutigen Teckel sehr ähnlich, wie auf Abbildungen von Grabstätten zu erkennen ist.

Auch in Peru und Mexiko fand man kleine Statuen, die dem altägyptischen Tekal ähnliche Hunde darstellen. Das alles beweist natürlich nicht, daß der deutsche Teckel altägyptischen oder amerikanischen Ursprungs ist, sondern nur, daß sich zu unterschiedlichsten Zeiten in verschiedenen Teilen der Welt dachshundartige Rassen entwickelt haben.

Die alten Germanen waren ebenfalls schon vor 2000 Jahren auf den Dackel gekommen. Hinweise darauf haben Skelettfunde gegeben. In den großen Jagdmeuten, die sich die Fürsten im Mittelalter hielten, hatten die Hunde-Pygmäen bereits ihren Stammplatz. Der französische Edelmann Jacques du Fouilloux berichtete 1561 in seinem wenig später ins zeitgenössische Deutsch übersetzten Buch »La vénerie«: »Es werden aber die Füchs und Dachs mit Schliefferlin gefangen, welche Hündlin zweyerley art und Geschlecht seyn, die einen haben kurtze Füß, und seyn gemeinlich kurtz von Haar, die andern habe strekke gerade Füß und raw Haar, gleich wie auch ein zottiger Barbet. Die mit den krummen Füßen fallen weit ringfertiger und geschwinder in den Baw dann die ersten, so gerad Füß haben, sie seyn auch für die Dächs viel besser, sintemal sie langer in den baw ausharre mögen, die gerade Hündlin kan man zu zweyerley Dingen sehr nützlich brauchen. Dann sie lauffen eben so schnell und geschwind als die andern Jagdhund, und fallen viel begiriger beherzter und hurtiger eyn.«

Fortan tauchten die Kurzbeiner immer wieder auf unter den verschiedensten Namen wie »Tachskriecher«, »Dachsschlieffer«, »Biberhund« oder als »Lochhündlein«. Bei der harten Arbeit unter der Erde, im Zweikampf gegen Dachs und Fuchs setzten sich nur die kampfstärksten und körperlich geeignetsten Tiere durch. Außerdem wurde Kurzbeinigkeit durch Zuchtauswahl verstärkt. Der Mensch züchtete sich einen Hundezwerg nach seinen Bedürfnissen. Im Hochgebirge war er stärker und massiger, im Flachland, vor allem als Spezialist für die Baujagd gehalten, fiel er leichter und schnittiger aus. Ein gewisser Johann Tänzer beschrieb 1734 »den Dachskriecher neben den Biber- und Fischotterhunden als eine sonderliche und niedrige schlimmbeinige Art«.

Am 18. Juni 1888 wurde dann in Berlin durch den Premierleutnant Ilgner und den Leutnant Hahn der Deutsche Teckelklub (DTK) gegründet, den es bis heute gibt. Dessen Ziel waren die Reinzucht, Aufstellung von präzisen Rassekennzeichen und die Anlage eines Teckel-Stammbuches. Das ist übrigens von 1888 bis heute lückenlos ge-

führt. Was sich damals so als Dackel tummelte, würde heute nur noch milde belächelt: Es waren tatsächlich Krummbeiner, rundherum ziemlich unförmig. Stammvater der ganzen Sippe ist der Kurzhaardakkel. Er ist im Laufe der Jahre allerdings immer mehr in den Hintergrund geraten, und man sieht ihn nur noch selten. Nur in Amerika hat er eine Renaissance erlebt.
Der Langhaardackel entstand durch Kreuzung mit dem alten deutschen Stöberhund, auch als Wachtelhund bekannt. Ursprünglich hatte er ausschließlich eine schwarzrote Farbe oder »Brand«, wie der Fachmann sagt. Zuletzt kam der Rauhhaardackel, inzwischen zum beliebtesten Dackel avanciert. Er wurde durch Kreuzungen mit dem Schnauzer und englischen Terrier-Rassen geschaffen.
Doch bei aller Liebe zum Dackel, sei er nun kurzhaarig, langhaarig oder rauhhaarig, muß gesagt werden: Er ist ein typisches Produkt züchterischen Mutwillens mit der Mutationsfreudigkeit des Hundes, eigentlich eine bewußt herausgezüchtete Mißbildung. Und seine künstlich herbeigeführte Verzwergung birgt viele Probleme. Auf sich allein gestellt, wäre der Dackel, wie übrigens viele andere Hunderassen auch, rettungslos verloren. Ohne den Menschen in der freien Wildbahn hätte der Kurzbeiner keine Chance und wäre bald wieder verschwunden.
Zuviel haben die Züchter am Äußeren des Dackels herumgebastelt. Lange wurde er extrem niederläufig und langrückig gezüchtet, »tief auf der Erde gehalten«, wie es hieß, damit er ja im Bau beweglich war. Dabei war er viel zu schwer, wog er häufig über 25 Pfund. Seine Brust schien über den Boden zu schleifen. Diese willkürliche Änderung der Statik ist seinem Rücken schlecht bekommen. Im DTK glaubt man, die gemachten Fehler durch vernünftige Zucht wieder korrigieren zu können: Der Bodenabstand des Hundes muß jetzt mindestens ein Drittel seiner Widerristhöhe betragen, dem Dackel wurde Gewichtsbeschränkung auferlegt (Normalschlag zwischen 5 kg und 10 kg), und außerdem sollen ein großer Kopf und eine lange Halspartie ein Gegengewicht zum gefährdeten Rükken bilden.
Trotz all dieser Maßnahmen ist die Anschaffung eines Dackels auch heute noch reines Roulettespiel. Zu viele Hunde leiden unter der sogenannten Dackellähme, auch Teckellähme genannt, einer Krankheit, die von Dackelbesitzern wie eine Seuche empfunden wird und sie oft für lange Zeit zu Krankenpflegern macht.
Die Dackellähme – herbeigeführt wahrscheinlich durch eine Stoffwechselstörung – ist dem Bandscheibenschaden beim Menschen vergleichbar. Sie kündigt sich an, wenn der Hund auf einmal nicht mehr wie gewohnt freudig herumhüpft und das Hochheben ihn sichtlich schmerzt. In schweren Fällen kann die gesamte Hinterhand gelähmt sein. Das heißt, der Hund zieht sich mit den Vorderpfoten voran, die Hinterbeine sind schlaff und gefühllos und werden hinterhergeschleift. In diesem Stadium sind häufig auch die Blase und der Mastdarm gelähmt, so daß weder Urin noch Kot abgesetzt werden können. Die Folgen einer derartigen »Entgleisung« der Pufferscheiben können bis zur Querschnittslähmung führen. Bei einer anderen Form dieser Erkrankung sind die Veränderungen vorwiegend im Halsbereich zu finden. Die ersten Anzeichen sind Schmerzäußerungen beim Bellen oder beim Schütteln des Kopfes. Schließlich wird der Hals nur wenig bewegt, der Kopf wird nach unten gesenkt. Wenn es durch den Verfall der Zwischenwirbelscheiben zu Einquetschungen von Nerven gekommen ist, kann auch eine Lahmheit des Vorderlaufes auftreten.
Auf jeden Fall muß man sofort den Tierarzt aufsuchen. Der wird versuchen, dem Hund mit verschiedenen Medikamenten Erleichterung zu verschaffen. So können Schmerzmittel Anwendung finden, um die Verkrampfung der Muskulatur zu lösen, mit

Dackel (Rauhaardackel) △

▽ Dalmatiner

cortisonhaltigen Medikamenten werden die Entzündungsprozesse im Bereich des Bandscheibenvorfalls bekämpft. Zusätzlich haben sich die Vitamine der B-Gruppe als günstig für die Wiederherstellung der Nervenfunktion erwiesen. Zur Beschleunigung der Heilung können auch Mikrowelle und Kurzwelle verabreicht werden. Manche Tierärzte verordnen Hunden sogar Schwimmen in einem wohltemperierten Becken. Für viele Hunde aber gibt es keine Heilung, sie müssen schließlich getötet werden.
In den letzten Jahren haben sich jedoch verschiedene veterinärmedizinische Kliniken darauf spezialisiert, diesen schwerkranken Hunden durch eine Operation zu helfen. Es wird versucht, die abgestorbenen und in den Wirbelkanal vorgefallenen, teils verkalkten Bandscheibenteile zu entfernen. Man beseitigt dadurch den auf die Nerven und das Rückenmark ausgeübten Druck.
Diesen komplizierten Eingriff beherrschen bisher nur wenige Experten.
Aber der Dackel ist nicht nur von der Lähme befallen, er leidet auch unter manchen anderen Gebrechen, wie im Vorspann dieses Kapitels zu lesen ist. Deshalb sollten seine Züchter schnellstens aufhören, ihren Zwerg noch einmal zu verzwergen. Sicher wird es dem Dackel wieder bessergehen, wenn er nur in einer – der normalen – Größe gezüchtet wird. Der Deutsche Teckelklub sollte hier endlich mit gutem Beispiel vorangehen. An die vielen anderen Dackelfabriken, die es bei uns leider immer noch gibt, will ich gar nicht erst appellieren. Bei denen liegt so viel im argen, daß man ihre Fließbandzuchten unbedingt boykottieren sollte, wenn man einen soliden Dackel will.
Und dann noch ein Wort zum sogenannten Tigerdackel. Seine getigerte Farbe entsteht durch Zucht mit dem Merle-Faktor, einem Defekt-Gen, das häufig Blindheit und Taubheit verursacht. Wer also einen gesunden Hund will und nicht nur einen mit extravaganter Farbe zum Angeben, sollte vom Tigerdackel die Finger lassen.
Doch, ob nun dickköpfig oder gebrechlich, der kleine Kauz hat eine eingeschworene Gemeinde, für die es fast schon eine Philosophie ist, einen Dackel ihr eigen zu nennen, und die ihm wohl auch dann noch die Treue hielte, wenn sie ihn im Rollstuhl spazierenfahren müßte.

Dalmatiner

Schulterhöhe: Rüden: 55 cm bis 61 cm. Hündinnen: 50 cm bis 58 cm. *Farbe:* Die Zeichnung ist beim schwarzen Farbschlag tiefschwarz, beim braunen braun. Die Tupfen sollen nicht ineinanderlaufen, sondern rund und klar abgegrenzt und möglichst gleichmäßig verteilt sein. Größe der Tupfen: von einem Six-pence-Stück bis Half-crown-Stück. Die Tupfen auf den Gliedmaßen sind kleiner als am übrigen Körper. Sehr pflegeleicht. *Welpenpreis:* etwa 1 000 DM. *Gezüchtete Hunde pro Jahr:* 408.
Typische Krankheiten: Taubheit und Sehschwäche (gekoppelt), Entropium, Hüftgelenksdysplasie, Harnsteinbildung, Allergieempfindlichkeit, Ekzeme durch zu hohen Harnsäurespiegel, Nierenerkrankungen, Spaltwirbelsäule, schwere Muskelschwäche, pigmentlose Nasenschwämme.
Ob der Dalmatiner tatsächlich aus Dalmatien kommt, dem Land, von dem er seinen Namen hat, ist bis heute ziemlich im dunkeln geblieben. Seit dem 17. Jahrhundert jedenfalls sieht man immer wieder auf Gemälden überall in Europa getüpfelte, dalmatinerähnliche Hunde. Und schon 1607 schreibt Edward Topsell in seiner »Geschichte der vierfüßigen Tiere«: »In Italien wird der getüpfelte Hund, gewöhnlich weiß-gelb, wegen seiner Nasenarbeit verwendet.«
Richtig zur Geltung kam der Dalmatiner aber erst als Kutschenhund im England

des 19. Jahrhunderts. Meistens trabten gleich mehrere der auffälligen, getüpfelten Hunde neben Kaleschen und Reitern her. Doch schon damals hatte der Dalmatiner nicht nur Freunde. Cornell Hamilton Smith, der zu seiner Zeit als Hundekenner galt, verriß die Rasse: »Obwohl hübsch und an Eleganz und schöner Zeichnung unübertroffen, soll er – andere Meinungen gibt es kaum – weder Geruchssinn noch Klugheit besitzen und deshalb in die Pferdeställe verwiesen sein.«
Solche abträglichen Bemerkungen haben sich bis heute hartnäckig gehalten und bringen die Dalmatiner-Fans auf die Barrikaden, die ihren Hunden natürlich hohe Intelligenz und große Vitalität bescheinigen. Wahrscheinlich habe es sich bei den Hunden, die als dumm gescholten wurden – so argumentieren sie –, um schwerhörige oder taube Hunde gehandelt. Beides kommt beim Dalmatiner leider häufiger vor als bei anderen Hunderassen. Deshalb sollte man im Dalmatiner-Club auf diese Gebrechen mehr achtgeben als darauf, ob die Tüpfelung wirklich nur so groß ist wie ein Sixpence-Stück. Dem Hundefreund, der sich einen Dalmatiner anschaffen will, dürfte letzteres egal sein.

Dandie Dinmont Terrier

Schulterhöhe: 24 cm bis 28 cm. *Gewicht:* 8 kg bis 11 kg. *Farbe:* Die Grundfarben sind pfeffer- oder senffarben. Dabei reicht die Pfefferfarbe von einem dunklen bläulichen Schwarz bis zu einem hellen Silbergrau. Wird nur wenig mit dem Messer gerupft. *Welpenpreis:* 1200 DM bis 1500 DM. *Gezüchtete Hunde pro Jahr:* 18.
Typische Krankheiten: Hüftgelenksdysplasie, Perthes-Krankheit.

Der Dandie Dinmont Terrier stammt, wie der Bedlington Terrier, aus dem englisch-schottischen Grenzgebiet und ist, wie schon beschrieben, früher einmal ganz eng mit diesem verwandt gewesen. Dinmont nennt man in dieser Gegend ein männliches Schaf zwischen der ersten und zweiten Schur. Und Dandie heißt er vielleicht wegen seiner kühnen Tolle auf dem Kopf. Der Dandie Dinmont ist Tierheld in Sir Walter Scotts Novelle »Guy Mannering« (1814). Nach Erscheinen des Buches wurde er zum Modehund. Queen Victoria besaß mehrere Dandie Dinmonts. In alten Rassebeschreibungen wird von seiner »kleinen Gestalt und dem großen Herz« geschwärmt, werden Dandies gepriesen, die mit Ottern kämpfend im Wasser versinken und es mit zwei Dachsen gleichzeitig aufnehmen. Bei Sir Walter Scott heißt es über diesen Hund: »Das ist ein guter Terrier, dieser da, Sir. Und ein fürchterlicher Gegner für alles Raubzeug. Ich verbürge mich dafür. Gegen wen immer er kämpft, man sollte immer auf eine richtige Erziehung achten.«
Das sollte man wirklich, sonst wird er schnell zum Raufer, was man ihm eigentlich gar nicht ansieht. Mehrere Rüden oder Hündinnen lassen sich nur schwer zusammen halten. Der Dandie ist sehr geeignet für ältere Menschen. Er braucht nicht zuviel Auslauf, ist wachsam, dabei kein Kläffer. Übrigens kommt der Wuschel ganz glatthaarig zur Welt. Ganz böse werden seine Fans, wenn man das uralte Gerücht verbreitet, daß auch der Dackel zu seinen Vorfahren gehört.

Deerhound

Schulterhöhe: Rüden: nicht unter 76 cm. Hündinnen: nicht unter 71 cm. *Gewicht:* Rüden: 38,5 kg bis 48 kg. Hündinnen: 30 kg bis 36 kg. *Farbe:* Die dunkle blaugraue Farbe wird bevorzugt, weil die Qualität bei dieser Farbe zu finden ist. Danach kommen die dunkleren und helleren grauen oder gestromten Hunde, wobei die dunkleren im allgemeinen bevorzugt werden. Die gelbe

Farbe sowie die rot-sandfarbenen oder rotfawnfarbenen, insbesondere mit schwarzen Punkten, zum Beispiel auf Ohren und Schnauze, werden ebenfalls geschätzt, zumal es sich um die Farben der ältesten Blutlinien handelt. Weiß wird verpönt, doch eine weiße Brust und weiße Zehen sind erlaubt. Aber je weniger Weiß, desto besser. *Welpenpreis:* 1200 DM bis 1500 DM. *Gezüchtete Hunde pro Jahr:* 68. *Typische Krankheiten:* Magendrehung, Herzprobleme.

Der Deerhound hat eine ähnliche Biographie wie der Irish Wolfhound. Beide sind von uraltem Geschlecht. Während der Irish Wolfhound in Irland mit dem Adel Wölfe jagte, begleitete der Deerhound in Schottland die Edlen auf der Hirschjagd. Daher auch sein Name: »deer« heißt Hirsch, Deerhound also Hirschhund. Beide Hunde sind Riesen, der Deerhound ist nur etwas filigraner und beweglicher als der Irish Wolfhound. Seine Anhänger behaupten, er sei auch feinfühliger.

Sir Walter Scott hat dem Deerhound in seinen Romanen ein Denkmal gesetzt. Der Schriftsteller besaß selber einen, den Rüden »Maida«, was von Deerhound-Freunden gern erwähnt wird. Allerdings soll Scotts Hund eine Mischung zwischen Deerhound und Bloodhound gewesen sein. Auch der berühmte Maler Sir Edwin Landseer hat sich mit dem Deerhound beschäftigt und auf der Leinwand sehr realistisch festgehalten, wie die schottischen Hirschhunde das Wild hetzen. Heutzutage packt den Betrachter eher Mitleid mit dem armen Hirsch.

Das immer treffsicherere Jagdgewehr und die Einengung der Jagd machten dem Deerhound zu schaffen, und 1840 hieß es in einem Bericht: »Überraschenderweise und leider scheint ihre edle Rasse kurz vor dem Aussterben zu sein.« Das verhinderten jedoch einige engagierte Züchter, inspiriert wohl auch durch die vielen romantischen Geschichten, die sich um diese alte Rasse rankten. Sie retteten den Deerhound, und er konnte dann sogar bei der Rekonstruktion des ihm ähnlichen Irish Wolfhound aushelfen.

Schon auf der ersten Rassehund-Ausstellung Deutschlands, 1867 in Hamburg, wurde ein Deerhound gesichtet. Und in einem Bericht der Zeitschrift »Gartenlaube« aus dem Jahre 1881 über eine Hundeausstellung in Kleve wurde der Deerhound »Duncan« des Leutnants Rüdiger erwähnt. Doch der Deerhound ist bei uns immer eine Rarität gewesen. Fast dreißig Jahre lang gab es keine einzige Eintragung ins Zuchtbuch des »Deutschen Windhundzucht- und Rennverbands«. Erst 1968 wurde der Deerhound wieder gezüchtet. Den Boom des Irish Wolfhound wird die Rasse bei uns aber wohl nicht erleben.

Die Deerhound-Züchter sind ein nachdenkliches, reserviertes und ganz eigenes Volk, das nie auf Teufel komm raus züchten würde, um mit seinen Hunden Geschäfte zu machen. Wer bei ihnen einen Deerhound kaufen will, muß vor ihren Augen erst einmal bestehen. Die Deerhound-Züchterin Ruth Oess, die den Zwinger »Of the Scottish Highland« besitzt, fragt sich oft, ob es hier für diesen großen Hetzhund überhaupt noch eine »ökologische Nische« gibt. Eigentlich kann sich die imposante, lauffreudige Rasse in einem so dichtbesiedelten Land wie der Bundesrepublik nicht gerade ideal entfalten, auch nicht, wenn man mit dem Deerhound zur Rennbahn geht.

In seiner Heimat Schottland, erzählt Ruth Oess, würden sich die Menschen an den zeitlupenartigen, mächtigen Galoppsprüngen des Deerhound auch noch erfreuen, wenn er mal hinter einem Kaninchen herjage. Hier dagegen drohe ihm sofort der Tod durch Erschießen. Das ist sicher richtig, denn es wäre für manchen Jäger ein großes Erlebnis, einen echten Deerhound zu schießen.

Dandie Dinmont Terrier △

▽ Deerhoun

Deutsche Dogge △

▽ Deutscher Schäferhund

Deutsche Dogge

Schulterhöhe: 80 cm, möglichst darüber. *Gewicht:* im Standard nicht angegeben, geht aber bis 85 kg und mehr. *Farbe:* gestromt, gelb, blau, schwarz, schwarz mit weißen Flecken, weiß mit schwarzen Flekken. Haar kurz, fein, anliegend. *Welpenpreis:* 500 DM bis 2000 DM. *Gezüchtete Hunde pro Jahr:* 1111.
Typische Krankheiten: Ellenbogendysplasie, Verknöcherung von Rückenmarkshaut, Rutenspitzenverletzung, Magendrehung, Magen-, Darmempfindlichkeit, Lähme der Nachhand, Merlefaktor (Hör- und Sehstörungen), Neigung zu Knochentumoren, Herz- und Gefäßmißbildungen sowie -erkrankungen, Nickhautverdrehung, Knorpeldefekte im Wachstum, Hüftgelenksdysplasie, Erweiterung der Speiseröhre, Säbelbeine vorn, Liegebeulen, Knochenauftreibungen, Nachhandlähmungen (3.–13. Monat).

Herr Schumacher, Doggenzüchter a. D. und Herausgeber einer exquisiten Doggenzeitschrift, hatte die Faxen dicke. Der ewigen Querelen im Verein müde, machte er einen Vertrag mit der Firma Hutschenreuther.
Nun sind die Doggen von Herrn Schumacher aus Porzellan, 30 cm hoch, kosten mehr als ihre Modelle und werden problemlos verkauft. Handsigniert und in begrenzter Auflage.
Herr Schumacher ist gut zu verstehen. Denn mit der Deutschen Dogge steht es im hundertsten Jahr ihrer etablierten Existenz nicht zum besten. Da gibt es diverse Krankheiten, die immer mehr um sich greifen, da ist vor allem eine ganz erhebliche Wesensschwäche zu konstatieren. Die Doggen, schon immer in liebenswerter Weise hochsensibel – man muß sie mit Glacéhandschuhen anfassen –, neigen mehr und mehr dazu, sich extrem ängstlich und hochnervös zu verhalten.
Schon vor 25 Jahren habe ich auf einer Ausstellung in Berlin erlebt, wie sich eine 15 Monate alte Dogge in dem Bestreben, sich dem begutachtenden Richter zu entziehen, mit ihrer langen Führungsleine blitzschnell so um ihre Besitzerin wickelte, bis die Gefesselte steif wie ein Stock umfiel. Seitdem ist es mit der Nervenfestigkeit dieses »Apoll unter den Hunden«, wie es im Standard tönt, nicht besser geworden.
Gar keine Frage: Dies *ist* ein besonders schöner Hund, bei aller Riesenhaftigkeit bestens proportioniert, da paßt alles zusammen. Warum also wird so ein Hund heute kaum älter als sechs Jahre? (Mit drei Jahren ist er erst voll ausgereift, vergreist also unmittelbar nach Beendigung seiner Entwicklung.) Nun, wir meinen, in erster Linie hat die Deutsche Dogge mit denselben Problemen zu tun, die alle Riesen haben: grobe Fehler in der Aufzucht durch Gleichgültigkeit und/oder fehlende Kenntnisse. Man muß sich mal vorstellen: Ein Foxterrierwelpe wiegt nach der Geburt zirka 200 Gramm. Aus ihm wird innerhalb der nächsten acht Monate ein Acht-Kilo-Hund, 39 Zentimeter hoch. Der Doggenwelpe wiegt ungefähr 600 Gramm, also das Dreifache. Aus ihm soll im selben Zeitraum ein Hund von – mindestens – 80 Kilogramm werden. Das Zehnfache an Hund ist also aufzubauen. Und während der Foxl, notfalls auch mit weniger Sorgfalt aufgezogen, seine vorgegebene Form erreicht, muß die Dogge ihr riesiges Gestell mit Hilfe eines genau zu befolgenden Programms in die Höhe bringen. Da darf nicht zuviel und nicht zuwenig bewegt werden. Zuviel Bewegung in den ersten Monaten gefährdet die noch weichen, aber schon stark belasteten Gelenke, Sehnen und Bänder. Zuwenig läßt die Muskulatur nicht in die benötigte Form kommen.
Besitzer erwarten von der jungen Dogge, die schon riesig ist, aber noch ein Kleinkind, oft viel zu früh viel zuviel und gehen sie dann grob an. Flugs ist das »Seelchen« kaputt, wird immer ängstlicher, und schon

ist der Angstbeißer fertig: körperlich und seelisch ein postpubertäres Wrack. Und einer Dogge als Angstbeißer zu begegnen, wünsche ich keinem.
So weit die Probleme um die Aufzucht, die mehr oder weniger alle Riesenrassen betreffen. Die Mängel haben bei der Dogge aber noch eine weitere Ursache: Während die Skandinavier, Engländer und Amerikaner alle Farbschläge – wie bei anderen Rassen auch – munter miteinander verbinden, wird in Deutschland streng getrennt marschiert: Schwarz nur mit Schwarz, Blond mit Blond und so weiter – es hat was Rassistisches an sich. Die Folge: Die zur Zucht zur Verfügung stehenden Tiere, die sich durch Anlage und körperliche Vorzüge empfehlen, verringern sich auf ein Fünftel des Gesamtpotentials. Und das ist zu wenig Auswahl, so kann man zu erstklassigen Paarungen oft nicht gelangen, muß vorliebnehmen. Die Verantwortlichen sind wieder mal stur wie die Hauklötze, sehen die auf der Hand liegende Lösung nicht, wollen sie nicht sehen: die Verpaarung aller Farbschläge miteinander zu erlauben.
Wenn Sie sich also eine Dogge wirklich zutrauen, fahren Sie – beispielsweise – nach Dänemark. Dort finden Sie noch selbstbewußte, ruhige, freundliche Tiere bei ebensolchen Züchtern. (Was ja *so viel* miteinander zu tun hat.)
Und wenn Sie Glück gehabt haben und jeden Fehler bei der Aufzucht vermieden und vor Ihnen steht ein prachtvoller, gesunder Riesenhund – vergessen Sie nicht: Um in dieser Form zu bleiben, braucht er *jetzt* jede Menge Bewegung. Dann wird er Ihnen auch nicht in einem Alter wegsterben, da andere Hunderassen gerade ihre Hochform erreicht haben.

Deutscher Pinscher → Zwergpinscher und Deutscher Pinscher

Deutscher Schäferhund

Schulterhöhe: Die ideale Widerristhöhe ist 62,5 cm für Rüden und 57,5 cm für Hündinnen. Eine Abweichung von 2,5 cm nach oben oder unten ist erlaubt. *Farbe:* schwarz mit regelmäßigen braunen, gelben bis hellgrauen Abzeichen, auch mit schwarzem Sattel, dunkel gewolkt (schwarzer Anflug auf grauem oder lichtbraunem Grunde mit dem entsprechenden helleren Abzeichen), schwarz, grau einfarbig oder mit hellen oder braunen Abzeichen. Kleine, weiße Brustabzeichen oder sehr helle Innenseiten der Läufe sind zugelassen, aber nicht erwünscht. *Welpenpreis:* 500 DM bis 800 DM. *Gezüchtete Hunde pro Jahr:* 28000.
Typische Krankheiten: grauer Star, Hornhautdegenerationen, chronische Hornhautentzündung, Knorpeldefekte im Wachstum, Darmeinstülpung in der Jugend, Hüftgelenksdysplasie, Ellenbogengelenksdysplasie, Herz- und Gefäßmißbildungen, Epilepsie, Bluterkrankheit, Neigung zur Magendrehung, Neigung zu Tumoren, Dickdarmriesenwuchs, Harnsteinbildung, Zahnfleischgeschwülste, Glykogen-Speicherkrankheit, Erythrozytendefekte, Kalkgicht, eitrige Hautveränderungen (chronisch), Verkümmerung der Bauchspeicheldrüse, Nierenrindenunterentwicklung, Bindegewebsanomalie, Knochenbrüchigkeit, Gliedmaßenverstümmelung, Vielfingrigkeit, Verwachsungen der Wirbelsäule, fortschreitende Muskeldegeneration, Rückenmarkshautverknöcherungen, Zwergwuchs, Albinismus.

Kein anderer Hund symbolisiert Deutschland und Deutschtum im guten wie im bösen so wie der Schäferhund. Längst ist er auf der ganzen Welt mindestens ebenso bekannt wie VW und Mercedes, wie diese ein Produkt deutscher Wertarbeit und ein Exportschlager (für Spitzentiere werden 100000 DM und mehr gezahlt). Dabei handelt es sich bei dem deutschen Schäfer-

hund, so, wie wir ihn heute kennen, um eine ganz junge Rasse, die allerdings die Welt wie keine andere in weniger als hundert Jahren im Sturm erobert hat.
Am 22. April 1899 fand in Karlsruhe eine Hundeausstellung statt. Dort nahm auch der Königlich-Preußische Rittmeister Max Emil Friedrich von Stephanitz teil. Er zeigte seinen Schäferhund »Hektor Linksrhein«, dessen Eltern noch harten Herdendienst geleistet hatten. Auf dieser Hundeschau gründete Stephanitz gemeinsam mit einigen begeisterten Hundefreunden und Züchtern den »Verein für deutsche Schäferhunde« (SV).
Stephanitz versuchte auch, einige Schäfer für seinen Klub zu gewinnen. Die hatten aber nur wenig Verständnis für den Rummel, der plötzlich um ihren Hund gemacht wurde. So beklagte der Düsseldorfer Jagd- und Tiermaler Ludwig Beckmann 1894 in seinem klassischen Standardwerk »Geschichte und Beschreibung des Hundes«: »Ein Haupthindernis der Reinzüchtung unserer Schäferhunde lag in dem leidigen Umstande, daß diese Tiere bei uns fast überall im Besitze der Schäfer von Profession sind, welche als einfache unbemittelte Leute wenig Interesse für die Veredelung und Reinzüchtung ihrer Hunde haben, vielmehr nur die Gebrauchstüchtigkeit derselben schätzen. Ebenso sind unsere Schäfer nur selten zu bewegen, ihre Hunde – selbst gegen entsprechende Geldentschädigung – auf Ausstellungen zu schicken, da ihnen die betreffenden Verhältnisse zu fremd sind und die Hunde überhaupt vom Schäfer nicht wohl mehrere Tage entbehrt werden können.«
Während der Rittmeister als »Vater des deutschen Schäferhundes« in die Annalen eingehen sollte, wurde sein Rüde »Hektor Linksrhein« der Stammvater aller Schäferhunde, die heute auf der ganzen Welt mit dem Schwanz wedeln. Er wurde ins Zuchtbuch mit der Nummer eins eingetragen.
Wegen einer unstandesgemäßen Ehe mit einer Schauspielerin mußte Stephanitz den Uniformrock ausziehen. Er zog sich auf sein Gut Jahrholzrieshof in Oberbayern zurück und begann mit seinem Lebenswerk, der Zucht des Schäferhundes als Rassehund. Schon lange hatte ihn, den hundertzehnprozentigen Deutschen, die Sucht seiner Landsleute nach dem ausländischen Luxushund gewurmt. Er spottete darüber: »Der deutsche Michel hat nun einmal unbegrenzte Hochachtung vor allem, was ›von auswärts‹ ist, hält das für besser, edler, schöner, vor allem aber für wertvoller als das bodenständige Erzeugnis.«
Der Rittmeister, ein Patriot vom Scheitel bis zur Sohle, schrieb in seinem Buch »Der deutsche Schäferhund in Wort und Bild«, das bis heute die Bibel der Schäferhundbesitzer geblieben ist: »Auch Hundezucht steht in Beziehung zum Vaterland, soll diesem dienen; vaterländisches Empfinden zu fördern, sollte sich heute aber erst recht jeder Deutsche berufen fühlen!«
Und Stephanitz fühlte sich berufen. Er regierte seinen Verband so eisern wie ein Regiment. Nur mit den besten Hunden durfte gezüchtet werden. Rigoros beseitigt dagegen wurde der »Rassenabfall, der selbst als Zuchtdünger nicht mehr verwertbar« war, indem man ihn – so Stephanitz – einfach »auf einen Steinblock oder wider eine Wand wirft«. Noch einmal Stephanitz: »Führer und Vorbilder kommen aus gefestigter, sorgfältiger Aufzucht her, nicht aus der Hefe.«
Stephanitz waren Charakter und Wesen des Hundes viel wichtiger als die Schönheit. Verbissen bekämpfte er die Modezüchter, denen es nur um »Stehohren und Säbelruten« ging, und warf ihnen »falsch angebrachte Prahlhansigkeit« vor. Sein Motto war: »Schäferhundzucht ist Gebrauchshundzucht.«
Zeit seines Lebens machte er sich große Sorgen um einwandfreies Blut im Schäferhund. Eine seiner Thesen war: »Die allgemeine seelische Minderwertigkeit der Sprößlinge aus Verbindungen ungleicher Menschenrassen ist zur Genüge bekannt.

Das Eheverbot für Angehörige hochstehender Kulturvölker mit Frauen niedrigerer Rasse ist daher eine durchaus zweckmäßige Maßregel... Wie aber Vermischungen mit einer artfremden Rasse, ja selbst nur geistiges Aufsaugen ihres anders, artfeindlich gerichteten Tuns und Denkens ein körperlich, geistig und sittlich hochstehendes Volk zugrunderichten kann, lehrt die Geschichte immer wieder von neuem, hat sie eben erst uns Deutschen, da wir unter dem unheilvollen Einfluß eines eingesprengten Fremdvolkes arisch, deutsch und rein zu fühlen und zu handeln verlernt hatten, mit schweren Schlägen eingehämmert. Lassen wir Tierzüchter uns daraus eine Lehre ziehen.«

Mit dem »Fremdvolk« meint der »Arier« Stephanitz die Juden, und noch bevor Hitler zuschlägt, lastet er ihnen an, daß im Alten Testament »des Hirtenhundes nur zweimal und in ganz nebensächlicher Weise gedacht wird«. Für Stephanitz »ein Zeichen der schon damals fehlenden Beziehung zwischen Hund und Juden... jedenfalls aber ist die Stellung des Juden zum Hunde bis heute die gleiche geblieben. Niemals wird er für ihn Gefühlswert haben, dem er sich selbstlos widmet. Das kann nur der Deutsche, denn ›Deutschsein heißt, eine Sache um ihrer selbst willen zu tun‹.«

Die geistige Haltung des ideologischen Hundezüchters Stephanitz hat sich übrigens bis heute erhalten. Wo immer Zeitgenossen auf die Ausländer schimpfen, auf schlappe Politiker, die zu weich gegen den Russen sind, oder wo zusammengerechnet wird, daß es keine sechs Millionen Juden waren, die von den Deutschen vergast wurden, sondern nur fünf, da hockt dann oft auch – treu und tapfer – ein deutscher Schäferhund zu ihren Füßen.

Als Rittmeister von Stephanitz 1936 zu Grabe getragen wurde, bellten an seiner Gruft 700 Schäferhunde eine Minute lang. Im Ausland, dem die Deutschen inzwischen zu teutonisch geworden waren, hatte man seinen Hund umbenannt in Alsatian (Elsässer). Im Zweiten Weltkrieg wurde auch der deutsche Schäferhund zu den Fahnen gerufen, insgesamt wurden 30000 Hunde eingezogen. Wertvolle, für die Zucht geeignete Hunde wurden getötet, und nach dem Krieg gaben viele Züchter gute Hunde aus Not gegen Lebensmittel oder andere Waren ins Ausland ab.

Längst hat sich der Schäferhundverein von diesen Rückschlägen erholt. Heute ist er mit über 100000 Mitgliedern der größte Rassehundzuchtverein der Welt. Und auch im Verband für das Deutsche Hundewesen (VDH) führen die Schäferhundleute hinter den Kulissen das Kommando. Nach »Hektor Linksrhein« des Rittmeisters von Stephanitz wurden bisher 1,6 Millionen Schäferhunde ins Zuchtbuch eingetragen. Jährlich kommen etwa 30000 dazu.

Der Verein verschickt eine Flut von Broschüren an seine 2000 Ortsgruppen, in denen der Schäferhund gepriesen wird: »Der anerkannt beste Gebrauchshund der Welt: Das ist der deutsche Schäferhund... made in Germany – ein Gütezeichen für unsere Hunde, ein gestern wie heute gültiges Qualitätssiegel... der Schäferhund, die Krone der deutschen Kynologie.«

Da ist sicher viel dran. Der Schäferhund ist zum Beamten unter den Hunden geworden. Er leistet Beachtliches im Dienst von Polizei, Bundeswehr, Bundesgrenzschutz, Zoll. Hilft als Sanitätshund, Lawinenhund und Blindenhund überall auf der Welt.

Doch das ist nur die eine Seite der Medaille. Bei vielen hat gerade der Schäferhund das negativste Image aller Hunde. Erst kürzlich wurde er wieder in einer Zeitschrift als das »deutsche Mistviech« beschimpft, als »Haifisch zu Lande«.

Diese Polemik gegen den Hund ist nicht gerecht. Sie sollte sich vielmehr gegen so manche Schäferhundbesitzer richten, die ihre Tiere mißbrauchen. Der Schäferhund kann sich seinen Herrn nicht aussuchen. Er wird von Menschen gegen Menschen gehetzt. Er mußte die Konzentrationslager bewachen, wird an der Zonengrenze an langen Laufketten gehalten, um Fluchtversuche zu vereiteln, und er sorgt für Ruhe und Ordnung unter den Schwarzen in den südafrikanischen Diamantenminen. Selbst noch am Ussuri, dem Grenzfluß zwischen China und Rußland, werden deutsche Schäferhunde als Wachhunde eingesetzt. Adolf Hitler liebte ihn und auch heute manch kleiner Machtbesessener, der ihn als Ventil für seine aufgestauten Aggressionen benutzt.

Im Propagandamaterial seines Vereins heißt es auch: »An seinen Taten sollt ihr ihn erkennen.« Die sind leider nicht immer rühmlich. Zwar haben Schäferhunde vielen Menschen das Leben gerettet, aber sie haben auch schon Menschen umgebracht. Zu sehr wird auf Schärfe und Gehorsam gezüchtet, eine gefährliche Mischung. Der Typ des Angstbeißers ist entstanden, Hunde, die schwache Nerven haben und nur zupacken, weil sie sich fürchten. Sonst nicht zimperliche Tierärzte beklagen sich: »Schäferhunde werden für uns immer mehr zum Problem. Es gibt unter ihnen zu viele Nervenbündel und Angstbeißer. Oft können wir sie nur noch behandeln, wenn wir sie vorher mit dem Blasrohr oder der Narkosepistole betäubt haben.« Oder es heißt gar: »Hinten wedeln sie mit dem Schwanz, vorne beißen sie einen.«

Aber das ist noch nicht alles. Den Rittmeister von Stephanitz würde sicher der Schlag treffen, kämen ihm heute seine geliebten Schäferhunde unter die Augen. Mit dem Oldtimer »Hektor Linksrhein« haben sie nicht mehr viel Ähnlichkeit. Der war noch fast quadratisch mit gerade verlaufender Rückenlinie und steiler Hinterhand, so wie wir es auch vom Wolf kennen. Der »moderne« Schäferhund dagegen hat von den Hundedesignern ein Fließheck verpaßt bekommen. Seine Rückenlinie fällt steil nach hinten ab, die Hintergliedmaßen sind stark gewinkelt. Das alles gibt dem Tier einen merkwürdig schleichenden Gang.

Mit der Rückenlinie wird ein ähnlicher Kult betrieben, wie ihn ein Sexstar mit seinen Kurven treibt. Wenn man einen stolzen Züchter mit seinem Schäferhund fotografieren will, plaziert er das Tier garantiert an einem Hang, damit sein Hund vorne möglichst hoch, hinten möglichst flach wirkt.

Um diese modische Linienführung, vom Schäferhundverein lange als »harmonisch« empfunden, hat es schon viel Disharmonie gegeben. Kritiker sprechen von »Überwinkelung« und verdächtigen den hinten übertrieben flachen Schäferhund zunehmender Lendenlahmheit. Ob die Hüftgelenksdysplasie, von der der Schäferhund schlimm befallen ist, allerdings etwas mit dem neuen Design zu tun hat, ist bisher noch nicht bewiesen.

Ich habe mich mit Schäfern über den Hund unterhalten, der einmal der ihre war. Sie haben ihn längst abgeschrieben und nehmen lieber wendige kleine Bastardhunde zum Herdenhüten, weil der Schäferhund, wie er heute gezüchtet wird, bei dieser harten Arbeit schlappmachen würde.

Ein Schäferhund ist der Schäferhund also schon lange nicht mehr. Und auch der Germanenhund, von dem Stephanitz zeit seines Lebens träumte, ist physisch heute oft eher ein Schrumpfgermane. Eine allzu enge Zucht (Rüden dürfen bis zu sechzigmal im Jahr decken) hat ihn angekränkelt.

Gott sei Dank sind in seinem Verein in den letzten Jahren besonnene Leute ans Ruder gekommen. Sie haben viel Geld in Aufklärungsarbeit gesteckt und propagieren eine vernünftige Zucht und verständnisvolleren Umgang mit dem Schäfer. Doch die Basis ist nur schwer zu knacken. Immer noch ist es Schicksal des Schäferhundes, daß gerade er allzuoft in die falschen Hände gerät. Dort wird er geduckt und gleichzeitig scharfgemacht. Dann tritt ein, was man das »Radfahrersyndrom« nennt: nach oben buckeln, nach unten treten. Seine Opfer sind kleinere Hunde, die er zerreißt, oder Kinder, die er anfällt. Hundekenner fordern für ihn bereits einen Waffenschein.

Schon Rittmeister von Stephanitz hatte vor fast hundert Jahren vor einer falschen Haltung seiner Hunde gewarnt: »Wird der Schäferhund im Zwinger gehalten, dann verkommt er nicht bloß körperlich, wird steif, ungelenkig und träge, er geht dort auch geistig zugrunde, verliert Mut und Schneid. Solche zwingerscheuen Tiere sind keine Schäferhunde mehr, sondern entartete Geschöpfe.«

Heute ist der Schäferhund für viele nur noch ein Sportgerät. Man hält ihn eingesperrt im Zwinger, und nur am Mittwochnachmittag und an den Wochenenden kann er für kurze Zeit eine trügerische Freiheit auf dem Hundeplatz genießen. Hier kann man dann beobachten, wie meist unerfreuliche Zeitgenossen, die selbst im Leben zu kurz gekommen sind und Sehnsucht nach einem starken Hund haben, ihre Vierbeiner mannscharf machen. Sie werden auf den Figuranten gehetzt, eine Art Watschenmann, der in einem dickgepolsterten Schutzanzug steckt.

Und wehe der Hund beißt nicht. Dann droht ihm ein schlimmes Schicksal. Er wird von Hand zu Hand weitergegeben, oder man läßt ihn lieber gleich »in die Spritze springen«, wie das Töten von Hunden in diesen Kreisen so salopp heißt. Das Ganze läuft dann auch noch unter dem Oberbegriff »Hundesport«.

Ich habe nichts dagegen, wenn man mit seinem Hund auf dem Abrichteplatz Erziehungsübungen macht oder ihn in der Fährtenarbeit trainiert. Aber die Volksbewegung der Beiß- und Hetzfanatiker, die in keinem anderen Land der Welt so verbreitet ist wie bei uns, muß endlich gestoppt werden. Zu viele Neurotiker üben hier ihren hemmungslosen Machttrieb aus, der für die Umwelt immer mehr zur Bedrohung wird. Deshalb sollte das Scharfmachen von Hunden nur noch für die Diensthunde der Polizei oder anderer Behörden erlaubt sein. Niemandem sonst sollte erlaubt sein, sich auf eigene Faust eine so unberechenbare, vierbeinige Waffe anzuschaffen. Viel Hoffnung, daß diese Forderung erfüllt wird, habe ich allerdings nicht. Dafür hat unser deutscher Nationalhund auch in Bonn eine viel zu starke Lobby. Schließlich war auch Bundeskanzler Kohl früher einmal Schäferhundbesitzer. Und auch prominente Wissenschaftler, wie zum Beispiel der Verhaltensforscher und Nobelpreisträger Konrad Lorenz, haben beim Thema Schäferhund lange resigniert: »Was wollen S' erwarten von einem Viech, das seit hundert Jahren auf Aggressionen hingezüchtet wird?«

Vielleicht sollten wirkliche Tierfreunde eine Bürgerinitiative zur Befreiung des deutschen Schäferhundes gründen und sein militantes Umfeld unterwandern. Der Hund hätte es bestimmt verdient, in verständnisvolle Hände zu kommen. Runter vom Exerzierplatz und dahin, wo man in ihm ein ganz normales Haustier sieht und nicht nur Befehlsempfänger und Beißwerkzeug. Dabei muß es ja nicht gleich so schwülstig zugehen, wie es Rittmeister von Stephanitz formuliert hat, der diesen Hund einst von den Schäfern holte und in eine traurige Karriere hetzte: »Für den heutigen Menschen, namentlich den landabgeschnittenen Städter, ist die Liebe zum Hund ein greifbarer Ausbruch unserer ewigen Erbsehnsucht zur Urheimat Natur, die letzte Gefühlsbrücke zur Mutter Erde, die den meisten verblieben.«

Dobermann

Schulterhöhe: bis 70 cm. *Gewicht:* im Standard nicht angegeben, dürfte bei 30 kg liegen. *Farbe:* schwarz, tabakbraun oder blau mit rostrotem Brand, dessen Plätze im Standard lächerlich genau festgelegt sind. Haare kurz, hart und dicht. *Welpenpreis:* 1500 DM bis 2500 DM. *Gezüchtete Hunde pro Jahr:* 1015.

Typische Krankheiten: Wesensschwäche, Neigung zu Ängstlichkeit, Pseudobluter,

Mikrophthalmus, Neigung zu Allergien, Ellenbogengelenksdysplasie, Epolitiden, Hüftgelenksdysplasie, Schilddrüsenunterfunktion, Löwenkiefer, zervikale Myelopathie, Demodikose, Narkolepsie, blaues Dobermannsyndrom.

Eine bildschöne, elegante Erscheinung mit faszinierend-kraftvollen Bewegungsabläufen, ein Gentleman unter den Hunden.
Und wie es manchmal so ist mit den feinen Herren, ist seine Herkunft weniger fein: Um 1860 begann der Abdecker Dobermann aus Apolda gemeinsam mit einem Turmwärter und einem Fluraufseher einen scharfen Hund zu züchten, der Haus und Hof von »Gesindel« freihalten sollte. Bis 1900 wurden dann die verschiedensten Hunde eingezüchtet: Greyhound, Manchester Terrier, Pinscher, Jagdhunde und die Deutsche Dogge. So sagt man. 1922 wurde dann – wie könnte es anders sein – ein Verein gegründet, und der Dobermannverein brachte die Zucht dann in feste und straffe Bahnen, wie sich das für einen deutschen Hund gehört, der schon um die Jahrhundertwende in ganz Thüringen als »Gendarmenhund« bekannt war und folgerichtig heute zu den sieben Gebrauchshundrassen gehört.
Ein sehr motorischer, für seine Größe unglaublich beweglicher Hund, von hoher Intelligenz und raschem Auffassungsvermögen. Das ist gut. Seine Wachheit und seine Kondition lassen ihn blitzschnell reagieren. Das ist manchmal schlecht.
Zur Nervosität neigend, gehört er in die Hand besonnener, erfahrener Hundehalter, die beruhigend auf ihn einwirken und auf keinen Fall irgend etwas unternehmen, die sogenannte »Schärfe« zu testen. Abwiegeln ist beim Dobermann die Devise. Dann kann er ein heiterer, verspielter, freundlicher Bursche sein, mit jedermann und jederhund gut Freund und mit einem *enormen* Bewegungsbedürfnis, das kann hier nicht nachdrücklich genug gesagt werden.
So soll man ihn sehen, halten, und *nur* so kann man ihn akzeptieren. Charakterlich verdorben und aus dem Ruder gelaufen, wird er zur unberechenbaren Bedrohung.

Englischer Bulldog

Schulterhöhe: etwa 40 cm. *Gewicht:* 24 kg. *Farbe:* alle erlaubt, bis auf schwarz. Haar glatt, kurz, fein, anliegend. Vorbeißer. Braucht wenig Pflege, bis auf die »Kontrolle und Wartung« der Falten. *Welpenpreis:* etwa 2000 DM. *Gezüchtete Hunde pro Jahr:* 81.
Typische Krankheiten: Wasserkopf, Ektropium, Entropium, Wimpernmißbildungen, Knopfrute, Hüftgelenksdysplasie, Kniebeschwerden, Schulterbeschwerden, Ellenbogenbeschwerden, Keilwirbelbildung, zu langer, weicher Gaumen, Hautentzündungen (besonders in Falten und zwischen den Zehen), Herz- und Gefäßmißbildungen sowie -erkrankungen, Rektum-, Harnwegfistel, zu kleiner Augapfel.

Zwei Zitate zu Beginn. Zunächst ein gewisser Dr. Cains, 1576: »Benutzt wird er für den Fuchs und Dachs, zum Treiben von wilden und zahmen Schweinen, wenn erforderlich, den Bull bei den Ohren zu beißen und festzuhalten. In seiner Art eine Dogge von Mut, Heftigkeit und Tapferkeit, fürchtet sich vor keinem Menschen, und zwar so wenig, daß keine Waffe ihn erschauern noch von seiner Kühnheit abhalten wird.«
Und ein gewisser Mister Lee, um die Jahrhundertwende: »Von einem beweglichen Hund, der imstande war, einen Bullen bei der Nase zu packen und festzuhalten, war er zu einem Tier geworden, welches in einen Badeort zum Training muß, um imstande zu sein, 4 Meilen (6,4 Kilometer) in der Stunde zurückzulegen.«
Als die Bulldogs für das perverse Vergnügen des William Earl Warren (1199–1216) herhalten mußten, indem sie wilde Bullen an der empfindlichen Nase packten, bis die

)obermann △ ▽ Englischer Bulldog

aufgaben, da mußten es notabene gesunde, schnelle, sehr bewegliche Hunde sein.
»Schon« 800 Jahre später hatten die Engländer es offensichtlich geschafft, ihren Nationalhund zu ruinieren. Und dabei ist es im großen und ganzen bis heute geblieben, trotz inzwischen angeblich stattgefundener Zivilisation, trotz Tierschutzgesetz, trotz so gewaltiger Institutionen wie der FCI. (Fédération Cynologique Internationale), der Kynologischen Weltorganisation, und unserem nationalen Pappkameraden VDH. Aus dem hochbeweglichen Muskelprotz mit blitzschnellem Reaktionsvermögen haben menschliche Dummheit und die manische Sucht nach Außergewöhnlichem einen häßlichen, keuchenden Koloß mit riesigem Kopf und übergroßem Brustkorb gemacht, der von viel zu kurzen Beinen mühselig schwankend fortbewegt wird: eine Kapitulationserklärung aller Verbände und Vereine, die vorgeben, für das körperliche Wohlbefinden der Hunde Sorge zu tragen, die vorgeben, Gesundheit, Fertilität und Kondition seien die erklärte Conditio sine qua non für alle Bewerber auf großen und kleinen Ausstellungen.
Der heutige Bulldog ist ein Musterbeispiel für die Blindheit von Züchtern und Käufern gleichermaßen. So, wie man ihn auf diesen »Shows« zu sehen bekommt, ist er häufig nur noch die bösartige Karikatur eines Hundes, größtenteils unfähig, sich ohne Hilfe fortzupflanzen.
Der Standard allerdings, das regulative Maß aller Dinge, beschreibt einen ganz anderen Hund als den, der immer wieder ächzend, aber zum Sieger erklärt, im Ring herumschwankt. Dieser imaginäre Standardbulldog wird – und ich nenne nur diesen einen Punkt – von Anfang an auf das Idealgewicht von 25 Kilogramm festgelegt. Wie ist es denn nun bloß möglich, daß Bulldogs prämiiert werden, die fast das Doppelte auf die Waage bringen? Welche Richter sind das, die derartige Fehlurteile wagen, was für Un-Zuchtverbände tolerieren solche Richter?
Da ich die Hunde dieser Rasse ihrer ursprünglichen großen Veranlagung wegen liebe, machte ich mich auf die Suche und fand einen Züchter, der es sich in den Kopf gesetzt hatte, gesunde Hunde zu züchten. Von ihm erfuhr ich, daß es noch einige wenige Bulldogliebhaber außer ihm gibt, die mit ihm an einem Strang ziehen. Von ihm besitze ich jetzt, nach sorgfältiger Zuchtauswahl ausschließlich auf Gesundheit und Kondition – was dasselbe sein sollte –, einen Bulldog, der die oben angeführten rassetypischen Krankheiten alle *nicht* hat. Auf Ausstellungen allerdings werde ich nicht die geringsten Chancen mit ihm haben. Dieser Hund wird also keine Gelegenheit bekommen, seine Anlagen zu vererben.
Er ist gesund, schön, 25 Kilogramm schwer und entspricht auch in allen anderen wesentlichen Punkten dem Standard.

English-Setter → Setter

Eurasier

Schulterhöhe: Rüden: 52 cm bis 60 cm. Hündinnen: 48 cm bis 56 cm. *Gewicht:* Rüden: 23 kg bis 32 kg. Hündinnen: 18 kg bis 26 kg. *Farbe:* rot bis falb, wolfsgrau, schwarz und schwarz mit abgegrenzten andersfarbigen Abzeichen über den Augen, an den Unterpartien bis Ellenbogen, bzw. am Sprunggelenk der Läufe, sowie an den Hosen und an der Rute. Sollte einmal wöchentlich gründlich gebürstet werden, erst mit breitzahnigem Kamm, dann mit rauher Bürste. *Welpenpreis:* 900 DM. *Gezüchtete Hunde pro Jahr:* 409.
Typische Krankheiten: Knieerkrankungen, Hüftgelenksdysplasie, Wesensfehler (ängstlich).

Der Traumhund von Julius Wipfel war immer ein Schlittenhund gewesen. Gleich nach dem Zweiten Weltkrieg kam einer zu ihm ins Haus, nach Weinheim an der Bergstraße. Der Hund war das Maskottchen kanadischer Soldaten, die ihn zurückgelassen hatten, als sie nach Hause fuhren. Zur Familie Wipfel war der Hund freundlich, sonst aber nicht problemlos. Wipfel erinnert sich: »Heulen bei jedem Mondschein, sofortiges Umbringen jedes anderen kleinen Haustieres und mit der Zeit ein unbändiges und gefährliches Benehmen allen fremden Menschen gegenüber.«

Nach dem Kanadier kam die Wolfsspitzhündin Bella ins Haus. Die war wesentlich einfacher zu halten, und Wipfel züchtete mit ihr einige Würfe. Er begann sich intensiv mit Genetik und Zuchtfragen zu beschäftigen. Und dann packte ihn auf einmal der Ehrgeiz, sich einen Hund ganz nach eigenen Vorstellungen zu züchten. Zusammen mit einigen anderen Hundefreunden versuchte er zuerst, den Wolfsspitz mit dem Chow-Chow zu kreuzen.

Den Wolfsspitz schätzte er als gesunden Hund mit guter Zuchtleistung und geringem Hang zum Wildern. Sein Nachteil war die Bellfreudigkeit und eine zu starke Behaarung. Dazu tat er den Chow-Chow, ebenfalls ein spitzartiger Hund, zu dessen Vorfahren aber auch die Tibet-Dogge gehört haben dürfte. Der asiatische Chow-Chow ist ziemlich introvertiert und schließt sich gerne nur einem Menschen an. Seine Fruchtbarkeit ist geringer als die des Wolfsspitzes, und er ist insgesamt eigenwilliger.

Am Anfang wurden nur Wolfsspitzhündinnen mit Chow-Chow-Rüden gepaart. Die Welpen aus dieser Kombinationszucht nannte Wipfel »Wolfs-Chow«. Zur Erzüchtung der dritten Generation wurde der typischste Rüde der zweiten Generation als Deckrüde für alle Hündinnen eingesetzt. Das machte die Zuchtbasis sehr schmal. Deshalb paarte man nun genau andersherum und benutzte einen Wolfsspitzrüden für eine Chow-Chow-Hündin.

Um den Wolf-Chow endgültig zu stabilisieren, kreuzte man schließlich noch eine dritte Rasse ein: den Samojeden, einen weißen Schlittenhund. Jetzt wurde der Wolf-Chow in Eurasier umgetauft, was die Verbindung europäischer und asiatischer Hunde symbolisieren soll. 1973 wurde der Eurasier offiziell anerkannt und ist damit die jüngste deutsche Hunderasse.

So einfach, wie das hier aufgeschrieben ist, muß die Zucht der neuen Rasse indessen nicht gewesen sein. Julius Wipfel schreibt in seinem Eurasier-Buch: »Neid, Mißgunst, Besserwisserei kamen mir entgegen.« Aber er selbst ist sicher auch kein einfacher Zeitgenosse, wacht eifersüchtig darüber, daß einzig er als der Vater des Eurasiers gilt, der Hund sein »alleiniges Gedankengut« ist. Längst hat er sich mit denen, die ihm geholfen haben, überworfen. Und gerade ist Wipfel, inzwischen über siebzig Jahre alt, mal wieder aus dem »Eurasier-Klub« ausgetreten.

Menschliche Profilierungssucht hat der jungen Hunderasse auf jeden Fall Schaden zugefügt. Zeitweilig waren die Eurasier-Freunde, darunter auch die Züchter der ersten Stunde, untereinander so zerstritten, daß man in drei verschiedenen Klubs streng getrennt vor sich hinzüchtete. Für eine Rasse mit einer so schmalen Zuchtbasis, die ohnehin Probleme mit der Hüftgelenksdysplasie hatte und mit Augenkrankheiten, war das eine Katastrophe. Gott sei Dank ist man in letzter Zeit zur Vernunft gekommen und befindet sich auf dem Wege der Einigung – zum Wohle des Hundes.

Der Eurasier wird oft als »idealer Haushund« angepriesen. Doch so einfach ist das nicht. Er ist kein Anfängerhund und nicht so robust wie der Wolfsspitz. Er ist sehr sensibel, und seine Besitzer müssen intensiv auf ihn eingehen. Die Hündinnen sind mit eineinhalb Jahren ausgereift, während es beim Rüden etwa bis zum dritten Lebensjahr dauert.

Es ist übrigens gar nicht so einfach, Besitzer eines Eurasiers zu werden. Vor dem Kauf wird der Interessent von der Welpen-

Eurasier △ ▽ Fila Brasilier

vermittlung zu einer Familie mit Eurasiern geschickt. Dort soll er den Hund erst einmal kennenlernen. Danach kommt er auf eine Warteliste, und meistens ist es erst nach einem Jahr soweit, daß er sich einen Welpen holen kann. So will man Spontankäufe vermeiden, und tatsächlich wird der Eurasier im Tierheim auch nicht gesichtet. Leider nutzen geschäftstüchtige Hundehändler inzwischen den knappen Markt aus und machen mit allen möglichen spitzartigen Hunden, die sie teuer als echte Eurasier verkaufen, ein glänzendes Geschäft. Deshalb sollte man den Eurasier nur über einen der drei Klubs kaufen, die dem Verband für das Deutsche Hundewesen (VDH) angeschlossen sind.

Fila Brasiliero

Schulterhöhe: mindestens 70 cm. *Gewicht:* mindestens 60 kg. *Farbe:* alle erlaubt. Haar dicht, weich und kurz. *Welpenpreis:* 2000 DM bis 2500 DM. *Gezüchtete Hunde pro Jahr:* 79.
Typische Krankheit: gesteigerte Aggressivität.

Ein schöner, ein respektabler Hund, dessen leichte, für einen Hund seiner Gewichtsklasse tänzerische Gangart auffällt. (Paßgang kommt vor und ist erlaubt.)
Entstanden ist die heutige Form vermutlich, als die Portugiesen und Spanier bei der Eroberung und Vernichtung des damaligen Südamerika Doggen, Jagdhunde und Bloodhounds mit in die Neue Welt brachten und untereinander kreuzten.
Schließlich wurde er zum unbestechlichen Wächter und Hüter der Herden auf den riesigen brasilianischen Haziendas. Er lebte dort in einer Welt, in der alles Fremde feindlich, jeder Fremde ein Feind ist.
Und so ist der Fila jederzeit bereit, Besitz und Leben seiner Familie unter Einsatz seines eigenen zu verteidigen. Ohne Pardon, ohne »einengende« Gesetze. Eine tödliche Waffe für ein Land und in einer Gesellschaft, die archaisch genug ist zu glauben, daß man darauf nicht verzichten könne.
Irgendein Narr brachte diesen Wilden nach Europa. Ich zitiere mal wieder den Standard, einmalig in seiner Art: Unter Wesen und Charakter: »Aggressiv gegen Fremde.« Und ein paar Zeilen weiter: »Seine ausgeprägte Aggressivität Fremden gegenüber erschwert das Vorführen dieser Rasse auf Ausstellungen, ja, macht diese gelegentlich sogar unmöglich.«
Reicht das? Das reicht. (Bis zum Erscheinen des Buchs wird dieser Passus im Standard vielleicht geändert werden. Aber wer ändert den Hund?)
Ich wollte es genauer wissen und sprach Fila-Besitzer an. Was glauben Sie wohl, wer sich hierzulande einen solchen Hund zulegt? Mit paranoischem Glanz in den Augen erzählte mir ein Fila-Halter, daß er seinen Hund eine Stunde am Hals aufgehängt habe (wegen Ungehorsams) – und daß dies die Art sei, wie man mit dieser Rasse verfahren müsse. Da ich es längst aufgegeben habe, an die Vernunft der Zuständigen zu appellieren – selbstverständlich ließe sich auch dieser Hund durch sorgfältige Zuchtauswahl zur Friedfertigkeit manipulieren –, trete ich entschieden dafür ein, diese Rasse ohne Wenn und Aber zu verbieten. Wir hier haben unseren eigenen Dschungel in den *Köpfen,* anachronistische Killerhunde haben uns gerade noch gefehlt.

Foxterrier

Schulterhöhe: Rüden: nicht über 39,4 cm. Die Maße der Hündin betragen etwa 2 cm weniger. *Gewicht:* Rüden: etwa 8 kg. Hündinnen: etwa 1 kg weniger. *Farbe:* weiß herrscht vor; gestromte, rote, leberfarbene, beim Drahthaar auch schieferblaue Abzeichen sind nicht zulässig, darüber hinaus aber spielt die Farbe nur eine geringe Rolle. *Welpenpreis:* 650 DM. *Gezüchtete glatthaarige Foxterrier pro Jahr:* 318. *Gezüchtete drahthaarige Foxterrier pro Jahr:* 1130. *Typische Krankheiten:* Linsenluxation, grüner Star, Trockenauge, Netzhauterkrankungen, Entropium, Allergiebereitschaft, Zuckerkrankheit, Epilepsie, Hauttumoren (gut- und bösartig), Herz- und Gefäßmißbildungen, Speiseröhrenerweiterung, Gliedmaßenverstümmelung, Rükkenmarkzerstörung, Perthes-Krankheit, dauerndes Muskelzittern, Kryptorchismus.

Der Foxterrier gehört zu den wenigen alten Terrierrassen. Schon vor 500 Jahren wurde er in alten Schriften erwähnt, damals allerdings nicht sehr schmeichelhaft. Er galt als zänkisch und bissig. Niemand aber bestritt sein meisterhaftes Talent im Abwürgen von Fuchs und Hasen. Später wurde er dann auch auf dem Pferd zur Jagd mitgenommen.
Im letzten Jahrhundert hat der Foxterrier einen unvergleichlichen Triumphzug von England aus um die ganze Welt angetreten. In Afrika, Indien, Australien und Amerika, überall erwarb er sich Ruhm als kleiner, zäher Fighter. Bei uns wurde schon 1889 der »Deutsche Foxterrier-Club« gegründet, und ein Jahr später auf einer Ausstellung in Berlin waren bereits 89 Foxterrier zu bewundern. Der Kynologe Richard Strebel schrieb damals: »Heute ist der Foxterrier eine der beliebtesten Rassen und hat bei uns Heimatrecht erworben.«
Anfangs war der glatthaarige Foxterrier viel populärer als der drahthaarige. Das kehrte sich jedoch sehr schnell um. Zwischen den beiden Weltkriegen und auch noch kurz danach war der Drahthaar-Fox ein Modehund. Bis zu 10000 Stück wurden pro Jahr in Deutschland fabriziert. Masse ging vor Rasse, und bald hatte der Foxl den Ruf eines nervösen Beißers und neurotischen Kläffers. Davon hat er sich bis heute nicht ganz erholt.
Der »Deutsche Foxterrier-Verband« hat für seinen Hund den Leitspruch aufgestellt: »Schön und scharf.« Immer wieder wird betont, daß es sich beim Fox um einen Jagdgebrauchshund handelt, und wenn man Broschüren über diese Terrier-Rasse liest, wird man mit tollstem Jägerlatein bekannt gemacht. Da heißt es: »Mentha wich 12 Jahre nicht von meiner Seite, bis sie, kurz nachdem sie ihren 96. Fuchs abgewürgt hatte, tot im Zwinger lag.« An anderer Stelle wird geschwärmt: »Daß ein Foxterrier sich am Fuchsbau Anerkennung holt, ist nichts Neues, aber daß solch ein Knirps auf der Spur des krankgeschossenen Hasen große Hunde beschämt und nach einer strammen Hetze sogar einen Winterhasen frei tragen lernt, das muß man gesehen haben, um es glauben zu können.«
Das also ist die scharfe Seite, die schöne lernt man am besten auf Ausstellungen kennen. Dort wird der Drahthaar-Fox mit Magnesia geweißelt und mit Haarspray zur Karikatur hergerichtet, wobei sein Schädel durch die übertriebene Frisur – vor allem am Bart – bald ebensolang wird wie alles, was noch hinten dran ist. Das gibt ihm ein etwas dekadentes Aussehen. Doch Axel Möhrke, selbst Foxterrierzüchter und Verbandsgeschäftsführer, sieht darin keinen Widerspruch zum Jagdhund-Image. Er sagt: »Sie gehen zu einer Festlichkeit ja auch anders als zum Sport.«
Nun ja, heute jedenfalls sind die meisten Foxterrier vor allem Haus- und Familienhunde. Dennoch scheint ihre Jagdleidenschaft unausrottbar. Es wird von Foxterriern berichtet, die, wenn sie auf der Straße eine Katze sehen, durch das geschlossene Doppelfenster aus dem ersten Stock springen. Wenn die Hunde diese Art von Unfällen überstehen, erweisen sie sich als sehr langlebig. Neben der Jagdleidenschaft ist auch ihre Rauflust mit anderen Hunden nicht ganz unproblematisch.
Mir ist der glatthaarige Foxterrier sympathischer, ist er doch nicht so ein Blender wie sein drahthaariger Bruder und war stets

von Modetorheiten verschont. Das hat diesem reellen Hund sicher sehr gutgetan.
Wer sich aber für den Drahthaar-Fox entscheidet, sollte ihn auf jeden Fall zweimal im Jahr fachgerecht trimmen lassen. Das ist nicht ganz billig, aber die achtzig Mark dafür sind gut angelegt. Foxl, die in den üblichen Hundesalons auf die schnelle zurechtgemacht werden – und davon sieht man viel zu viele –, sehen hinterher meistens aus wie gescheckte Pudel, und das empfindet ein echter Fox als ziemliche Beleidigung.
Ein Skandal übrigens ist das Foxterrier-Standardwerk, bearbeitet von dem schon erwähnten Axel Möhrke und erschienen unter dem Patronat des »Verbandes für das Deutsche Hundewesen«. Ausgerechnet dort werden gesetzeswidrige und widerwärtige Tips zum Töten von Welpen gegeben: »Wird der Krüppel oder Schwächling von einer beherzten Person und mit dem ganzen Körperchen auf den Steinfußboden geworfen, ist er blitzartig tot.« Da kann man sich nur mit Grausen abwenden und hoffen, daß dieses Buch eingestampft wird.

Französische Bulldogge

Schulterhöhe: etwa 35 cm. *Gewicht:* nicht über 14 kg. *Farbe:* »bringé« und »caille«, die über eine halbe Seite im Standard beschrieben werden. Ich würde sagen gestromt oder scheckig, schwarz, rötlich und weiß. Haare kurz, dicht und glänzend. *Welpenpreis:* zwischen 1500 und 1800 DM. *Gezüchtete Hunde pro Jahr:* 57.
Typische Krankheiten: Knopfrute, Gaumen-Rachen-Spalten, Keilwirbel, Hüftgelenksdysplasie, Taubheit (Schecken), Geburtsschwierigkeiten, Deckschwierigkeiten, epileptiforme Anfälle (besonders Schecken), zu langes Gaumensegel, Vielzahnigkeit, Wasserkopf, Herz- und Gefäßmißbildungen sowie -erkrankungen, Kieferfehlstellungen, Zahnfleischtumoren, Bandscheibenschäden, Bluterkrankheit, Knorpelmißbildungen im Wachstum, Ellenbogendysplasie, Tumorneigung.

Keine alte Rasse, 1898 als solche anerkannt. Im Standard steht der entschlossene Satz: »Gehört in die Nutzhundklasse.« Das ist vielleicht ein klein wenig liebevoll übertrieben, aber der kleine Hund ist wirklich nicht von Pappe und fürchtet sich wie sein englischer Vetter vor gar nichts. Im Gegensatz zu dem hat man dem »Französischen« einen beweglichen, trocken bemuskelten, verwendungsfähigen Körper gelassen. Ein drolliger, weil mimisch äußerst beweglicher Begleiter, der sich Fremden gegenüber eher ablehnend verhält. Ein »großer Hund im Kleinformat«. Sehr zu empfehlen, falls es gelingt, häufiger vorkommende charakterliche Defekte – unberechenbare, plötzliche Aggressivität – in den Griff zu bekommen, das heißt, durch sorgfältige Zuchtauswahl zu eliminieren.
Aber damit ist es leider nicht getan. Das »Französ-chen« ist eine Rasse, die ohne menschliche Dauerzuwendung ausgestorben wäre: Die Rüden sind zu 90 Prozent nicht fähig zu decken, ohne daß dem »Reiter aufs Roß geholfen« wird. Die Kaiserschnittrate liegt bei 70 Prozent. Der Einfachheit halber wird darüber in den einschlägigen Gazetten nicht mehr berichtet. Darauf haben sich die »Verantwortlichen« des zuständigen Clubs geeinigt. Das entspricht der Pose des Kleinkinds, das die Hände vors Gesicht hält, der Meinung, jetzt sei es unsichtbar.
Zusammen mit der unerschüttert erhobenen Forderung nach großen und noch größeren Köpfen für die »Bullys« ist ein solches Verhalten eine Schweinerei. Dieser stämmige kleine Mann hätte weiß Gott Besseres verdient.

Foxterrier (Drahthaarfoxterrier) △

▽ Französische Bulldogg

Glen of Imaal Terrier

Schulterhöhe: 35 cm bis 36 cm. *Gewicht:* Zwar stehen im Standard 16 kg, die werden aber nicht selten weit überschritten. Tatsächlich wiegen viele Hunde das Doppelte. *Farbe:* blau, blau gestromt, weizenfarben gestromt oder weizenfarben mit roten Haarspitzen. Soll zweimal jährlich mit dem Messer getrimmt werden. *Welpenpreis:* 1000 DM. *Gezüchtete Hunde pro Jahr:* 10. *Typische Krankheiten:* nichts bekannt.

Der Glen of Imaal Terrier stammt aus dem Tal (Glen of Imaal) an der Ostküste Irlands. Bereits 1575 erwähnt, wurde die Rasse international erst 1981 anerkannt. Der Glen, wie er genannt wird, wurde vorwiegend von armen Bauern gehalten. Für sie mußte er den Hof bewachen und Ratten und Mäuse vertreiben. Samstags nachts setzten sie den Glen auch oft bei Hundekämpfen ein. Es wird deshalb vermutet, daß einst der Bulldog in ihn eingekreuzt wurde. Die Kampflust hat er sich bis heute bewahrt. Wenn man nicht aufpaßt, kann er ein übler Raufer sein. Optisch sieht der Glen für mich ein bißchen kurios aus. Eigentlich ist er ein großer Hund auf kurzen Läufen. Die Vorderläufe sind zudem noch recht stark gebogen mit nach auswärts gerichteten Pfoten. Einen durchgezüchteten Eindruck macht die Rasse nicht. Aber vielleicht liegt darin ihre Stärke. Liebhaber des Glens preisen ihn als Naturburschen und schwärmen von seiner Intelligenz.

Golden Retriever

Schulterhöhe: Rüden: 56 cm bis 61 cm. Hündinnen: 51 cm bis 56 cm. *Gewicht:* Rüden: 32 kg bis 37 kg. Hündinnen: 27 kg bis 32 kg. *Farbe:* alle Schattierungen von gold bis creme, aber weder rot noch braun (Mahagoni). Einige weiße Haare an der Brust werden toleriert. *Welpenpreis:* 1500 DM. *Gezüchtete Hunde pro Jahr:* 457. *Typische Krankheiten:* Knorpeldefekte im Wachstum, Ellenbogendysplasie, Hüftgelenksdysplasie, Bluterkrankheit, Schilddrüsenunterfunktion, Entzündungen des äußeren Gehörgangs, Linsentrübung, fortschreitender Schwund der Netzhaut führt zur Erblindung (PRA).

Lange Zeit hieß es, daß der Golden Retriever von einer Gruppe russischer Zirkushunde abstamme, die im letzten Jahrhundert durch England reiste. Die Golden-Retriever-Freunde können beruhigt sein, in seinen Adern fließt kein Zirkusblut. Mittlerweile wurden die Zwingerbücher des Lord Tweedmouth gefunden, der als Vater der Rasse gilt. Aus seinen Aufzeichnungen geht hervor, daß er 1868 einen gelben Retriever mit welligem Fell mit dem sehr seltenen Tweed-Water-Spaniel paarte, der in wenigen Exemplaren im Grenzgebiet zwischen Schottland und England zu finden war. Der Lord züchtete sorgfältig weiter, zog auch einen Irish-Setter und einen sandfarbenen Bloodhound hinzu. 1913 wurde der Golden Retriever als Rasse anerkannt.
Auch der Golden Retriever ist ein leidenschaftlicher Schwimmer und wird wie alle Retriever-Rassen gerne zur Wasserjagd genommen. Als Familienhund ist er inzwischen noch beliebter als der Labrador, weil sein goldgelocktes Fell ihn vor allem für Frauchen und Kinder kuscheliger erscheinen läßt. Die meisten Retriever sind sehr sanfte Hunde. Raufer und Beißer findet man nur selten unter ihnen. Wie beim Labrador haben sich auch beim Golden Retriever Hundehändler der Rasse bemächtigt. Deshalb sollte man einen Golden Retriever nur mit VDH-Papieren kaufen.
Zu ihm und zum Labrador Retriever gehören noch einige andere Retriever-Arten, die bei uns aber sehr selten sind: Flat-Coated Retriever, Curly-Coated Retriever, Chesapeake Bay Retriever, Novo Scotia Duck Tolling Retriever.

Gordon-Setter → Setter

Greyhound

Schulterhöhe: Rüden: 71 cm bis 76 cm. Hündinnen: 68,5 cm bis 71 cm. *Farbe:* schwarz, weiß, rot, blau, rehbraun, gelbbraun, gestromt oder alle Farben mit weißen Abzeichen. Einfach zu pflegen. Das kurze Fell wird ab und zu mit einem Noppenhandschuh gebürstet. *Welpenpreis:* 1200 DM bis 1500 DM. *Gezüchtete Hunde pro Jahr:* 80.
Krankheiten: Kahnbeinfraktur, Greyhound-Krampf, chronische Mandelentzündungen, Bluterkrankheit, Unvermögen koordinierter Bewegungen, Ellenbogendysplasie, Farbaufhellungskrankheit, Kryptorchismus.

Der Greyhound ist die Formel I unter den Windhunden, der schnellste Renner. Er erreicht eine Höchstgeschwindigkeit von etwa 60 Stundenkilometern. Es ist wirklich ein Erlebnis, ihn beim Laufen zu beobachten. Im Zuchtbuch des »Allgemeinen Deutschen Windhundklubs« wird das 1931 so beschrieben: »Sein anatomischer Bau verrät in allen Teilen den geborenen Renner. In dem gewaltigen Brustkorb wohnt eine große Lunge, die ihm so erstaunliche Ausdauer beim Hetzen ermöglicht. Der schmale, langgezogene Kopf durchschneidet im Rennen wie ein Pfeil die Luft; die kleinen hochangesetzten Ohren sind zum besseren Lauschen halb aufgestellt, um jedoch der Luft wenig Widerstand zu leisten, in der Hälfte abgebogen und beim Rennen fest angelegt.
Die stämmige Vorderhand ist zum Abfangen des Sprunges stramm aufgestellt, während die stark bemuskelte Hinterhand mit scharfer Winkelung wie eine Sprungfeder geartet ist. Der sehnig gespannte, balkenartige Rücken verleiht dem Greyhound die Kraft, ohne besondere Anstrengung über zwei Meter hohe Hindernisse oder fünf Meter breite Gräben zu setzen und die ganze Wucht des eisernen Körpers zu regieren.
Eine ganz besondere Ausrüstung und Orientierungsgabe besitzt der Greyhound in seinen äußerst scharfen Augen, die ihn ein entdecktes Wild nicht mehr so leicht verlieren läßt. Wehe dir, Meister Lampe, wenn du nicht schnell im Dickicht verschwinden kannst, auf offener Flur sind alle Zick-Zack-Künste vergebens, sobald dir wie ein brausender Sturm der Greyhound auf den Fersen sitzt.«
Der Greyhound hat eine jahrtausendealte Geschichte. Seine Vorfahren dürften ägyptische Windhunde gewesen sein. Wahrscheinlich wurde er von den Kelten im 5. und 6. Jahrhundert vor Christi Geburt mit auf die Britischen Inseln gebracht, die bis heute seine eigentliche Heimat geblieben sind. Selbst Shakespeare konnte an diesem Windhund nicht vorbei. Bei ihm heißt es: »Meine Greyhounds sind ebenso schnell wie die unermüdlichen Hirsche und in der Tat flinker als das Reh.«
1776 gründete Lord Oxford den ersten Hunderennclub der Welt. In der Folgezeit wurde der Greyhound zum Professional. Heute zieht das Windhundrennen in Großbritannien nach dem Fußball die größten Massen an. Während sich die »Upper class« beim Pferderennen in Ascot ergötzt, geht der einfache Mann zum Hunderennen. Als die Bergarbeiter im Winter 1973/74 streikten und ganz England im Dunkeln lag, ließ man einzig auf den Hunderennplätzen das Licht nicht ausgehen. Zu den großen Windhund-Derbys im berühmten Londoner White City Stadion kommen über 30000 Zuschauer. Jüngst wurde vor dem Finale ein Champion aus Irland von einem irischen Priester mit original irischem Quellwasser gesegnet. Der Besitzer des Siegers erhielt für den Derby-Erfolg sage und schreibe 75000 Mark.
Die Leidenschaft des Engländers ist das Wetten. Bei den Windhundrennen beträgt der Wettumsatz mittlerweile jährlich über

zwei Milliarden Mark. Den Hunden ist das große Geschäft schlecht bekommen. Sie sollen für ihren Eigentümer möglichst schnell Geld bringen und werden oft schon trainiert, wenn sie noch viel zu jung sind. Durch zu viele Rennen überfordert, sind viele schon mit vier oder fünf Jahren am Ende, oder sie ziehen sich beim Rennen Knochenbrüche und Muskelrisse zu. Ein Hund aber, der keinen Sieg mehr erringt, ist in vielen Fällen zum Tode verurteilt. Ehrgeizige Hundebesitzer, die um jeden Preis siegen wollen, steigern die Rennleistung ihrer Tiere mit Stimulantien, und manche scheuen nicht einmal davor zurück, die Konkurrenz zu vergiften.

In der Bundesrepublik gibt es solche Auswüchse nicht. Geldwetten bei Hunderennen sind verboten, und der Greyhound ist ein lupenreiner Amateur geblieben. Hier, bei uns, sammelt der Sieger lediglich Pokale ein. Auf jeden Fall aber sollte man mit diesem geborenen Sprinter zum Renntraining gehen. Dort jagt er hinter einem künstlichen Hasen her, sehr zum Ärger mancher Windhundbesitzer, die von den guten alten Zeiten schwärmen, als der Hase noch lebendig war.

Der falsche Hase bewegt sich im Rennen etwa fünfzehn Meter vor den Hunden auf der Bahn und wird an einer Schnur über Rollen von einer »Hasenmaschine« gezogen. Die Länge der Rennstrecke beträgt zwischen 300 und 900 Meter. Beim Rennen tragen die Hunde verschiedenfarbige Decken mit Nummern darauf. Um Beißereien zu verhindern, wird ihnen außerdem ein Maulkorb angelegt. Rennverlauf und Ergebnisse werden mit elektronischer Zeitmessung, Zielfotografie und Videoanlage kontrolliert. Zusätzlich fungieren vier Bahnbeobachter als Schiedsrichter. Behindert ein Hund Konkurrenten, wird er disqualifiziert.

Im Gegensatz zu seinen orientalischen Windhundverwandten ist der Greyhound problemlos zu halten und relativ leicht zu erziehen. Man kann ihn auch mal ohne Leine laufen lassen, ohne daß es gleich zu einer Katastrophe kommt. Er sucht engen Familienanschluß und ist zu Hause liebevoll und anschmiegsam.

Für Fußkranke allerdings ist der Greyhound nichts. Sie werden aber sicher auch schon von einem gutgemeinten Ratschlag des Windhundklubs abgeschreckt: »Mit dem Greyhound können Sie ruhig fünf bis sechs Stunden am Tag spazierengehen, damit machen Sie ihm eine Freude.«

Manchmal scheint es, als sei der Greyhound zu schnell gezüchtet worden für sein Skelett. Wie die menschlichen Sprintstars ist er vom Verletzungspech verfolgt und bedarf langer Schonung. In der letzten Zeit heißt es auch, daß das »Milieu« in den einst so vornehmen Windhundklub eingesickert ist. Zuhälter lassen heutzutage nicht nur ihre Damen laufen, sondern auch Greyhounds und Afghanen. Und dabei wird so manche Mark schwarz verwettet.

Groenendale → Belgischer Schäferhund

Großer Schweizer Sennenhund

Schulterhöhe: etwa 70 cm. *Gewicht:* 40 kg. *Farbe:* wie Berner Sennenhund. Stockhaarig. Kurzhaarigkeit ist erlaubt, Unterwolle aber obligatorisch. *Welpenpreis:* 1300 DM. *Gezüchtete Hunde pro Jahr:* 77.
Typische Krankheiten: Hüftgelenksdysplasie, Knorpeldefekte im Wachstum, Spalt-, Doppelnasen (selten), Zerstörung von Oberarm- und Oberschenkelkopf mit Folgen.

Nach dem schönsten Hund befragt, wüßte ich mich zwischen Pointer, Großem Schweizer Sennenhund und Deutscher Dogge nicht zu entscheiden.

Ein Bild von einem Hund und bei uns sehr selten. Schutz- und Wacheigenschaften werden ihm zugesprochen. Ich kannte persönlich zwei Exemplare. Beide waren Men-

Glen of Imaal Terrier △ ▽ Golden Retrieve

Greyhound △

▽ Großer Schweizer Sennenhund

schenfreunde rundum, freuten sich über jeden, der kam, und bellten nicht, um sich die Freude über den Besuch nicht mit anderen teilen zu müssen.
Vielleicht waren das ja gerade die berühmten Ausnahmen von der Regel, aber für mich ist ein großer Hund, der absolut freundlich zu Menschen und Artgenossen ist, etwas Wunderbares, geradezu der Idealfall. (Die meisten Leute fürchten sich ohnehin vor großen Hunden, und ich nehme doch nicht an, daß es Ihnen Spaß macht, mit Ihrem Hund Angst und Schrecken zu verbreiten.) Aber etwas anderes könnte und dürfte Ihnen Spaß machen: Sie können sich für viel Geld ein Ledergeschirr bei einem der letzten verbliebenen Sattler anfertigen lassen, Ihren Hund vor den Bollerwagen – oder im Winter vor den Schlitten – spannen und so Ihre Winterkartoffeln vor der staunenden Mitwelt einbringen. Ihm macht das auch Spaß.
Ein vom Aussehen und Wesen her vorbehaltlos zu empfehlender Weggenosse.

Hovawart

Schulterhöhe: Rüden: 63 cm bis 70 cm. Hündinnen: 58 cm bis 65 cm. *Farbe:* blond, tiefschwarz und schwarz mit mittelblonden bis goldbraunen Markierungen. Ein kleiner weißer Brustfleck und einzelne weiße Haare an der Rutenspitze sind zulässig. *Welpenpreis:* etwa 1200 DM. *Gezüchtete Hunde pro Jahr:* 627.
Typische Krankheiten: Knorpeldefekte im Wachstum, Knieerkrankungen, Farbaufhellungskrankheit, Wesensfehler (Angstbeißer).

Der Hovawart verdankt sein Entstehen der Blut-und-Boden-Ideologie, die sich nach dem verlorenen Ersten Weltkrieg in Deutschland ausbreitete. »Teutsche Hunde für teutsche Menschen« – bei diesem Thema war der Amateur-Kynologe Kurt F. König in seinem Element. Beim Studium von Schriften aus dem Mittelalter hatte er von Hunden gelesen, die als »hovewart«, also Wächter des Hofes, bezeichnet wurden. Lange schon waren sie im »Dienst des nordischen Menschen« und beschützten im Gegensatz zu den privilegierten Hetz- und Jagdhunden des Adels treu Haus und Hof.
Im Jahr 1922 machte sich König zusammen mit einigen gleichgesinnten vaterländischen Hundefreunden an die »züchterische Neukonstruktion des altdeutschen Hof- und Burgwächters«. Aussehen sollte er etwa so wie der derbe, ziemlich große und langhaarige Hund auf Dürers Gemälde »Ritter, Tod und Teufel« aus dem Jahre 1513.
Diesen Hundetyp fanden die Züchter am Anfang vor allem im Harz und im Schwarzwald. Je nach Geschmack kreuzten sie in den Hofhund-Bastard den Neufundländer, den Leonberger, den ungarischen Kuvacz, vor allem aber auch den deutschen Schäferhund ein. Aber auch der russische Barsoi und ein afrikanischer Wildhund sollen Pate gestanden haben. Alles in allem muß das ein ganz schön zwielichtiger Blutcocktail für den »Germanen-Hund« gewesen sein. Den Rassisten König jedenfalls schien das fremdländische Blut nicht zu stören, und unverdrossen gab er seinen Hunden Namen aus alten deutschen Heldensagen.
Der Hovawart wurde 1937 als Rasse anerkannt. Doch schon vorher gewann er gewaltig an Ansehen. Den Nazis paßte sein arisches Image gut ins Konzept, und sie förderten ihn in der »Reichsfachschaft Hovawart und bodenständige Hütehunde«. Zeitweilig hatte die SS sogar eine eigene Hovawartzucht.
Seine braune Vergangenheit hat dieser Hund längst abgestreift. Er ist ein guter »Demokrat« geworden. Seine Anhänger betreiben heute eine vernünftige, sehr gesundheitsbewußte Zucht. Sehr früh und viel strenger als andere Zuchtvereine haben sie die Hüftgelenksdysplasie bekämpft, die einem die großen Hunderassen

verleiden kann. Stolz zieht man heute Bilanz: »Beim Kauf eines Hovawarts kann mit neunzigprozentiger Sicherheit davon ausgegangen werden, daß der Hund später keine Beschwerden durch HD haben wird.« Zum Zuchtprogramm gehört auch, daß ein Rüde nur fünfmal decken darf. Dann wird erst einmal sein Nachwuchs auf Herz und Nieren geprüft. Ist der Nachwuchs gesund, darf der Rüde noch weitere fünfmal zur Zucht eingesetzt werden. Dann ist endgültig Schluß. Ein genetisch nicht intakter Hunde-Champion kann also nie die ganze Rasse vergiften.
Anfangs allerdings hatten die harten Zuchtbestimmungen nicht nur positive Auswirkung. Die Zuchtbasis wurde immer schmaler, und es gab zunehmend Hunde, die Wesensprobleme, Gebißfehler und Knickruten hatten. Außerdem drohte der Hovawart zu klein zu werden. Aber das ist heute überwunden. Es ist wichtig für den Kauf eines gesunden Hovawarts, daß er von einem Züchter aus dem »Rassezuchtverein für Hovawart-Hunde« stammt. Das ist bestimmt keine Vereinsmeierei, sondern beim Hovawart sind viele Züchter, denen die Zuchtbestimmungen zu streng waren, ausgeschert. Sie züchten auf eigene Faust drauflos und pfeifen oftmals auf alle Regeln. Man sollte sie nicht unterstützen, und außerdem birgt der Hundekauf bei ihnen zu viele gesundheitliche Risiken.
Seit 1964 gehört der Hovawart zu den sogenannten Gebrauchshunden. Nach dem deutschen Schäferhund, Airedale Terrier, Dobermann, Boxer, Riesenschnauzer und Rottweiler wurde er als siebte Rasse anerkannt. Doch schon viel früher, nämlich 1927, arbeitete »Zenzi Veckenstedt«, eine Hovawart-Dame, bei der Polizei als Diensthund.
Daß der Hovawart auf keinen Fall wildert und besonders kinderlieb ist, gehört wohl genauso in den Bereich der Legende wie die Geschichte, daß er besonders schwer das Kommando »voraus« erlernt, weil er so an seinem Herrn hängt. Der Hovawart ist wie jeder andere Hund abhängig von Aufzucht, Haltung und Erziehung. Aber auch da hat sich der Verein verdient gemacht. Man ist sehr bemüht, die Besitzer dieser großen Hunde vernünftig zu schulen. An deutscher Gründlichkeit jedenfalls mangelt es dem »Germanenhund« auch heute nicht.

Inca Orchid Moonflower Dog → Chinese Crested Hairless Dog

Irish-Setter → Setter

Irish Terrier

Schulterhöhe: Rüden: bis 50 cm. Hündinnen: bis 48 cm. *Gewicht:* etwa 15 kg. *Farbe:* einfarbig rot, rotweizen oder gelbweizen. Wird mit dem Trimm-Messer gerupft, kostet 50 bis 70 DM pro Trimmen. *Welpenpreis:* 850 DM bis 1200 DM. *Gezüchtete Hunde pro Jahr:* 231.
Typische Krankheiten: Entropium, Harnsteinbildungen, Ekzeme, erbliche Muskelstarre, Kahlstellen im Fell (Pickout), Deformation der Pfotenballen (Corny feet).

Der Schriftsteller Jack London setzte dem Irish Terrier mit seinen beiden Büchern »Jerry der Insulaner« und »Michael, der Bruder Jerrys« ein literarisches Denkmal. Jeder Junge und jedes Mädchen sollten diese beiden Hundebücher gelesen haben. Und auch der englische Kynologe Robert Leighton wurde in seinem Buch »New Book Of The Dog« beim Irish ganz poetisch: »Unser rothaariger Freund hat einen einzigartigen Weg, das Herz seines Besitzers zu gewinnen. Er verdient es sich durch stete und fast selbstverständliche Ergebenheit. Dieser Hund ist gerade groß genug, um sein Kinn auf das Knie seines Herrn zu legen, ihn anzusehen, wobei die Tiefe seiner Seele sich in seinen Augen spiegelt.«
Das ist aber nur die eine Seite des Irish Terrier. Er ist auch ein leicht entflammbarer

Hovawart △

▽ Irish Terrie

Choleriker, der keinem Streit aus dem Wege geht. In seiner Heimat nennen ihn die Iren, die diesen Wesenszug nicht nur bei ihren Hunden schätzen, bewundernd »dare devil« (Teufelskerl).
Die Ahnenreihe des Irish Terrier ist ein ziemlich »buntgemischter Sack«, wie es in Irland heißt. Vermutlich bestehen verwandtschaftliche Beziehungen zu den hochläufigen Terriern Englands und auch zu den niederläufigen schottischen Terrier-Rassen. Davon aber wollen die patriotischen Iren nichts wissen. Die lassen allenfalls noch den Irish Wolfhound als einen seiner Ahnen gelten.
Neben dem Airedale und dem Scottish Terrier gehörte der Irish Terrier zu den ersten Terriern, die in den neunziger Jahren des letzten Jahrhunderts nach Deutschland kamen. Und zweifellos ist der Irish heute einer der attraktivsten und faszinierendsten Terrier. Doch in den letzten Jahren ist die Rasse ins Gerede gekommen. Aus dem unberechenbaren Raufer wurde allzuoft ein Beißer. Die Züchter versuchen das inzwischen zu korrigieren.
Aber auch von Krankheiten ist die an sich robuste, langlebige Rasse nicht verschont geblieben. Da gibt es einmal das »Pick out«, pfenniggroße Kahlstellen im Fell, die dem schönen Hund ein räudiges Aussehen verleihen. Viel schlimmer aber ist der Befall von »Corny feed«, einer Deformierung des Ballens an den Pfoten. Schon beim kranken Junghund sind sie nicht mehr rund und gut gepolstert, sondern flach. Später entstehen dann Wucherungen. Die Ballen platzen und eitern. Die Hunde können nicht mehr laufen und müssen häufig eingeschläfert werden. »Pick out« und »Corny feed« sind Erbkrankheiten.
Inzwischen nimmt der »Klub für Terrier« beim Irish Pfotenkontrollen vor, übrigens gegen manchen Züchterprotest. Aber dem Hund hat es genutzt. Er scheint wieder zu gesunden. Trotzdem sollte man bei der Auswahl eines Irish Terrier Züchter und Hunde genauestens unter die Lupe nehmen.

Irish Wolfhound

Schulterhöhe: Rüden: mindestens 79 cm. Hündinnen: mindestens 71 cm. *Gewicht:* Rüden: mindestens 54 kg, Hündinnen: mindestens 40,5 kg. *Farbe:* grau, gestromt, rot, schwarz, rein weiß, rehfarben und jede andere, beim Deerhound erscheinende Farbe. *Welpenpreis:* 1500 DM bis 1800 DM. *Gezüchtete Hunde pro Jahr:* 312.
Typische Krankheiten: Herz- und Gefäßmißbildungen sowie -erkrankungen, Kalkgichtknochen, erbliche Nachhandlähmung, Livershunt (die Leber wird nicht durchblutet).

In der irischen Mythologie und in alten Heldensagen taucht der Irish Wolfhound häufig als der Kampfgefährte keltischer Stammesfürsten auf. Er muß schon damals von ihnen als eine Art Überhund betrachtet worden sein. Er wurde nicht wie die anderen Hunde in Zwingern gehalten und von der Dienerschaft betreut. Der Irish Wolfhound genoß das Privileg, immer bei seinem Herrn sein zu dürfen. Er hatte seinen festen Platz an dessen Tafel und vor dessen Lager.
Auf der Jagd wurde er gegen Wolf, Elch, Hirsch und Eber eingesetzt, die es damals in Irland noch reichlich gab. Die Hundemeute mußte das Wild aufspüren und stellen. Erst dann wurde der Wolfhound von seinem Herrn in den Endkampf gehetzt und mußte seinem Gegner im Zweikampf den Garaus machen.
Die Adeligen wachten streng über das Wohlergehen ihres vierbeinigen Kampfgenossen. Einem Wolfhound Leid zuzufügen – das war gesetzlich festgelegt – zog schwere Strafen nach sich.
Reisende berichteten ehrfürchtig von den »Big Dogs of Ireland« oder den »Wolfdogs of Ireland«. Und Thomas Bewick, Holzschneider und Verfasser von Tierbüchern, beschrieb sie 1790 so: »Er ist der größte aller Hunde, und seine Erscheinung ist wunder-

schön. Sein Anblick sanft, sein Wesen ist friedlich. Seine Kraft ist so groß, daß er im Kampf den Mastiff oder Bulldog weit übertrifft.«
Schon viel früher hatten auch die Römer an dem für sie so fremdartigen Hund Gefallen gefunden. Überschwenglich bedankte sich im Jahr 391 n. Chr. der römische Konsul Quintus Aurelius Symachus bei seinem Bruder für die Übersendung von sieben der irischen Hunde: »Ganz Rom bestaunt sie wie ein Wunder.«
Eine Sage aus dem 10. Jahrhundert erzählt, wie Olaf, ein Norweger und Sohn einer irischen Prinzessin, seinem Freund Gunnar einen Wolfhound zum Geschenk machte: »Ich schenke Dir einen Hund, den ich aus Irland mitgebracht habe. Er ist groß und nicht minder als ein gestandenes Mannsbild. Außerdem ist es ein Teil seines Wesens, daß er so schlau ist wie ein Mensch. Er schlägt bei jedem an, von dem er weiß, daß er Dein Feind ist, niemals aber bei einem Freund. Er kann in jedermanns Gesicht lesen, ob dieser Dir gut oder böse gesinnt ist, und er wird stets sein Leben einsetzen, um Dir treu zu dienen. Der Name des Hundes ist Sam!« Die Sage berichtet weiter, daß, als Gunnars Feinde versuchten ihn umzubringen, sie zuerst den Hund aus Irland töteten.
Der Irish Wolfhound war so begehrt, daß sich der Hochadel untereinander damit beschenkte. Bald waren sie an vielen europäischen Königshöfen zu finden. Das englische Königshaus übersandte dem polnischen König Johann I. 500 Koppeln dieser Hunde als Präsent, und auch im Palast des Zaren zu Petersburg tummelten sie sich.
Zu viele Hunde gingen außer Landes, und Englands puritanischer Diktator Oliver Cromwell, ein großer Freund des Irish Wolfhound, erließ Mitte des 17. Jahrhunderts schließlich ein Ausfuhrverbot, um im Stammland den Zuchtbestand zu erhalten. Doch es war schon zu spät. Mit dem Wolf starb in Irland auch sein Jäger, der Wolfhound, aus. Im 18. Jahrhundert gab es auf der Insel so gut wie keinen Irish Wolfhound mehr.
Seine Wiedergeburt erlebte er Mitte des letzten Jahrhunderts. Er hat sie Captain G. A. Graham zu verdanken, einem schottischen Offizier in der britischen Armee. Graham reiste kreuz und quer durchs Land und versuchte, die noch verbliebenen wenigen Exemplare aufzuspüren und aufzukaufen. Dieser Schotte war nicht geizig, für das Comeback des Wolfhound opferte er etwa 250000 Mark aus seinem Privatvermögen. Indes, die Zuchtbasis war zu schmal. Graham und einige andere idealistische Züchter, die den Hund in seiner wilden Schönheit wiedererstehen lassen wollten, kreuzten andere große Hunderassen ein, vor allem einen Vetter des Irish Wolfhound, den schottischen Deerhound, sowie Doggen und tibetanische Wolfshunde. Sie gingen sehr behutsam zu Werke, um sein Äußeres nicht zu verändern. 1885 wurden auf einer Schönheitsschau in Dublin – inzwischen hatten die Züchter auch schon einen eigenen Klub gegründet – zwölf Irish Wolfhounds vorgestellt.
Während der beiden Weltkriege war die große Rasse, die viel Pflege und Futter braucht, noch einmal bedroht. Der Klub gestattete nur Mitgliedern die Zucht, die ihre Tiere auch angemessen versorgen konnten. Besonders erfolgreich über viele Jahrzehnte ist der Irish-Wolfhound-Zwinger Sulhamstead der Mrs. Nagle gewesen, einer großen Züchterpersönlichkeit, sie war allerdings auch eine etwas kauzige Lady. Eines Tages schoß die streitbare Dame sogar einem Sportflugzeug, das zu tief über ihren Zwinger geflogen war und die Hunde erschreckt hatte, mit dem Gewehr in die Tragfläche, so daß es notlanden mußte.
Wenn diese Rassebeschreibung ein bißchen ausufert, so liegt das an Sally, meiner eigenen irischen Wolfshündin, und meiner großen Sympathie zu ihr. 1976 kam sie zu uns ins Haus, und wenn wir Glück haben, wird sie in diesem Sommer noch ihren 12. Geburtstag bei uns erleben, für den Irish Wolf-

hound ein biblisches Alter. Und sie hat es nur durch sorgfältige Betreuung erreichen können. Schon bei der Aufzucht muß man sich viel Mühe geben. Der Hund wächst monatlich bis zu neun Zentimeter und nimmt neun Kilogramm zu. Nur mit Hilfe eines sorgfältig ausgeklügelten Ernährungs- und Vitaminplans kann man den Irish Wolfhound vor körperlichen Schäden bewahren.
Leider ist das Leben dieser übergroßen Hunde aber auch wieder schnell zu Ende. Viele sterben schon mit sieben oder acht Jahren. Andere leiden – wenn sie alt werden – an Skelett-, Kreislauf- und Herzerkrankungen. Sally verabreichen wir seit Jahren morgens und abends zwei Herztabletten. Ihre Spaziergänge sind schon seit langer Zeit kürzer geworden. Sie hat Mühe beim Aufstehen und knickt auch leicht mit der Hinterhand weg.
Wer also den Irish Wolfhound vor allem nach dem Superlativ kauft, den größten Hund der Welt zu besitzen, sollte lieber die Hände von ihm lassen. Dazu ist diese alte Windhundrasse viel zu problematisch. Und auch die sogenannten Hundesportler, für die der »Beißer« das Höchste auf der Welt ist, werden enttäuscht sein.
Der Hund hat Gott sei Dank eine extrem hohe Reizschwelle und heißt deshalb auch »sanfter Riese«. Sanft ist er auch mit allen anderen Hunden, solange sie nicht angreifen.
Vereinzelt gab es den Irish Wolfhound schon vor dem Ersten Weltkrieg in Deutschland, dann verschwand die Rasse aber ganz von der Bildfläche. Erst vor etwa zwanzig Jahren wurden die ersten Exemplare wieder in die Bundesrepublik importiert. Inzwischen ist der Ire hinter den Afghanen bei uns die zweitbeliebteste Windhundrasse.
Das macht mir Sorge. Bei einigen großen Züchtern fallen einfach zu viele Würfe. Ich glaube nicht, daß dort die Welpen noch die Zuwendung bekommen, die sie verdienen. Außerdem sollte man gerade beim Irish Wolfhound besonders wählerisch sein, wem man einen solchen Hund anvertraut. Das ist aber kaum noch möglich, wenn ein Wurf nach dem anderen produziert wird.
Dieser riesige Hund braucht nun einmal maximale Lebensbedingungen, gehört auf ein möglichst großes Grundstück und muß sich in einer weiten Landschaft bewegen können. Vor allem aber verlangt er viel Zuneigung von seinem Herrn – sonst verkümmert er. Und noch eins: Wer sich für diese Rasse entscheidet, sollte den Hund keineswegs nach seiner Größe auswählen. Die Hunde mit einem gesunden Mittelmaß sind sicher vitaler.
Aber sollte man sich überhaupt einen Hund anschaffen, der erst mit dem dritten Lebensjahr so richtig ausgereift ist, dann mit sieben Jahren schon wieder stirbt und der ein kleines Vermögen an Medikamenten verschlingt? Sicher ist die Liebe zum Irish Wolfhound eine unvernünftige Liebe. Aber nie habe ich zu meinen Terriern, die viel robuster und lebenstüchtiger sind, ein so enges Verhältnis gehabt wie zu meinem Irish Wolfhound. Der Feinfühligkeit und Würde dieses großen Hundes kann man sich einfach nicht entziehen. Deshalb kommt, wenn Sally diese Welt einmal verlassen hat, wieder ein Irish Wolfhound ins Haus.

Jack Russell Terrier

Schulterhöhe: Bisher wurde der Jack Russell Terrier in zwei Schlägen gezüchtet: 20 cm bis 30 cm und 30 cm bis 38 cm. In Zukunft will man ihn in der Bundesrepublik nur noch in einer einheitlichen Mittelgröße züchten, die zwischen den beiden Schlägen liegt. *Farbe:* Grundfarbe ist weiß mit schwarzen, lohfarbenen oder anderen traditionellen Hound-Abzeichen. Glatthaarig oder rauhhaarig. Keinesfalls wollig. Sehr pflegeleicht. *Preis:* etwa 650 DM. *Gezüchtete Hunde pro Jahr:* 104.

Irish Wolfhound △

▽ Jack Russell Terrie

Typische Krankheiten: angeborenes Bauchspeicheldrüsenversagen, schwere Muskelschwäche, grüner Star, Wimpernmißbildung.

Für die Kynologen ist der Jack Russell Terrier immer noch ein Bastard. Sie verweigern ihm die Anerkennung als Rassehund, sagen naserümpfend, er sei uneinheitlich gezüchtet, und überhaupt wolle jeder weiße Terriermischling mit Abzeichen gleich ein Jack Russell sein.
Vater dieses robusten Hundestammes, der etwa aussieht wie ein zusammengeschrumpfter Foxterrier, ist der englische Pfarrer Parson John (Jack) Russell. Der Geistliche aus Devonshire war nebenher ein leidenschaftlicher Fuchsjäger, und dafür züchtete Hochwürden seine eigenen Hunde, eine Mixtur aus Teckel, Corgies und wohl auch Fox- und Sealyham Terrier. Bald waren sie als die »Hunde des Pfarrers« bekannt. Russell selbst wollte übrigens schon im letzten Jahrhundert und lange vor dem heutigen Schönheitsausstellungswesen nicht, daß die von ihm gezüchteten Hunde in den Adelsstand erhoben werden. Seine Hunde hatten Stammbäume nur zum Dranpinkeln.
In England hat man sich an das Vermächtnis Russells gehalten und nie Wert darauf gelegt, daß die kleinen Terrier zum Rassehund avancieren. Anders in der Bundesrepublik. Dort wurde 1986 der »Jack-Russell-Terrier-Klub Deutschland« gegründet. Er hat schon jetzt 200 Mitglieder und 38 Zwinger. Und die Russell-Terrier-Fans kämpfen hartnäckig darum, daß ihre Köter zum Hund mit Ahnentafel aufsteigen. Die Aussichten, so ist von Hundefunktionären zu hören, sind nicht schlecht.
Die Vorsitzende des neuen Klubs, Adelheid Behmann, beteuert allerdings, daß der Jack Russell Terrier auf keinen Fall zum Modehund werden soll. Weiterhin soll er vor allem auch seinen Platz bei Jägern behalten, die den vitalen, langlebigen Hund lieben.
Zum Maskottchen ist der Jack Russell Terrier längst auch beim Reitervolk geworden. Springreiter-Asse wie die Schockemöhles und Franke Sloothaak schwören auf die kleinen Kerle. Auf Reitturnieren sind sie als Pausenfüller engagiert und veranstalten für das begeisterte Publikum ihr ganz eigenes Hürdenrennen. Und last not least: Auch der englische Thronfolger Prinz Charles fühlt sich zu diesen Proletariern unter den Hunden hingezogen.

Japan Chin

Schulterhöhe: etwa 28 cm. *Gewicht:* 2 kg bis 4 kg. *Farbe:* weiß und rot und weiß mit schwarz. Haare üppig lang, seidig, sehr pflegebedürftig. *Welpenpreis:* 500 DM bis 1500 DM. *Gezüchtete Hunde pro Jahr:* 26.
Typische Krankheiten: Wasserkopf, Schwergeburten, Fehlen der Tränenflüssigkeit (Trockenauge), angeborenes Hornhautgeschwür.

Jahrzehnte bin ich mit meinen Hunden um den Berliner Grunewaldsee gelaufen. Es wimmelt dort von Spaziergängern mit ihren Hunden aller Rassen, heute wie damals. Raufereien kommen dabei sehr selten vor, wie überall, wo ein Überangebot von Gerüchen ritualisierte Kampfhandlungen verhindert.
Immer wieder geschah dort etwas, das ich nicht vergessen habe: Irgendwo ergoß sich eine schwarzweiße Wolke von Japan Chins zwischen all die anderen großen und kleinen Hunde. Die Chins schwebten gewissermaßen umher, schwerelos, das Ganze erinnerte an exotische Schmetterlinge, die nach einer Weile mit ihrer Begleiterin, einer kleinen, alten Dame, wieder verschwanden. Ich habe nie einen Zuruf, einen Befehl gehört, dem die Hündchen gefolgt wären. Sie kamen mit der kleinen, weißhaarigen Frau und verschwanden wieder wie ein bravouröses Ballett.

Den Chin gibt es schon sehr lange, ebensolange wie den Pekinesen, und seine Herkunft ist die gleiche, er wurde angeblich von Portugiesen aus China nach Japan gebracht. Dort hieß er Makura Tsin, das »Polsterhündchen«. Dieser bezaubernde kleine Hund kann bei sorgfältiger Pflege und Ernährung sehr alt werden. Wenn er die Geburt überlebt, die wie bei allen sehr kleinen Hunden kompliziert sein kann, sind seine Augen die einzige Schwachstelle. Leider ist auch er seit der Jahrhundertwende sukzessive immer kleiner geworden. Auf der Zürcher Ausstellung von 1887 wogen die Sieger noch um 6 Kilogramm, und die Nasenrücken waren eindeutig länger. Da sollte er wieder hinkommen.
Der kleine Hund bewegt sich wie ein andalusisches Pferd: die zarten Beine hoch nach oben geworfen, spielerisch, ohne sichtbare Kraftentfaltung.
Ideal für ältere Menschen, die noch gut zu Fuß sind.

Kaukasischer Owtscharka

Schulterhöhe: Rüden nicht unter 65 cm, Hündinnen nicht unter 62 cm. *Farbe:* unterschiedlich grau, verschiedene meist helle bis rostfarbene Töne, auch rostfarbig, strohgelb, weiß, erdfarben, gestreift, aber auch scheckig und punktiert. *Welpenpreis:* 800 DM bis 1800 DM. *Gezüchtete Hunde pro Jahr:* 84.
Typische Krankheiten: Ektropium, Entropium, Hüftgelenksdysplasie.

Der Kaukasische Owtscharka ist eine über 600 Jahre alte Hirtenhundrasse. Oft auf sich ganz allein gestellt, mußte er im Kaukasus die Herden bewachen. Das hat seinen Charakter geprägt und ihn sehr selbständig und mißtrauisch gemacht. In der Bundesrepublik wurde 1977 zum erstenmal ein Paar des kaukasischen Hirtenhundes auf einer Ausstellung in Köln gezeigt. Heute gibt es bei uns schon über 600 Owtscharkas. In den osteuropäischen Ländern – vor allem in der DDR – sind es allerdings viel mehr.
Im Standard des Kaukasischen Owtscharka steht: »Schärfe und Mißtrauen Fremden gegenüber sind typisch.« »Unschärfe« wird dem Hund als Fehler angekreidet. Am Anfang kursierten dann auch wilde Geschichten über den zotteligen Russen, von seinem Klub aus Gründen der besseren Vermarktung noch forciert, und bald wurde er von jenen gesucht, die lieber eine Kampfmaschine als einen Hund ihr eigen nennen.
Aber mit diesem Unfug ist seit einiger Zeit Schluß. Im »Kaukasischen Owtscharka Club« ist man zur Besinnung gekommen. Heute heißt es: »Unser Hund ist nicht so böse, wie er dargestellt wurde. Allerdings darf man ihn nicht verharmlosen. Er besitzt nun mal aggressive Wachhundeigenschaften.«
Die aber versucht man jetzt zu dämpfen. In einer Klub-Broschüre heißt es: »Warnen muß man jeden neuen Kaukasen-Besitzer, falschen Ehrgeiz zu entwickeln. Man sollte auf gar keinen Fall versuchen, den angeborenen Wach- und Schutzinstinkt dieser Hunderasse durch gezielte Schutzdienstarbeit auf einem Abrichteplatz zu fördern. Wenn diese großen Hunde erst einmal begriffen haben, daß es erlaubt ist, gegen Menschen zu kämpfen, kann dieser Wach- und Schutzinstinkt schnell außer Kontrolle geraten. Dann wird ein Kaukase wirklich zur Gefahr für die Menschen.«
Kenner der Rasse erzählen indessen, daß der ausgeprägte Schutzinstinkt des Owtscharka vor allem auf seinem eigenen Terrain gefährlich ist. Da ist er wirklich mit Vorsicht zu genießen. In fremder Umgebung, in der Stadt oder auf Ausstellungen, sei der Owtscharka eher scheu und unsicher.
Wenn der Kaukase ins Haaren kommt, verliert er sein Fell gleich pfundweise. Dieser Hund ist auch deshalb wirklich schwer im Haus zu halten und dort nur in ungeheizten

Räumen. Lieber aber ist er draußen auf dem Grundstück, das unbedingt eingezäunt werden sollte. Zum Club gehört auch der *Südrussische Owtscharka.* Er ähnelt dem ungarischen Komondor. Bisher gibt es nur wenige Exemplare in der Bundesrepublik, und es wurden hier noch keine Welpen geboren. Auf jeden Fall sind die beiden russischen Rassen nur etwas für erfahrene und besonnene Hundehalter.

Kerry Blue Terrier

Schulterhöhe: 46 cm bis 48 cm. *Farbe:* Die Haarfarbe variiert in allen Blau-(Grau-) Tönen, mit oder ohne dunkle Schattierungen an Kopf, Läufen und Rute. Sehr pflegebedürftig. Sein seidenweiches Fell sollte alle vier Wochen gebadet und geschnitten werden. *Welpenpreis:* 1000 DM. *Gezüchtete Hunde pro Jahr:* 109.
Typische Krankheiten: Verkleinerung des Augapfels, Entropium, Hüftgelenksdysplasie, Harnsteinbildung mit Harnröhrenverstopfung, Neigung zu Tumoren, Verhornung der Ballen, Unvermögen koordinierter Bewegungen.

Der Kerry Blue Terrier stammt aus der Grafschaft Kerry im Süden Irlands. Früher wurde er auch als Irish Blue Terrier bezeichnet. Es wird behauptet, daß unter seinen Vorfahren – wie übrigens auch unter denen des Irish Terrier – unter anderem der Irish Wolfhound zu finden ist. Auch wird immer wieder erwähnt, daß er sein seidiges Fell von Hunden haben soll, die sich einst von den sinkenden Schiffen der spanischen Armada ans Land retteten.
Als der Kerry 1922 zum erstenmal in London auf der Cruft's Dog-Show ausgestellt wurde, fanden ihn viele Engländer »ein wenig zu hitzig in seinen Umgangsformen«. Auch heute noch ist mancher Kerry von großer Rauflust und ziemlicher Schärfe. Schließlich wurde er in Irland früher auch als Kampfhund benutzt. Deshalb muß er unbedingt vom ersten Tag an sehr konsequent erzogen werden.
Leider ist auch diese Rasse in den letzten Jahren von der Hüftgelenksdysplasie befallen. Der Terrier-Club hat deshalb für den Kerry wie schon früher beim Airedale Terrier Röntgenpflicht eingeführt.

Komondor → Ungarische Hirtenhunde

Kromfohrländer

Schulterhöhe: 38 cm bis 46 cm bei Rüden und Hündinnen. *Farbe:* Grundfarbe ist weiß, hellbraune bis stark dunkelbraune Abzeichen, an Kopf und an den Ohren gefleckt. Nicht erlaubte Farbe ist schwarz. Der Kromfohrländer wird mit rauhhaarigem und glatthaarigem Fell gezüchtet. Sehr leicht zu pflegen. *Welpenpreis:* Festpreis von 800 DM. Impfungen müssen zusätzlich bezahlt werden. *Gezüchtete Hunde pro Jahr:* 70.
Typische Krankheiten: Knieerkrankungen.

1945 sprang im Siegerland ein junger Hund von einem amerikanischen Militärlastwagen und lief Ilse Schleifenbaum in die Arme. Sie behielt den Hund, der einem bretonischen Griffon ähnelte, und nannte ihn Peter. Peter zeugte, nachdem er sich eingelebt hatte, mit der Nachbarshündin Fiffi, einem rauhhaarigen Fox ohne Papiere, Nachkommen. Die Welpen sahen einer wie der andere aus. Ilse Schleifenbaum wiederholte diese Paarung nun noch ein paarmal, jedesmal mit dem gleichen Resultat. Nach dem Tod von Fiffi trieb es Peter dann auch noch mit seinen eigenen Töchtern.
1955 war es dann endlich soweit: Aus der Mesalliance zwischen Peter und Fiffi war eine Rasse entstanden, nun anerkannt von

Japan Chin △

▽ Kaukasischer Owtschark

erry Blue Terrier △

▽ Kromfohrländer

der Fédération Cynologique Internationale (FCI) in Brüssel. Der Name des Kromfohrländers stammt von Ilse Schleifenbaums idyllischem Wochenendhaus ab, das in einer Gegend steht, die »Krumme Furche« heißt – auf plattdeutsch »Krom Fohr«.
Heute wenden sich vor allem Hundefreunde dem Kromfohrländer zu, die von anderen, viel älteren und exklusiveren Hunderassen enttäuscht worden sind. Lassen wir Ilse Schleifenbaum, die über 90 Jahre alte Schöpferin des Kromfohrländers, hier selbst über die Vorzüge ihrer Rasse sprechen: »Er ist eine Mixtur aus Fröhlichkeit und Nachdenklichkeit. Der Kromfohrländer ist anhänglich, ohne unterwürfig zu sein, treu und zuverlässig, eigenwillig, ohne jeden fatalen Hang zur Widerborstigkeit, wie es bei manchen anderen Rassen der Fall ist. Er wildert nicht und wird recht alt. 15 bis 17 Jahre sind bei ihm keine Seltenheit.«
In memoriam Peter und Fiffi, der beiden urwüchsigen Ahnen, achten die Züchter streng darauf, daß ihr Kromfohrländer ja kein »Snob-Hund« wird. Deshalb hat er auch einen Festpreis von 800 DM, denn die Leute, die die dickste Brieftasche haben, sind nicht unbedingt die besten Herrchen.

Kuvasz → Ungarische Hirtenhunde

Labrador Retriever

Schulterhöhe: Rüden: 55 cm bis 57 cm. Hündinnen: 54 cm bis 56 cm. *Farbe:* im allgemeinen schwarz oder gelb, aber andere einheitliche Farben sind erlaubt. Das Fell darf keine weißen Abzeichen aufweisen, aber ein kleiner weißer Fleck auf der Brust wird toleriert. *Welpenpreis:* 1200 DM bis 1400 DM. *Gezüchtete Hunde pro Jahr:* 494. *Typische Krankheiten:* Knorpeldefekte im Wachstum, Ellenbogendysplasie, Hüftgelenksdysplasie, Neigung zu Harnsteinbildung, fortschreitender Schwund der Netzhaut führt zur Erblindung (PRA), Bluterkrankheit, erbliche Muskelstarre, schwere Muskelschwäche, Schilddrüsenunterfunktion, Löwenkiefer (CMO).

Wie sich der Labrador mitten in der Lüneburger Heide benimmt oder auf einer Bergalm, kann ich nicht beurteilen. Doch im letzten Jahr hab ich zwei schwarze Labrador-Rüden eines Freundes am Strand der Insel Sylt erlebt. Es gehört zu meinen schönsten Urlaubserinnerungen, wie sich die beiden selbst noch bei stärkster Brandung in die Nordsee stürzten, unerschrokken durch die größten Brecher hindurchtauchten und für ihren Herrn Stöcke apportierten. Nach dem Bade jagten sie voller Lebensfreude durch die Dünen. Der Labrador ist ein Hund, der das Herz eines jeden Schwimmers höher schlagen läßt.
Wasser ist schon immer das Element des Labradors gewesen. Seine ursprüngliche Heimat war Neufundland. Dort half er den Fischern bei ihrem Tagewerk. Er apportierte Fische, die aus dem Netz gefallen waren, schwamm zu den Booten hinaus und half beim Einholen der Netze. Er hatte ähnliche Aufgaben wie der große Neufundländer und ist diesem im Schwimmen und Tauchen ebenbürtig. Damals wurde er auch »Kleiner Neufundländer« oder »St.-Johns-Hund« genannt.
Anfang des vergangenen Jahrhunderts brachten Kabeljaufischer die ersten Labradors mit nach England. Auf den Landgütern im Norden Englands und im Süden Schottlands wurde der Typ des Hundes durch Einkreuzen von Pointern verfeinert. Von den Adeligen wurde der Einwanderer aus Neufundland bald auch zur Wasserjagd benutzt. Retrieve bedeutet ja: zurückbringen, auffinden, apportieren. 1904 wurde der Labrador Retriever als eigene Rasse anerkannt.
Lange schon ist der Labrador auf dem Vormarsch. Er ist bei der Prominenz zu Hause, badet mit Henry Kissinger im Atlantischen Ozean und mit der schwedischen Kö-

nigsfamilie an den Ostsee-Schären. In der Bundesrepublik wurde er anfangs vor allem vom Landadel geschätzt, marschiert aber jetzt auch als Familienhund voran. Leider hat auch der Hundehandel diese freundliche Rasse für sich entdeckt. Neulich wurde mir ein Labrador vorgestellt, der aussah wie ein übergroßer schwarzer Dackel. Er stammte aus einer Tierhandlung und hatte Papiere aus der Tschechoslowakei. Deshalb sollte man gerade auch beim Labrador darauf achten, daß er aus einem der Klubs stammt, die dem VDH angeschlossen sind.
Der Labrador Retriever beweist seine Qualitäten auch als Blindenhund, Lawinensuchhund und Drogenschnüffler.

Laeken → Belgischer Schäferhund

Lakeland Terrier

Schulterhöhe: 37 cm. *Farbe:* Wird in zahlreichen Farbschlägen gezüchtet, die von schwarz, schwarz-lohfarben, blau-lohfarben, rotgrau meliert (grizzle) über weizenfarben, rot, blau oder leberfarben reichen. Nur mahagoni-rot ist nicht erwünscht. Dagegen sind kleine weiße Abzeichen an den Pfoten und an der Brust erlaubt. Der Lakeland muß regelmäßig getrimmt werden. *Welpenpreis:* 850 DM. *Gezüchtete Hunde pro Jahr:* 126.
Typische Krankheiten: nichts bekannt.

Zwar sieht der Lakeland Terrier dem Welsh Terrier ziemlich ähnlich, doch verwandt ist er nicht mit ihm, sondern mit Border, Bedlington und Dandie Dinmont Terrier. Der Lakeland stammt aus dem englischen Lake-Distrikt und den umliegenden Landschaften Lancashire, Cumberland und Westmoreland. Dort sollte er vor allem den für diese Gegend typischen Bergfuchs jagen, der oft mehr Gewicht hatte als er selbst. Er mußte ihn bis in den Bau verfolgen, und es hieß bei den Jägern: »Wo der Kopf hineinpaßt, kann auch der ganze Lakeland folgen.«
Inzwischen hat sich der Lakeland Terrier zum Haushund gemausert. Doch häufig ist er von einer ziemlich nervigen Kläffigkeit und auch dem Raufen nicht abgeneigt.

Landseer → Neufundländer und Landseer

Leonberger

Schulterhöhe: Rüden: mindestens 72 cm und höchstens 80 cm. Hündinnen: mindestens 65 cm und höchstens 75 cm. Erwünschtes Mittelmaß beim Rüden 76 cm, bei Hündinnen 70 cm. *Farbe:* löwenfarbig, goldgelb bis rotbraun mit dunkler Maske. *Welpenpreis:* 1000 DM bis 1300 DM. *Gezüchtete Hunde pro Jahr:* 398.
Typische Krankheiten: Knorpeldefekte im Wachstum, Hüftgelenksdysplasie, Knieerkrankungen, Wolfskrallen, Vielfingrigkeit, Kehlkopfverengung, Hautentzündungen, Verknöcherung der Rückenmarkshaut.

Der Leonberger hat seinen Namen von der schwäbischen Stadt Leonberg bekommen. Dort lebte von 1808 bis 1889 Heinrich Essig. Er muß ein ziemlicher Tiernarr gewesen sein, denn in seinem Heimatort, in dem er zeitweilig auch Stadtrat war, gab man ihm den Beinamen »der kleine Hagenbeck«.
Im Wappen der Stadt Leonberg ist ein Löwe abgebildet, und einen löwenartigen Hund wollte Essig züchten. Zuerst kreuzte er eine Landseer-Hündin mit einem langhaarigen Bernhardiner-Rüden. Er nahm den Pyrenäenhund dazu, benutzte aber wohl auch die großen Bauern- und Hirtenhunde aus der Umgebung zur Zucht.
1846 stellte er erstmals seinen Leonberger als eigenständige Rasse vor. Der war damals noch weiß mit einem schwarzen Kopf.

Labrador Retriever △

▽ Lakeland Terrie

.eonberger △ ▽ Lhasa Apso

Die Löwenfarbe mit der dunklen Maske setzte sich erst nach und nach durch. Essig jedenfalls muß ein schwäbisches »Kleverle« gewesen sein. Zeitweilig verkaufte er pro Jahr 300 Hunde, und geschickt baute er den Leonberger als »Repräsentationshund ersten Ranges« auf.
Der eiserne Kanzler Bismarck hat einen Leonberger besessen, bevor er auf Doggen umstieg, der italienische Freiheitsheld Garibaldi und Richard Wagner ebenso. Der Leonberger wedelte aber auch in vielen europäischen Königs- und Fürstenhäusern. Die österreichische Kaiserin Elisabeth, besser bekannt als Sissy, hat sieben Leonberger besessen. 1870 schrieb eine Wiener Zeitung: »Ihre Majestät, die Kaiserin, ist seit ihrer Rückkehr aus Rom im Besitz eines prachtvollen Leonberger Hundes. In ganz Österreich dürfte kein zweites Exemplar dieser Race zu finden sein. Das Tier, welches ein blendend-silberweißes Haar hat, während die Gehänge braun sind, ist höher und stärker als der Neufundländer. Der neue Hund macht täglich die Fahrten in den Prater mit seiner Herrin mit. Der neueste Lieblingshund soll 1400 Silbergulden gekostet haben.«
In seinen besten Zeiten verdrängte der Leonberger sogar den Bernhardiner von seinem Stammsitz, dem Kloster Sankt Bernhard. Das machte die Neider mobil, und sie kläfften gegen Essigs Hund: »Was man nicht definieren kann, das sieht man gut als Leonberger an.« Der Hund bekam auch den Spottnamen »Leonhardiner«.
Das Elend der beiden Weltkriege und die Hungerjahre danach machten der Rasse schwer zu schaffen. 1945 wurden nur noch fünf Würfe mit 43 Welpen registriert, von denen nur 22 durchkamen. Eine Zeitlang erließ die Stadt Leonberg seinem Leonberger sogar die Hundesteuer.
Die Zuchtbasis des Leonbergers ist immer sehr schmal gewesen. Deshalb züchtet man auch mit Hunden, die leichte Hüftgelenksdysplasie haben. Wie alle großen und schweren Hunderassen ist auch der Leonberger nicht besonders langlebig. Dennoch ist seine Beliebtheit in den letzten Jahren ständig gewachsen. Vielleicht liegt das auch an der ausgesprochenen Gutmütigkeit dieses schwäbischen Riesen, der eigentlich immer ein Repräsentationshund geblieben ist.
In dem Standardwerk über den Leonberger heißt es unter anderem: »Wir haben 130 Pfund schwere Leonberger gesehen, die von einjährigen Kindern durchaus grob behandelt wurden. Beim Bohren in der Nase mit einem Filzstift oder dem Versuch, die Zunge lang aus dem Fang zu ziehen, winselten sie höchstens.« Solche Beschreibungen sind verantwortungslos. Auch ein Leonberger ist ein Hund und kein Märtyrer und läßt sich nicht alles bieten.

Lhasa Apso

Schulterhöhe: 24 cm bis 28 cm. *Gewicht:* 5 kg bis 7 kg. *Farbe:* alle, von gold bis schwarz. Haare hart, fest und lang. *Welpenpreis:* 1000 DM bis 1500 DM. *Gezüchtete Hunde pro Jahr:* 122.
Typische Krankheiten: Fehlen von Nierenanlagen, nervliche Fehlsteuerung mit Nierensymptomen und Bluthochdruck, Gehirn furchen- und windungslos.

Kein Schoßhund im eigentlichen Sinn: Auf dem »Dach der Welt« herrschen extreme Wetterverhältnisse, und er verträgt sie. Seine Stimme ist unverhältnismäßig kräftig entwickelt und sein Selbstbewußtsein auch.
Zum erstenmal bin ich dem Hündchen begegnet, als mir ein junges Mädchen ihren zwölf Wochen alten Lhasa zeigte. Der kleine Kerl war denkbar ungezogen und biß mit seinen nadelspitzen Zähnchen jeden, so fest er eben konnte, sobald ihm irgendwas nicht paßte. Als mein Finger schon tüchtig blutete, nahm ich ihn am Nackenfell und schüttelte ihn: die klassische »Bestrafung«

eines widerspenstigen Welpen durch seine Mutter, die so einen winzigen Wutnickel rasch zur Räson bringt. Diesen hier nicht. Je fester mein Griff wurde, desto rasender kämpfte er. Schließlich fing die Zunge an, sich blau zu verfärben, ein Kollaps kündigte sich an, ich mußte ihn loslassen. Eins zu null für Apso Seng Kye, das »bellende Löwenhündchen«!
Die Rasse ist alt, 1933 fanden sich die Apso-Freunde in einem Club zusammen, und seitdem hat eine mäßige Anzahl Menschen ihre Freude an dem charakterfesten, sehr langlebigen und anhänglichen Hausgenossen, der wenig Pflege braucht.
Ich würde das harte, feste Haar kürzen, um dem Hund und der Hausfrau das Leben bequemer zu machen, aber die Lhasa-Freunde schreien vermutlich auf bei diesem Vorschlag. Na schön, dann eben nicht. Aber die Augen sollten bei ihm, wie bei jedem anderen »Zugehängten«, freigeschnitten werden, das ist keine ästhetische oder optische Frage: Zweifellos ist der Hund durch die Fransen sehbehindert und wird hoch lichtempfindlich, wenn man es bei dieser Behinderung beläßt.
Also weg mit der Tarnkappe, Sie wollen doch keine gedankenlose Tierquälerei begehen!

Malinois → Belgischer Schäferhund

Malteser

Schulterhöhe: 21 cm bis 25 cm. *Gewicht:* 3 kg bis 4 kg. Haare und Farben zitieren wir ausnahmsweise aus dem Standard, weil wir die ausufernde Akribie als grotesk empfinden. »*Haar:* dicht, leuchtend, glänzend, schwer, sehr lang, von seidiger Struktur. Ist in seiner ganzen Länge gerade. Die mittlere Länge des Haars beim Malteser soll am Rumpf 22 Zentimeter betragen, das heißt, die längsten Haare müßten die Widerristhöhe erreichen, besser noch länger. Der ganze Körper muß mit diesen langen Haaren bedeckt sein; Rumpf, Läufe, Rute, Hals, Ohren, Schädel und Fang. Gefordert sind Glanz, Länge und Weiße. Die dichte Haarmasse des Maltesers muß schwer zum Boden fallen, wie ein auf dem Körper liegender, schwerer Umhang. Die Haare müssen dicht und voll herabhängen, das heißt ohne Flocken oder Büschel (mit Ausnahme der Vorderläufe, vom Ellbogen bis zur Pfote, der Hinterläufe, vom Knie bis zur Pfote, wo es flockig sein kann). Schließlich muß das ganze Haarkleid außerordentlich glänzend sein. Die Unterwolle fehlt.« *Farbe:* Muß rein weiß sein; die blasse Elfenbeinfarbe ist zugelassen. Toleriert sind einige blaß-orange Schattierungen, die höchstens den Eindruck von einigen schmutzigen Haaren geben. Das bedeutet aber einen Fehler. Unzulässig sind deutliche Flecken, auch wenn sie noch so klein sind. *Welpenpreis:* 1000 DM bis 1500 DM. *Gezüchtete Hunde pro Jahr:* 277.
Typische Krankheiten: Wimpernmißbildungen, Kryptorchismus, Fehlen der Tränenflüssigkeit (Trockenauge), Krämpfe in der Säugeperiode, Kniescheibenluxation.

Über einen der kleinsten Hunde berichtet der längste Standard, den wir kennen: Auf acht Seiten, einzeilig, wird über jeden Quadratzentimeter dieses Hündchens todernst und mit unerschütterlichem Eifer berichtet. Preisrichter, die alle Abweichungen vom Geforderten registrieren wollten, hätten jeden zeitlichen Rahmen der Prüfung zu sprengen.
Wir haben dieser Überfülle der Berichterstattung über den Bekanntesten und Beliebtesten aus der Bichon-Serie darum kaum etwas hinzuzufügen. Ein aufmerksamer, gescheiter und temperamentvoller kleiner Kerl, von Krankheiten wenig heimgesucht, mit hoher Lebenserwartung. Wer die Zerbrechlichkeit so kleiner Hunde nicht scheut, ist mit dem Zwerglein gut beraten.

Malteser △

▽ Manchester Terrie

Manchester Terrier

Schulterhöhe: Rüden: 40 cm bis 41 cm. Hündinnen: 38 cm. *Farbe:* kohlschwarz mit mahagonifarbenen Abzeichen an Kopf, Fang und Läufen. Besonders pflegeleicht und nicht kupiert. *Welpenpreis:* 800 DM. *Gezüchtete Hunde pro Jahr:* 9.
Typische Krankheit: Entropium.

Die meisten Terrier-Rassen sind auf dem Lande entstanden. Anders der Manchester Terrier. Wie schon der Name sagt – sein Zuhause waren die Hafengebiete von Manchester und Liverpool. Er wurde der Gefährte der Dockarbeiter, die ihn in den großen nördlichen Industriegebieten hielten und auf Ratten und Kaninchen ansetzten. Ursprünglich hieß der Manchester Terrier auch »Black and Tan« oder »Rat-Terrier« (Rattenbeißer). Sein elegantes Aussehen verdankt dieser schwarz-lohfarbene Hund der Einkreuzung von Whippets.
Leider ist er bei uns sehr selten. Im hundert Jahre alten Zuchtbuch des »Klubs der Terrier« sind bis heute nur 150 Manchester Terrier eingetragen. Aber auch in seiner Heimat England wäre er beinahe ausgestorben. Nach dem Zweiten Weltkrieg gab es dort nur noch elf Hunde mit Ahnentafel. Inzwischen ist es mit der Zucht wieder aufwärtsgegangen. Und auch bei uns hätte dieser unverbrauchte und sehr wachsame Terrier eigentlich viel mehr Freunde verdient.
Der *English Toy Terrier* (26 bis 30 cm groß) sieht wie eine Mini-Ausgabe des Manchester Terrier aus, nur daß er Stehohren hat. Trotz seiner geringen Größe ist er ein mutiges Kerlchen. Früher trug man ihn in der Manteltasche als Schutz gegen Taschendiebe. Der English Toy ist noch seltener als der Manchester Terrier. Im letzten Jahr wurde in der Bundesrepublik nicht ein einziger ins Zuchtbuch eingetragen.

Mastiff

Schulterhöhe: im Standard nicht angegeben. Bewertet wird aber nach der Devise »Je größer, desto besser«. 80 cm sind »normal«. *Gewicht:* im Standard nicht erwähnt. Definitiv häufig 90 kg und weit darüber. *Farbe:* gelb, silber, apricot oder gestromt. Immer mit schwarzer Maske. Haar kurz, fest und hart. *Welpenpreis:* 2500 DM bis 3000 DM. *Gezüchtete Hunde pro Jahr:* 39.
Typische Krankheiten: Hüftgelenksdysplasie, Wolfskrallen, Verknöcherung von Rükkenmarkshaut – Lähmungen.

Zweifellos eine alte Hundeform (nicht Rasse!). Freunde dieser Hunde weisen immer wieder auf eine Terrakotta-Tafel aus Assyrien hin, die einen Mann mit einem offensichtlich riesigen Hund zeigt, der den heutigen Mastiffs ähnelt. Nun ist allen Historikern bekannt, daß bildliche Darstellungen aus jener Epoche die relative Größe des Dargestellten nicht aus der Realität ableiten. Es kam wohl nur auf die Wichtigkeit an, die der Künstler dem dargestellten Objekt zugemessen hat, oder auf den sozialen Rang des »Modells«. Bleibt also zu hoffen, daß die damaligen Hunde innerhalb vernünftiger Maße blieben. Mehr als wahrscheinlich ist das ohnehin: Mit Hunden des heutigen Formats waren bestimmt keine riesigen Märsche und Kampfhandlungen möglich.
All die abstoßenden Wundertaten, die die Geschichte über jede große Hunderasse bereitstellt, sind ins Reich der Phantasie zu verweisen: unanständige Wunschträume der antiken Besitzer und Voyeure, die man auch heute noch auf jedem Hundeübungsplatz oder auf jeder »Show« zu hören bekommt.
In überlieferten Darstellungen wird immer wieder von Kämpfen (erfolgreichen Kämpfen, versteht sich) gegen Löwen und Bären berichtet oder ähnlicher Blödsinn. Löwe

gegen Hund! Daran kann nur glauben, wer noch nie einen Löwen gesehen hat. Wir wollen diesen und ähnlichen Gedankenschwulst nicht mehr erwähnen.
Tatsache ist, die Mastiffs sind zu groß und zu schwer, aber sie haben wunderschöne, ausdrucksvolle Köpfe und ein liebenswürdiges Wesen.
Max hieß der erste Mastiff, den ich bewußt zur Kenntnis nehmen konnte. (Es gibt ja nur ein paar, man hat kaum die Chance, auf dem Spaziergang einem zu begegnen.) Folgerichtig machte ich die Bekanntschaft mit dem Riesen Max auf einer Ausstellung. In der großen Box neben ihm spielten zwei mächtige sandfarbene Doggen miteinander so, daß die Holzwände krachten.
Nach anderthalb Stunden kam ich wieder an diesem Standplatz vorbei. Die Doggen amüsierten sich immer noch. Als ich mich der Züchterin gegenüber verwunderte, daß die großen Hunde noch so verspielt waren, hieß es lapidar: »Wieso? Das sind zwei Kinder von Max; sie sind gerade fünf Monate.« So hätten sie bleiben müssen.
Es gibt für mich ein – ganz privates – Kriterium dafür, ob ein Hund noch richtig proportioniert ist: Wie schnell kommt er aus der Ruhelage auf die Beine. Ich meine damit nicht, wie schnell er das *gewöhnlich* bewerkstelligt – viele von den größeren Hunden bewegen sich im allgemeinen recht pomadig –, sondern wie schnell er *kann*, wenn er *will*. Wenn das Aufstehen auch bei größtem Interesse mühselig wirkt, dann stimmt was nicht mit dem Hund, stimmt was nicht mit der Rasse: Die Muskulatur ist zu schwach in Relation zum Gewicht. Ich bin sicher, es gibt Mastiffbesitzer, die mir jetzt ihren blitzschnell aufspringenden Hund vorführen wollen. Ebenso sicher bin ich, daß dieses Exemplar dann gewichtsmäßig an oder unterhalb des gerade noch erlaubten Limits liegen wird. Eine Hündin sicher und ohne Chancen auf dem »Schönheitsmarkt«. Damit fällt sie dann, die Flinke, auch für die Zucht aus. Es ist immer derselbe praktizierte Wahnsinn, der so viele Rassen zerstört: Der äußere übergewichtige oder untergewichtige Rahmen eines Hundes wird der Gesundheit und Kondition vorgezogen.
Es gibt noch einen Maßstab, der von »Fachleuten« sicher verächtlich abgetan wird, aber schauen Sie doch mal ganz naiv auf die Beine eines Mastiffs oder eines ähnlichen Riesen. Kommen sie Ihnen nicht einfach zu dünn vor für den schweren Körper? Nun, ich finde, sie *sind* zu dünn.
Und nun stellen Sie eine große, aber schlanke Deutsche Dogge zu Vergleich, Na? Extremitäten und Körpervolumen stimmen zueinander. Man muß kein Experte sein, um zu sehen, daß dieser Hund trotz seiner Größe sehr beweglich ist. (Vorausgesetzt, er ist gesund!) Natürlich wird auch bei den Doggen in der offiziellen Bewertung als »zu windig« verworfen, was das unbefangene Auge als besonders wohlproportioniert und drahtig wahrnimmt.
Ich mag die Mastiffs dennoch. Und wünsche sie mir im Körpermaß um ein gutes Drittel reduziert.

Mastino Napoletano

Schulterhöhe: zwischen 65 cm und 75 cm. *Gewicht:* 50 kg bis 70 kg. *Farbe:* schwarz, grau, blaugrau, braun, rotgelb, hirschrot. Kleine weiße Abzeichen an Brust und Zehenspitzen erlaubt. Haare fein und kurz. *Welpenpreis:* 3500 DM bis 4000 DM. *Gezüchtete Hunde pro Jahr:* 42.
Typische Krankheiten: Hüftgelenksdysplasie, Ektropium, Knorpeldefekte im Wachstum, Knochenfehlstellungen.

1975 gab es den ersten Mastino-Napoletano-Wurf in Deutschland. Wann wird es den letzten geben?
Dieser Hund ist monströs häßlich, das gab ihm die Chance, in Mode zu kommen, und er kam heftig in Mode. Enorme Welpenpreise ließen die spekulierenden Hochrech-

ner und Vermehrer das große Geschäft wittern. Ein großer Zwinger ließ seine Angestellten auf jeder Ausstellung in »zwingerfarbenen« Overalls mit Wappen Reklame laufen. Auf dem Kiez latschte bald neben jedem zweiten Zuhälter so eine traurige Figur her. Der Mastino Napoletano war in, inner ging's nicht. Angepriesen von Sprüchen wie »Der Hund, der ein Maschinengewehr ersetzt«. Das lief, bis die illustre Käuferschicht merkte, daß an dem teuren Maschinengewehr dauernd etwas kaputtging, die Hunde vor allem unter ihrer eigenen Physis litten.
Da war er wieder out, der Mastino Napoletano. Einer der Schlußpunkte des einaktigen Dramas: Der letzte der viven Großzüchter warf das Handtuch und verschwand. Er hinterließ etwa dreißig nicht mehr absetzbare Ungetüme, die – völlig verkommen und außer Kontrolle geraten – von einem Einsatzkommando der Polizei niedergeschossen wurden. So war es in den Zeitungen zu lesen.
Jetzt ist der Pitbull Terrier Favorit – in gewissen Kreisen.
Ein Häuflein unentwegter ehrlicher Freunde des armen Hundes kämpft seitdem verbissen um den Fortbestand des Monsters »von majestätischem Aussehen« (Standard).
Seine Majestät schwankt auf enormen gespreizten Entenfüßen kopflastig, keuchend und knickebeinig einher. Riesige Schlabberlefzen ziehen die Haut um das untere Augenlid herunter. »Das Auge soll gut anliegen«, fordert der Standard. Wie denn, bei dem ebenfalls vom Standard geforderten Gewicht der überschweren Gesichtsfalten, die in eine Wamme übergehen, die einem Zebubullen wohl anstehen würde? Hinten höher als vorn, ist, laut Standard, »das Gangwerk ein typisches Merkmal dieser Rasse: Im Schritt schlaksig und langsam wie ein Bär«. Der Trab ist ebenfalls langsam, aber »mit großen, viel Boden deckenden Schritten«. Schließlich lakonisch: »Galopp ist selten.« Ei, warum denn wohl?
Ich habe während der »Blütezeit« der Rasse in Deutschland *drei* ansehnliche Mastini gesehen: eine Hündin, die in so gut wie keinem Punkt dem Standard entsprach und wie eine besonders starkknochige, aber kompakte Deutsche Dogge aussah; einen Rüden, der unzulässig hochbeinig und schmalbrüstig, daher sehr beweglich war, und eine unkupierte Hündin auf einem Foto, die »viel zuwenig« lose Haut hatte.
Alle anderen Exemplare waren mir weniger Gegenstand des Schreckens als des tiefen Mitleids mit dieser armen, mißgestalteten Kreatur, die sich selbst eine viel zu schwere Last ist. Den unverdrossenen Förderern des Mastino Napoletano möchte ich vor Augen stellen: Nicht alles, was man guten Glaubens begonnen hat, läßt sich erfolgreich beenden. Ich meine, man sollte den Kampf um die körperliche und moralische Wiederaufrüstung dieser Rasse ehrenvoll beenden.

Mops

Schulterhöhe: bis 32 cm. *Gewicht:* zwischen 6 kg und 8 kg. *Farbe:* silbergrau, sand und schwarz. Schwarze Maske und genau abgegrenzte schwarze Male auf den Wangen und an den Ohren. Schwarzer Aalstrich vom Hinterkopf bis zum Schwanzende. Haare kurz, fein, weich, glänzend. *Welpenpreis:* etwa 1300 DM bis 2000 DM. *Gezüchtete Hunde pro Jahr:* 87.
Typische Krankheiten: Wimpernmißbildungen, Kieferfehlstellungen, Hornhautentzündungen und -geschwüre, Neigung zur Harnsteinbildung, zu langer weicher Gaumen, Kollaps der Luftröhre, Schwergeburten, Keilwirbel, Hautentzündungen, Intersexualität.

Pug, Carlin, Carlino – so heißt, so hieß der Mops in England, Frankreich, Italien. Carlino-Carlin, weil der Star der Commedia dell'arte, der Harlekin, stets mit schwar-

Mastiff △ ▽ Mastino Napoletano Mops

zem Gesicht auftrat und der Harlekin unter den Hunden, der Mops, es ebenso hält.
Seine Herkunft liegt im dunkeln, wie das bei vielen anderen Rassen auch der Fall ist, zu deren Ursprung Märchen und Sagen herhalten müssen. Warum nicht, der Schleier des Geheimnisses umweht auch manche illustre menschliche Familie.
Ein Chronist befindet jedenfalls kategorisch, daß ihn ein französischer Offizier aus dem Palast des chinesischen Kaisers nach Europa brachte. Von dort sei er dann mit Wilhelm von Oranien nach England gelangt, und von dort startete er seinen Siegeszug durch die Salons und Boudoirs der Damen.
Höchste Liebe und Verehrung wurden ihm seitdem zuteil – es gibt eine »Freimaurerloge vom Mopsorden« – und abgrundtiefe Verachtung.
Der große Brehm, der Tiere generell in unzulässiger Weise vermenschlicht darstellte, schrieb über ihn: »Die Welt wird nichts verlieren, wenn dieses abscheuliche Tier mitsamt seiner Nachkommenschaft den Weg allen Fleisches geht.«
Das hätte er nicht sagen dürfen: Ich habe sein »Tierleben« ins Antiquariat gebracht und mich mit »Grzimeks Enzyklopädie« entschieden verbessert. Meinen Mops lasse ich mir nicht madig machen: Fünfzehn Jahre hat einer von dieser heiteren Zunft mein Leben begleitet, und es war der freundlichste, intelligenteste und problemloseste aller meiner Hunde, niemals krank, bis er nach einem Schlaganfall in meinem Arm die erlösende Spritze bekam. Bei der Gelegenheit habe ich zum ersten und einzigen Mal Angst in seinen riesigen Augen gesehen.
Er, und mit ihm die meisten seiner Rasse, war ein Epikureer: entschlossen, aus jeder Situation das Beste zu machen, jeden von seinem guten Willen zu überzeugen.
Selbst eingefleischte Hundefeinde brachte er in kürzester Zeit so weit, breit grinsend, mit ihm auf dem Schoß, ihre gegenstandslos gewordene Aversion zu vergessen.

Wenn die Züchter, die sich, nachdem er fast ausgestorben war, wieder seiner annahmen, ihm doch nur ein *Stückchen* Nasenrücken, einen *etwas* größeren Nasenschwamm belassen würden: Ich hätte flugs wieder einen bei mir.
Bis dahin muß ich verzichten. So, wie der Mops jetzt aussieht, *muß* er keine Atmungsschwierigkeiten haben, aber es ist wahrscheinlich.
Passend zu seiner originellen kleinen Person liest sich sein Standard wie eine Mischung aus »Alice im Wunderland« und einem Epigramm von Novalis:
»Ein ausgesprochen eckiger und kolbenförmiger Hund, der Mops sollte ›multum in parvo‹ (viel in gedrängter Form) sein.«
Über seine Augen: »Dunkle Farbe, sehr groß, vorstehend, kugelförmig, sanft und traurig im Ausdruck, sehr stark glänzend und im Erregungszustand voller Feuer.«
Ohren: »Dünn, klein, weich wie schwarzer Samt. Es gibt zwei Arten: Rose und Knospe.«
Beine: »Sehr kräftig und unter dem Körper stehend.«
Der kleine Kraftmeier gehört seinem Körperbau nach zweifellos zu den molossoiden Hunden: starke Knochen, tiefe und breite, tonnenförmige Brust und eine markant hervortretende Muskulatur. Er ist robust von Haus aus und gar nicht wehleidig, aber auch er ist nicht dem allgemeinen Trend zur Verzüchtung entgangen, wurde verzwergt und seiner guten Konstitution beraubt. Es ist ein Jammer.
Mein Kasper und viele seiner Rassen, die ich kennengelernt habe, zeigen Eigenschaften, die auch bei Menschen selten, aber zu wünschen sind: Mut ohne jede Aggression und Friedfertigkeit ohne jeden Anflug von Angst.
Anders ausgedrückt: Möpse haben eine hochentwickelte soziale Einbindung und sind so dem Urvater Wolf viel näher als manche Hunde, die ihm ähnlich sehen.
Man soll *keinen* Hund fett füttern, aber der Mops ist ein Ausbund an Temperament und wird auch dann noch versuchen, sich heftig zu bewegen, wenn seine Besitzer eine Speckrolle aus ihm gemacht haben. Und daran stirbt er dann. Schenken Sie sich einen Mops, wenn Sie einsam sind, Kontaktschwierigkeiten haben zu Mensch und Tier. Er führt Sie hinein ins volle Menschenleben, er ist eine nie versiegende Quelle der Heiterkeit!

Neufundländer und Landseer

Neufundländer

Schulterhöhe: 68 cm bis 72 cm. *Gewicht:* 50 kg bis 62 kg. *Farbe:* schwarz, selten braun, kleine weiße Flecken an Brust und Zehen erlaubt. Der neueste Standard erlaubt den schwarzweißen Neufundländer. Haare am Kopf kurz und fein, am Körper lang, schlicht und dick; dichte, fettige Unterwolle. *Welpenpreis:* 1200 DM bis 1400 DM. *Gezüchtete Hunde pro Jahr:* 592.
Typische Krankheiten: Hüftgelenksdysplasie, Ektropium, Entropium, Netzhauterkrankungen, Herz- und Gefäßmißbildungen sowie -erkrankungen, Knorpeldefekte im Wachstum, Knieerkrankungen, Wolfsklaue, Vielzahnigkeit, Vielfingrigkeit, Hautwuchs auf der Hornhaut, Ellenbogendysplasie, Allergie, Verknöcherung der Rückenmarkshaut, unproportionierter Größen- und Breitenwuchs von Kopf und Extremitäten.

Landseer

Schulterhöhe: bis 80 cm. *Gewicht:* bis 75 kg. *Farbe:* weiß mit schwarzen Platten, Kopf soll schwarz sein. Haare schlicht und fein. *Welpenpreis:* 1300 DM bis 1500 DM. *Gezüchtete Hunde pro Jahr:* 135.
Typische Krankheiten: Hüftgelenksdysplasie, Knieerkrankungen, Knorpeldefekte im Wachstum, Herz- und Gefäßmißbildungen

sowie -erkrankungen, Allergieneigung, unproportionaler Größen- und Breitenwuchs von Kopf und Extremitäten, Ektropium, Entropium, Wolfsklauen, Vielfingrigkeit, Hautanlagen auf der Hornhaut.

Der Ursprung der Rasse ist nicht eindeutig. Seit Mitte des 18. Jahrhunderts gibt es den Neufundländer, der für die Fischer das war, was die verschiedenen Hütehunde für die Hirten darstellten: Arbeitskameraden. Dementsprechend sahen die Hunde anders aus als heute: leichter – natürlich – und ohne den jetzt typischen runden Kopf, mit höchst unterschiedlicher Behaarung und in verschiedenen Farben. Neufundländer und Landseer waren *eine* Rasse und sind es im Grunde auch heute.
Der schwarz-weiße Schlag, vom britischen Tiermaler Sir Edwin Landseer (1802 bis 1873) verewigt, wurde vorübergehend als eigene Rasse gezüchtet, ging dann sozusagen im schwarzen Neufundländer unter und wurde wieder aus ihm herausgezüchtet.
Seit 1959 ist der Landseer nun wieder ein Landseer und *kein* Neufundländer.
Was das bedeuten soll, ist wieder einmal recht unerfindlich und bewegt sich an der Grenze zum Lächerlichen; zumal neuerdings in den Standard des Neufundländers die schwarzweiße Variante wiederaufgenommen wurde. Nun gibt es also schwarzweiße Neufundländer *neben* Landseern, die ohnehin schwarz-weiß sind. Den Unterschied hätte nicht mal Sir Edwin malen können.
Vielleicht könnte man sagen: Der Landseer ist etwas hochbeiniger als der Neufundländer, wenn der nicht so hochbeinig ist.
Spaß beiseite: Die Züchter sollten sich nicht mit derartigen Spiegelfechtereien beschäftigen, sondern alle Mühe aufwenden, ihre Rasse wieder gesünder zu machen: Außerdem sollten sie Preisrichter feuern, die viel zu fette Neufundländer nach vorn stellen, weil die so schön »bärenartig« aussehen. Generell sind Neufundländer zu dick, was sie noch kranker, noch kurzlebiger macht.
Keiner sollte sich einen solchen Hund anschaffen, wenn er ihm nicht sein Lebenselixier bieten kann: Wasser – das Meer, einen See, einen Fluß, wenigstens einen Teich. Diese Hunde sind begeisterte und unermüdliche Schwimmer und im Wasser erst eigentlich in ihrem Element.
Man kann es ihnen nicht verweigern, ohne sich der Tierquälerei schuldig zu machen.
1904 gab Richard Strebel, geboren 1861, ein zweibändiges Buch heraus: »Die deutschen Hunde«. Auf der ersten Innenseite dann die stark erweiternde Überraschung: »mit Hinzuziehung und Besprechung sämtlicher Hunderassen«.
Man ist erleichtert, denn Strebel verstand zweifellos eine Menge von Hunden und war ein akribischer Chronist seiner Epoche. Ein linearer, aufrechter Denker, konnte er noch einer bedeutenden Rasse arglos große Verbreitung wünschen. Das folgende Zitat macht klar, wie weit sich die Hundezucht acht Jahrzehnte später von ihrem einstigen und einzigen Ziel, der »Erschaffung« schöner und gesunder Hunde, entfernt hat.
»Alles in allem ist der Neufundländer dank seiner hervorragenden Intelligenz, Treue, Anhänglichkeit, Gutmütigkeit und seiner sonst vorzüglichen Eigenschaften ein Hund, der sich aus allen übrigen Rassen sehr vorteilhaft hervorhebt und es verdient, *daß Frau Mode sich seiner annehme,* damit er, sich auf dem Kontinent immer mehr verbreitend, recht viele neue Anhänger gewänne.«
Nun, »Frau Mode« hat sich seiner angenommen, und es ist ihm nicht gut bekommen, diesem liebenswürdigen Riesen, dem der große Lord Byron ein Denkmal setzte. Er betrauerte seinen Neufundländer Boatswain, aber darüber hinaus hat er dem Hund schlechthin damit ein Denkmal gesetzt, wie es eindrucksvoller nicht zu denken ist. Auf der Platte des Grabmals im Park von Newsteat stehen diese Zeilen:

Neufundländer △

▽ Landsee

»An dieser Stelle ruhen die Gebeine von
einem,
Welcher Schönheit besaß ohne Eitelkeit
Stärke ohne Übermut – Mut ohne Wildheit
Und alle Tugenden des Menschen ohne
seine Laster.
Dieses Lob, unpassende Schmeichelei
wäre es,
Über menschliche Asche geschrieben.
Nur ein gerechter Tribut ist es
Für das Andenken von Boatswain, einem
Hunde,
Der geboren war auf Neufundland
Mai 1803
Und starb zu Newsteat Abbey 18. November 1808.«

Norwich Terrier
Norfolk Terrier

Schulterhöhe: 25 cm bis 26 cm. *Farbe:* alle Schattierungen von rot, weizenfarben, schwarz-lohfarben oder grizzle. Wird nur geringfügig mit dem Messer getrimmt. *Welpenpreis* (Norwich): 1500 DM. *Welpenpreis* (Norfolk): 1000 DM bis 1600 DM. *Gezüchtete Hunde pro Jahr:* Norwich: 31, Norfolk: 28.
Typische Krankheit: Geburtsschwierigkeiten.

Eigentlich sind Norwich und Norfolk Terrier eine Rasse, wenn da nicht die Ohren wären. Beim Norwich stehen sie, und beim Norfolk hängen sie. Deshalb hat sich diese junge Terrier-Rasse (1972 anerkannt) 1964 noch einmal gegabelt. Da wurde aus dem hängeohrigen Norwich der Norfolk Terrier. Und es gibt noch einen weiteren Unterschied. Der Norfolk Terrier darf seinen Schwanz behalten, beim Norwich Terrier muß er laut Standard immer noch abgehackt werden.
Diese kleinen Terrier stammen ursprünglich aus der Stadt Norwich in Norfolk. Dort wurden sie von dem Bereiter Frank Jones gezüchtet. Deshalb waren sie am Anfang auch unter dem Namen »Jones Terrier« bekannt. Außerdem nannte man sie noch »Trumpington Terrier«, nach der Trumpington-Straße in der Universitätsstadt Cambridge, in der ein Hundehändler seinen Laden hatte, der vor allem Studenten mit den kleinen Terriern belieferte. Aber auch auf dem Land waren sie sehr beliebt. So ist überliefert, daß einer der kleinen Terrier – ob mit Steh- oder Hängeohren, wird nicht erwähnt – an einem Tag während des Dreschens achtzig Ratten erledigte.
Bei uns werden Norwich und Norfolk sicher bald populärer. Einige bekannte Terrier-Züchter haben ihr Augenmerk auf sie gerichtet und sich bereits die ersten Hunde angeschafft. Allerdings ist ihre Zucht nicht ganz unproblematisch, da es wegen der Kürze der Hunde zu Geburtsschwierigkeiten kommen kann.
Doch sind Norwich und Norfolk sicher viel empfehlenswerter als manche andere, kleine verzärtelte Hunderasse. Sie haben ein vergnügtes, liebenswertes Wesen, lieben Kinder und sind sehr umgänglich mit anderen Hunden. Auch für alte Leute in kleinen Wohnungen sind sie ideal. In England werden die kleinen Terrier sehr geschätzt und wegen ihrer witzigen Ausstrahlung »Kobolde« genannt.

Pekinese

Schulterhöhe: 15 cm bis 25 cm. *Gewicht:* bis 5,5 kg. *Farbe:* alle erlaubt. Haare lang und glatt und äußerst üppig mit dichter Unterwolle. Sehr pflegebedürftig! *Welpenpreis:* 1000 DM bis 2000 DM. *Gezüchtete Hunde pro Jahr:* 178.
Typische Krankheiten: Hornhautentzündungen sowie -geschwüre, Augapfelvorfall, Gaumen-Rachen-Spalte, Bandscheibenvorfall, Wasserkopf, Geburtsschwierigkeiten, Zerstörung von Oberarm- und Oberschen-

kelkopf mit Folgen, Kniescheibenluxation, Wimpernmißbildungen, Harnsteinbildung, Ekzeme in Hautfalte zum inneren Lidwinkel, Zwergwuchs, Herz- und Gefäßmißbildungen sowie -erkrankungen.

Nachdem die Briten wieder einmal einen Aufstand gegen ihre Kolonialherrschaft niedergeworfen und Peking erobert hatten – Mitte des vorigen Jahrhunderts –, stahlen sie unter anderem die kleinen Hündchen aus dem kaiserlichen Palast, brachten sie nach England und sorgten dafür, daß sie vom »Kennel Club« anerkannt wurden. Das war 1860. Seitdem rollt der Winzling mit gravitätischem Gehabe und mürrischem Gesichtsausdruck durch die Salons Europas, auch dann noch, als sie zu Wohnzimmern geworden waren.
Die Hündchen sind natürlich mehrfach behindert: durch ihr sinnlos langes Fell, das ihren Körperbau völlig verheimlicht (zu gerne würde ich mal einen Pekinesen mit ganz kurzem Haar sehen), und durch den Mangel an Nase. Den winzigen schwarzen Druckknopf in der Mitte des Puppengesichtchens kann man nicht mehr als Nase bezeichnen. Die gewaltigen Glotzaugen sind hoch gefährdet. Ein Hund, der für die freie Natur nicht geeignet ist, ein Hund infolgedessen, gegen den man ernste Einwände haben muß.
Aber: ein Zwerg mit viel Charakter. Im Standard steht, »er solle furchtlos und wachsam sein ...«, und, bei Gott, das ist er: Mißtrauisch gegen Fremde, wäre mit ihm nicht gut Kirschen essen, wenn man den Wütenden nicht am Genick nehmen und vor die Tür setzen könnte. Mit Kindern pflegt er keinen Umgang.
Einer der Hunde, die beim Tierarzt ungern gesehen werden. Eine Untersuchung erweist sich als schweißtreibend für den armen Veterinär: Der chinesische Minimandarin beißt um sich! Hält man ihn dann mit bewährtem Griff im Nacken nieder, läuft man Gefahr, daß ihm die Augen aus dem Kopf fallen. Vor Aufregung und Anstrengung und definitiv. Also lockert der Arzt den Griff, und schon beißt das kleine Luder wieder.
Ich kannte ein Ehepaar, das alle paar Wochen eine neue Haushaltshilfe suchte: Der Pekinese der Dame des Hauses fand es unzulässig, wenn in Abwesenheit der Herrschaft das Mobiliar berührt wurde, und sei es auch nur mit dem Staubtuch. Er zwickte die Putzende in die Beine, bis sie auf den Job verzichtete.
Es gibt natürlich auch durchaus freundliche Exemplare, aber das sieht man dem faustgroßen Welpen nicht an, wenn man ihn übernimmt. Anzumerken ist, daß die Pekinesen im alten China so winzig gewesen sein sollen, daß die Hofdamen sie im Ärmel des Kimonos herumtragen konnten. Da ist die Entwicklung einer Rasse also einmal den umgekehrten Weg gegangen: Die heutigen Hündchen haben immerhin ein Gewicht, das an der unteren Grenze des Duldbaren liegt. Besonders winzige Exemplare werden, so wurde mir glaubhaft versichert, nicht in der Zucht eingesetzt.
Der Pekinese hat die Furchtlosigkeit und Wesensstärke, die den Deutschen Doggen zum Beispiel so traurig abhanden gekommen ist. Trotz seiner Behinderung kann er bei sorgfältiger Pflege, und wenn ihn kein großer Hund beim Anstänkern ernst nimmt, sehr alt werden.

Pinscher → Zwergpinscher und Deutscher Pinscher

PON

Schulterhöhe: Rüde: 45 cm bis 50 cm. Hündinnen: 42 cm bis 47 cm. *Farbe:* Alle sind erlaubt. Meistens ist der PON jedoch grau, schwarz-weiß oder grau-weiß. Sein ganzer Körper ist mit langem, dickem, zottigem Haar bedeckt. Er muß gründlich gepflegt werden, sonst verfilzt das Fell. *Welpen-*

preis: 1000 DM bis 1600 DM. *Gezüchtete Hunde pro Jahr:* 130.
Typische Krankheiten: Progressive Retinaatrophie (PRA), Knorpeldefekte im Wachstum, Hüftgelenksdysplasie, Knieerkrankungen, verkürzte Ruten, Kieferfehlstellungen, Krämpfe in der Säugeperiode.

PON ist die Abkürzung für Polski Owczarek Nizinny, was übersetzt polnischer Niederungs-Hütehund heißt. Aber bleiben wir lieber bei der schlichten Bezeichnung PON. Diese Rasse hat endlich mal keine Väter, sondern zwei Mütter: die Tierärztin Danuta Hryniewicz und die Hundeliebhaberin Maria Dubrowinowa. Danuta Hryniewicz unternahm als Studentin während der Semesterferien viele Wanderungen durch ihr Heimatland. Dabei begegnete sie immer wieder mittelgroßen, zottigen Hunden, die vor allem an der Ostseeküste und in südlich angrenzenden Gebieten zu Hause waren. Die Tiere dienten seit Jahrhunderten als Hof- und Hütehunde bei Bauern, Schäfern und Hirten. In Funktion und Äußerem ähneln sie ein wenig den ungarischen Pumis und Pulis, dem englischen Bearded Collie und Old English Sheepdog. Doch von Rasse war bei ihnen damals noch keine Rede. Danuta Hryniewicz gefielen die Hunde vor allem wegen ihrer »außergewöhnlichen Lernfähigkeit und Intelligenz«.
Gleich nach Kriegsende begann sie zusammen mit Maria Dubrowinowa die typischen Vertreter des polnischen Hütehundes, die nach der Verwüstung noch übriggeblieben waren, zu registrieren und aufzukaufen. 1949 wurde dann in Frau Hryniewicz' Zwinger »Kordergardy« der Rüde »Smok« geboren, der ein Topvererber war und mit seinen Nachkommen die Rasse auf den richtigen Weg brachte. Seit 1963 ist der PON international als Rassehund anerkannt.
In der Bundesrepublik eroberte sich der PON in den siebziger Jahren einen kleinen, aber treuen Freundeskreis. Seine Popularität ist seitdem ständig im Wachsen. Doch der »PON-Klub« ist alles andere als ein Vermehrungsverein. In jedem Zwinger dürfen pro Jahr insgesamt höchstens vier Würfe fallen. Außerdem bekommen die Züchter erst eine Wurfgenehmigung, wenn sie mindestens fünf Käufer für die noch ungeborenen Welpen nachweisen können. So kann es beim PON nie zu einer Hundeschwemme kommen. Damit die Welpen gut ins Leben starten können und nicht von Anfang an Problemhunde werden, ist ein sogenanntes »Welpenbetreuungsjahr« eingeführt worden. Während dieser Zeit können sich die neuen, manchmal unerfahrenen Besitzer jederzeit Rat und Tat bei den Experten holen, und außerdem bekommen sie die Klubzeitung und Informationsmaterial kostenlos. Alles Regelungen, an denen sich viele größere Hundevereine ein Beispiel nehmen können.
Der PON wurde auf einer sehr schmalen Zuchtbasis aufgebaut und mit ziemlich hohem Inzuchtgrad gezüchtet. Deshalb sind die Würfe nicht sehr groß (im Durchschnitt 3,8 Welpen). Heute wird streng darauf geachtet, daß der Hund robust bleibt. HD-Röntgen ist Pflicht, außerdem gibt es Streit mit dem Heimatland der Rasse um die Rute des PON. Die deutschen PON-Liebhaber möchten ihren Hund nur noch mit langem Schwanz züchten. Im polnischen Standard jedoch sind angeborene Stummelrute oder ein kupierter Schwanz vorgeschrieben. Unsere PON-Züchter geißeln die Stummelrute als »gesundheitsgefährdende Mißbildung«, und auch kupiert werden soll der Hund nicht mehr. Man will ihn möglichst naturbelassen.
Bisher sind die Polen allerdings nicht bereit, den Rassestandard zu ändern. Deshalb versucht der »PON-Klub« jetzt – ganz kapitalistisch – eine Regelung über den Preis durchzusetzen. Schwanzlose Hunde sollen künftig nur noch 1000 DM kosten, für die mit Rute werden dagegen 1600 DM verlangt. Vielleicht nützt das ja, denn der Export ihrer Hunde bringt den polnischen Züchtern die begehrten Devisen.

Norfolk Terrier △

▽ Norwich Terrie

'ekinese △ ▽ PON

In einem anderen Punkt hält man dagegen auch bei uns verbissen am Standard fest, in dem es heißt: »Die langen Kopfhaare bedecken die Augen auf typische Weise.« Diese unsinnige Matte, die nicht einmal einen »treuen« Hundeblick gestattet, wird von den PON-Leuten mit aberwitzigen Argumenten verteidigt: »Das ist wie mit einer Gardine. Man kann nach draußen gucken, aber niemand kann reinschauen.« Dennoch empfinden PON-Besitzer es als Beleidigung, wenn ihr Wuschel als »Mini-Bobtail« bezeichnet wird.

Pudel

Großpudel: *Schulterhöhe:* 45 cm bis 58 cm. *Gewicht:* bis 22 kg.
Kleinpudel: *Schulterhöhe:* 35 cm bis 45 cm. *Gewicht:* etwa um 15 kg.
Zwergpudel: *Schulterhöhe:* 28 cm bis 35 cm. *Gewicht:* etwa um 4 kg.
Farbe: schwarz, weiß, braun, silbergrau, apricot. Haar gekräuselt, fein und dicht. *Welpenpreis:* 700 DM bis 1000 DM. *Gezüchtete Hunde pro Jahr:* 2351.
Typische Krankheiten: Zahnfleischentzündungen, Gehörgangsentzündungen, Pfotenlecken mit Haarauszug, Mandelentzündungen, Kniescheibenluxationen, Harnsteinbildung, Zwergwuchs, Bandscheibenerkrankungen, Zuckerkrankheit, Netzhauterkrankungen, Bauchspeicheldrüsenunterfunktion, Auflösung des Oberschenkelkopfes, Sesambeinteilung, Zerstörung von Oberarm- und Oberschenkelkopf mit Folgen, eleptiforme Krämpfe, Versagen der Nebennierenrinde, Fehlen des Tränennasenkanales, zu kleiner Augapfel, Linsentrübung, Herz- und Gefäßmißbildungen sowie -erkrankungen.

Alt ist die Rasse bestimmt, aber über ihren Ursprung weiß man dennoch nichts Genaues. Als Kreuzung der Bracke mit dem zotthaarigen Schäferhund soll sie entstanden sein, und zwar überall dort, wo es diese beiden Rassen schon gab, also gewiß in ganz Europa.
Als »Pudel« oder »Budel« bezeichnet, tritt er um 1700 herum auf, aber es gibt eine Abbildung aus dem 16. Jahrhundert, die ihn bereits als Löwe frisiert zeigt. Das wiederum beweist, daß die menschliche Dummheit keine Erfindung der Neuzeit ist. Falls es dieses Beweises bedurft hätte.
Sicher ist auch, daß er Eigenschaften besaß und besitzt, die ihn über viele Jahrhunderte in steigendem Maße beliebt machten. Und das aus gutem Grund und mit vollem Recht.
Der Pudel ist ein ganz außerordentlich intelligenter und liebenswürdiger Hund. Bevor er zum Modehund wurde, war er als Wasserjagdhund unübertroffen: schnell, leicht und ein vorzüglicher Apportierer. Das ist er bis heute geblieben.
Seine Prominenz hat inzwischen – aus unerfindlichen Gründen – nachgelassen. Vielleicht auch deswegen, weil er, seiner idiotischen Frisur zum Trotz, immer ein ganz normaler Hund geblieben ist. Nicht zu groß, nicht zu schwer, nicht zu kurz, nicht zu lang, ohne irgendwelche physischen Besonderheiten. Wenn man mal davon absieht, daß man ihn, wie so viele andere Rassen, verzwergt hat – inklusive der damit verbundenen Mißbildungen und Krankheiten. Damit aber nicht genug: Der Toy-Pudel (Toy steht für die allerstärkste Minimierung einer Rasse) – der Toy ist da! Elf Ländervertretungen wollten ihn nicht, aber da der Pudel und sein Standard Franzosen sind, hat Frankreich das Sagen, und Frankreich will ihn. Was da für ein klappriges Stückchen Elend auf die Tierärzte zukommt, ist programmiert. Erbärmlich, wer sich so was ausdenkt und realisiert, angesichts der Tatsache, daß sich die lange Liste der pudeltypischen Defekte vorher schon vorrangig auf die Zwergformen bezieht.
Der Großpudel, ein besonders schöner und eleganter Hund, ist zu seinem Glück schon lange »out«. Aber immer gab es genug da-

von, um den Bestand einigermaßen intakt zu halten.

Mein erster Hund überhaupt war ein Zwergschnauzer; um ihn trimmen zu lassen, ging ich in die Lietzenburger Straße in Berlin zu einem Herrn Thum, der dort einen »Hundesalon« hatte und außerdem Pudel züchtete. Das war Ende der dreißiger Jahre, und meines Wissens hat dieser Herr Thum die eigentlich naheliegende Idee gehabt, mit dem albernen Rokokogeschnipsel am Pudel aufzuhören und ihm einen Haarschnitt zu verpassen, der sich an seiner Körperform orientiert. Damit setzte Herr Thum sein Leben aufs Spiel. Morddrohungen der konservativen Pudelfreunde waren an der Tagesordnung, Ausschluß aus dem Verband zwangsläufig.

Der von ihm gegründete Dissidentenverein wurde mit allen gesetzlichen und ungesetzlichen Mitteln verfolgt, und es vergingen Jahre, bis der Pudel in dieser Aufmachung bei Ausstellungen bewertet werden durfte. Besser gesagt: mußte.

Die ebenso dämliche wie quälerische sogenannte französische Schur, heute wieder Löwenschur genannt, bei der der Hund seines Haarkleids beraubt wird, da, wo er es am nötigsten braucht, nämlich am Unterleib, gibt es nach wie vor.

Der Standard befaßt sich mit diesen Frisierkünsten über zwei Seiten, und das ganze Gelaber ist derartig grotesk, daß ich es hier in voller Länge wiedergebe. Zur Abschreckung. Man möchte nicht glauben, was da geschrieben wird, weil es doch nichts, aber auch gar nichts mit dem Hund zu tun hat, der dieses elende Geschnipsel über sich ergehen lassen muß. (Zu beachten ist, daß sich die letzten beiden Absätze im Kapitel »Reguliertes Fell« unter b) *direkt* widersprechen!)

»Anerkannte Ausstellungsschuren

Löwenschur – Der Pudel, ob er ein lockiges oder geschnürtes Wollkleid hat, wird am Hinterteil *bis zu den Rippen geschoren.* Ebenfalls werden geschoren: die Schnauze, ober- und unterhalb der unteren Augenlider, die Backen, die Vorder- und Hinterpfoten *bis auf Manschetten oder Ringe und beliebige Muster, die auf dem Hinterteil bleiben können,* die Rute, außer einem runden oder längeren Pompon, der übrigbleibt.

Ein Schnurrbart ist für alle Farben vorgeschrieben.

An den Vordergliedmaßen ist es erlaubt, ein Haarkleid, »Hose« genannt, zu lassen.

›Moderne Schur‹ – An den Hinter- und Vordergliedmaßen darf das Haarkleid belassen werden, wenn folgende Vorschriften unbedingt beachtet werden:

1. Es werden geschoren:
   a) Der untere Teil der Vordergliedmaßen, von den Nägeln bis zu der Spitze des Sporns; der untere Teil der Hintergliedmaßen bis zu einer entsprechenden Höhe. Mit der Schermaschine dürfen die Zehen geschoren werden.
   b) Kopf und Rute gemäß den vorgenannten Regeln.
   In dieser Schur können nur zugelassen werden:
   – Am Unterkiefer darf ein kurzer Bart bleiben, der nicht dicker als 1 cm sein soll, dessen untere Linie parallel zum Kiefer geschnitten wird.
   Der Bart, ›de bouc‹ (Kinnbart) genannt, ist nicht erlaubt. – Der Pompon an der Rute kann weggelassen werden (dieses aber bildet einen Nachteil für die ›Gefüge der Schur‹).
2. *Gekürztes Fell:* Auf dem Körper, um auf der Rückenpartie eine mehr oder weniger lange Moirierung, mindestens aber 1 cm, zu haben. Die Länge wird zu den Rippen hin und oberhalb der Gliedmaßen allmählich gesteigert.
3. *Reguliertes Fell:*
   a) Auf dem Kopf, auf dem eine Krone mit *vernünftiger Höhe* bleibt, genau wie auf dem Hals bis zu der Widerristhöhe und vorne ohne Unterbrechung bis zu dem geschorenen Teil des Fußes, nach einer leicht schrägen Linie vom Oberteil der Vorderbrust an.
   Über die Ohren, bis höchstens auf ein

Pudel (Großpudel – Modeschur) △

▽ Pyrenäenberghund

Drittel ihrer Länge, kann das Fell mit der Schere kürzer gemacht werden oder in der Richtung des Fells geschoren werden. Das Unterteil wird mit Haar bedeckt gelassen, dessen Länge sich allmählich von oben nach unten erhöht; *sie enden mit Fransen, die mit der Schere ausgeglichen werden.*

b) *Auf den Gliedern eine Hose, die einen richtigen Unterschied zum geschorenen Teil der Füße bildet.* Die Länge der Haare erhöht sich allmählich nach oben, damit sie 4 cm bis 7 cm (Haare gezogen) auf der Schulter sowie auf dem Schenkel bildet. Die Länge des Fells hängt von der Größe des Pudels ab, die nicht bauschig aussehen soll. *Die Hose am Hinterteil soll die typische Struktur des Pudels hervorheben.*

Eine andere Schur, die diesen Regeln nicht entspricht, soll weggelassen werden.

Egal, wie die Form auch ist, die man nach der Toilette bekommen hat, darf diese auf keinen Fall die Klassierung auf Ausstellungen beeinflussen. Alle Hunde der gleichen Klasse sollen zusammen gerichtet und klassiert werden.

Englische Schur – Zu der Löwenschur werden Motive, zum Beispiel Ringe oder Manschetten an den Hinterbeinen, hinzugefügt. Auf dem Kopf ein Haarschopf. Für diese Schur ist der Schnurrbart unverbindlich.«

Zur Ehrenrettung des »Deutschen Pudelclubs« muß gesagt werden, daß jener diesen ganzen, höchst amüsant übersetzten Frisierkram aus dem originalen französischen Standard schamhaft gestrichen hat und nur die drei erlaubten Schurmöglichkeiten erwähnt. Denn: Pudel, die zum Beispiel so belassen sind, wie sie nun mal aussehen, dürfen auf Ausstellungen zwar gezeigt werden, können aber die höheren Weihen (CAC, CACIB etc.) nicht erlangen.

»Das also ist des Pudels Kern«, läßt Goethe, sein prominentester Chronist, Faust sagen, als der schwarze Pudel in der Studierstube sich unversehens in Mephistopheles verwandelt. In Wahrheit ist des Pudels Kern immer ein guter gewesen, lächerlich gemacht haben ihn seine »Freunde und Gönner«.

Pudel sind ideale Hausgenossen: Wer mit ihnen Kontakt bekommt, kann sich ihrem Charme nicht entziehen.

Und: Ob man's glaubt oder nicht, sie haaren nicht!

Puli → Ungarische Hirtenhunde

Pyrenäenberghund

Schulterhöhe: Rüden: 70 cm bis 80 cm. Hündinnen: 65 cm bis 72 cm. Eine Toleranz von plus oder minus 2 cm ist erlaubt für Hunde, die den Standard in besonderem Maße erfüllen. *Farbe:* weiß oder weiß mit wolfsgrauen Flecken; die Flecken können auch blaßgelb oder dachsfarbig an den Ohren und am Rutenansatz sein. *Welpenpreis:* 1500 DM. *Gezüchtete Hunde pro Jahr:* 104. *Typische Krankheiten:* Hüftgelenksdysplasie, Ellenbogengelenksdysplasie, lokal begrenzte Auflösung des Knorpels am Oberarmkopf, Verknöcherung einer Rückenmarkshaut.

Der Pyrenäenberghund gehört ebenfalls zu den großen weißen Hirtenhundrassen, die sich überall in Europa finden. Er ist der größte unter den Hirtenhunden, und seine majestätische Erscheinung gefiel schon dem Sonnenkönig Ludwig XIV. so, daß er ihn aus seiner wilden, pyrenäischen Bergwelt an den Hof nach Versailles holen ließ. Danach wurde er beim französischen Adel und auch von reichen Bürgersleuten gern als Renommierhund benutzt.

Im »Sportblatt für Züchter und Liebhaber von Rassehunden« war 1817 über den Pyrenäenberghund zu lesen: »Die Bergführer der zahlreichen pyrenäischen Bäder und Sommerfrischen züchten diese Rasse und im wildromantischen Canterets, einem Or-

te ähnlich wie Gastein, sieht man sie ihre Produkte auf den Promenaden den Großstädtern Frankreichs feilbieten. Die Französin verliebt sich in den prächtigen Pelz, und fällt ein Spiel am ›table des chevaux‹ günstig für sie aus, schwapp!, nimmt sie als Andenken eine ›puppé du Midi‹ mit nach Hause.«
Bei uns erfreut sich der Pyrenäenberghund heute zunehmender Beliebtheit. Er ist nicht so schwierig wie der Kuvasz und beweglicher als Bernhardiner oder Neufundländer. Seine Zucht wird regelmäßig nur von vier Züchtern betrieben, die sorgfältig darauf achten, daß er nicht zu Leuten kommt, die nur mit der Größe des Pyrenäen angeben wollen. Sie legen auch von sich aus strenge Maßstäbe zur Bekämpfung der Hüftgelenksdysplasie an und wollen dem Riesen unbedingt sein freundliches, gelassenes Wesen erhalten. Der Pyrenäenberghund hat es noch nicht zu einem eigenen Klub gebracht. Er wird mitbetreut vom »Klub für Ungarische Hirtenhunde«.

Rhodesian Ridgeback

Schulterhöhe: Rüden: 64 cm bis 69 cm. Hündinnen: 61 cm bis 66 cm. *Farbe:* Hell bis rotweizen. Weiß auf der Brust und den Pfoten ist erlaubt. Sehr pflegeleicht. *Welpenpreis:* 1000 DM bis 2000 DM. *Gezüchtete Hunde pro Jahr:* 183.
Typische Krankheiten: Knorpeldefekte im Wachstum, Einstülpungen von Hautteilen in darunterliegendes Gewebe mit teilweise schwerwiegenden Folgen (Niederbruch auf der Nachhand).

Das Charakteristische am Ridgeback ist ein vom Widerrist bis zur Kuppe in der Gegenrichtung wachsender, etwa 6 cm breiter Fellstreifen. Der sieht aus, als habe der Hund ständig ein gesträubtes Fell. Von dieser Besonderheit leitete sich sein Name ab. Ridgeback heißt aus dem Englischen übersetzt soviel wie »Kammrücken«. Vor 500 Jahren beschrieben portugiesische Siedler in Südafrika den Vorfahren des Ridgeback, der bei den Hottentotten lebte, so: »Häßlich, einem Schakal gleichend, die Haare entlang der Wirbelsäule nach vorne gerichtet, aber überaus treu und brauchbar.« Bei den Hottentotten führte der Hund ein hartes, entbehrungsreiches Leben. Er war Wächter der Hütten und Herden, mußte menschliche Feinde, aber auch den Löwen abwehren. Die weißen Siedler waren begeistert von dem »Hottentotten-Hund«. Er war ihren Hunden, die sie aus Europa mitgebracht hatten, im afrikanischen Busch weit überlegen. Nach und nach verfeinerten sie ihn durch Einkreuzen von Bloodhound, Airedale Terrier und Collie. Einen fast legendären Ruf hatte Ende des letzten Jahrhunderts die Rhodesian-Ridgeback-Meute des Großwildjägers van Rooyen aus dem südrhodesischen Mashona-Land. Er ging mit seinen Hunden auf Löwenjagd, und bald bekam der Ridgeback den Beinamen »Löwenhund«.
Das soll aber nicht heißen, daß er den Löwen höchstpersönlich killte. Die Ridgeback-Meute hetzte den König der Tiere vielmehr mit geschickten Scheinattacken müde, bis der Jäger dann aus geringer Entfernung zum Schuß kam. Aber auch diese Arbeit war für den Hund gefährlich genug und erforderte von ihm Mut und Geschicklichkeit.
Die Erfahrung mit dem Löwen macht ihn heute in Afrika zum geschätzten Wachhund. Dort sind Villeneinbrecher nämlich auf den Trick gekommen, mit Raubtiergerüchen, die sie sich aus dem Zoo besorgt haben, Hunden Angst einzujagen. Diese Masche jedoch zieht beim Rhodesian Ridgeback nicht.
1924 wurde der Ridgeback offiziell als Jagdhundrasse anerkannt. In seinem Ursprungsland Rhodesien, das inzwischen Simbabwe heißt, gibt es etwa 2000 eingetragene Ridgebacks. Sie sind Wach- und Polizeihunde, werden als Blinden- und Sa-

nitätshunde ausgebildet. Auch in Südafrika und England ist der Ridgeback ziemlich populär.
In der Bundesrepublik wurde 1976 der »Rhodesian Ridgeback Club Deutschland« gegründet. Anne Müller, eine der ältesten, erfahrensten Züchterinnen der Rasse und Besitzerin des Zwingers »Umvuma«, mußte ihre ersten beiden Würfe verschenken, weil niemand den Ridgeback kannte und viele ihn für einen Bastard hielten.
Inzwischen ist das anders geworden. Die Zahl der Ridgeback-Fans wächst. Darunter sind viele ehemalige Doggen-Besitzer, deren Hunde allzu früh gestorben waren, und auch Jäger und Reiter. Allerdings ist der Ridgeback kein Hund für jedermann. Er ist ausgesprochen spätreif, und Kenner bescheinigen ihm eine »mimosenhafte Sensibilität«. Der Ridgeback sollte also keinesfalls in die Hände von sogenannten Hundesportlern gelangen, die ihn eher als Sportgerät betrachten und auf dem Abrichteplatz dressieren wollen. Der Ridgeback wird sicher auch so ohne das Abrichten ein zuverlässiger Wachhund, denn er hat – so haben es viele Besitzer an ihrem Hund beobachtet – einen angeborenen »sechsten Sinn für Gefahr«. Und Gott sei Dank ist bei ihm, im Gegensatz zu einigen anderen großen Hunderassen, die Reizschwelle ziemlich hoch.
Der Ridgeback ist eine noch junge Rasse und deshalb noch nicht völlig durchgezüchtet. Es gibt Ridgebacks, die sind windhundartig schlank, andere wiederum sind fast so bullig wie Rottweiler. Aber vielleicht gerade deshalb ist der Ridgeback noch recht gesund. Völlig frei von Hüftgelenksdysplasie sind 83 Prozent. Das ist für eine so große und schwere Rasse ein beachtlicher Wert.
Der »Ridgeback-Club« sollte allerdings aufhören, seinen schönen Hund mit folgendem Werbespruch zu belasten: »Wenn Sie einen Diamanten aus Südafrika tragen, so seien Sie sicher: Er wurde von einem Ridgeback bewacht.« Das wird manchen Hundeliebhaber, der weiß, unter welchen Bedingungen Schwarze in südafrikanischen Minen arbeiten müssen, vom Kauf eher abschrecken.

Rottweiler

Schulterhöhe: Rüden: 60 cm bis 68 cm. Hündinnen: 55 cm bis 63 cm. *Farbe:* schwarz mit rotbraunen, klar abgegrenzten Abzeichen. Sehr pflegeleicht. *Welpenpreis:* etwa 1000 DM. *Gezüchtete Hunde pro Jahr:* 2200.
Typische Krankheiten: Entropium, Hüftgelenksdysplasie, Knorpeldefekte im Wachstum, Netzhauterkrankungen, Ellenbogengelenksdysplasie, Zuckerkrankheit.

Um die Jahrhundertwende wurde der Rottweiler noch von dem Kynologen Richard Strebel als Rottweiler Metzgerhund bezeichnet. Und das war er auch – vierbeiniger Gehilfe beim Treiben und Zusammenhalten des Viehs auf dem Weg ins Schlachthaus. Mutig und ausdauernd mußte dieser Hund sein, aber sicher nicht zu aggressiv, sonst hätte er das Vieh in Panik versetzt. Manchmal wurde er auch als Zughund benutzt.
Rottweil, die schwäbische Stadt am Nekkar, hat ihm seinen Namen gegeben. In der ehemals römischen Siedlung kreuzten sich die Handelswege. Hier trafen sich früher Metzger und Viehhändler aus aller Herren Länder. Schon damals muß es viel zu viele Hunde gegeben haben. Aus der Stadtchronik ist ein Ratsbeschluß von 1610 überliefert, in dem angeordnet wird, daß jeder Metzgermeister nur noch einen Hund besitzen darf.
Und auch ein Beschwerdebrief, datiert aus dem Jahre 1849, ist noch vorhanden, in dem sich ein Rottweiler Bürger darüber beklagt, »daß Meister, Knechte und Lehrlinge die rohe Freude daran haben, wenn die Hunde sich im Raufen recht auszeichnen, weshalb sie dieselben im Stillen noch het-

Rhodesian Ridgeback △ ▽ Rottweiler

zen«. Der Brief könnte auch heute geschrieben sein. Doch seit längerem schon steht Rottweil zu seinem Rottweiler. Der Oberbürgermeister hat die Schirmherrschaft des »Allgemeinen Deutschen Rottweiler-Klubs« übernommen und besitzt selber einen der ehemaligen Fleischerhunde.

Die Metzger nannten damals ihre Hunde »Stumper«, und der schon erwähnte Kynologe Strebel schmeichelte dem Rottweiler nicht gerade: »Nichts Bestechendes oder Einnehmendes bekundet sein Wesen.« Nach Protokollen von einer Schönheitsausstellung im Jahr 1907 machten die dort gezeigten Rottweiler sogar einen »fixköterähnlichen Eindruck« und fielen auf durch »besondere Häßlichkeit«. Aber es wurde ihnen auch Anerkennung zuteil: »Nach Schluß der Ausstellung sahen wir im Hotel ›National‹ eine Koppel Rottweiler, deren musterhaftes Betragen in diesem eleganten Etablissement eines höchsten Lobes würdig war.«

Überall in Europa hat es früher verschiedene Varianten dieser Metzgerhunde gegeben. Alle starben aus, als Eisenbahn und Auto den Viehtransport übernahmen. Allein der Rottweiler ist übriggeblieben. Schon sehr früh wechselte er hinüber in den Polizeidienst. In Kiel erregte ein Rottweiler Aufsehen, der ganz alleine auf Kommando seines Polizisten 14 betrunkene Matrosen, die vorher in einer Kneipe randaliert hatten, zur Wache trieb. Und auch mit »Flock von Hamburg«, Hundepolizist in der Hansestadt, soll nicht gut Kirschen essen gewesen sein.

Nach und nach wurde der Rottweiler ein beliebter Haus- und Hofhund, wohl auch deshalb, weil sein äußeres Erscheinungsbild einheitlicher und ansprechender geworden war. Doch als er im Zweiten Weltkrieg zum Militär eingezogen werden sollte, mäkelte die Generalität an seinem Wesen herum, sprach manchem Hund die Wehrwürdigkeit ab. Schande für einen deutschen Hund, und deshalb wurde 1941 die sogenannte »Körung« eingeführt, die es auch heute noch gibt. Bevor Rottweiler zur Zucht benutzt werden dürfen, werden Wesen und Äußeres überprüft. Damals hieß es im Goebbels-Ton: »In Zukunft darf es nicht vorkommen, daß wesensschwache oder schußscheue Rottweiler zur Zucht Verwendung finden. Wer Sinn und Verständnis für die heutige, bewegte Zeit hat, der wird zustimmen, daß zur Verteidigung des Vaterlands die schärfsten Maßnahmen die besten sind. So, wie wir hart gegen uns selbst geworden sind, so hart und rücksichtslos müssen wir auch in unseren Zuchtbestrebungen sein.«

Heute beißt der Rottweiler nicht mehr für den Führer, sondern zur Freude der sogenannten Hundesportler, die in seinem Klub das Regiment übernommen haben. Seine Reizschwelle ist sehr niedrig geworden, und man sollte ihm möglichst aus dem Weg gehen. Adolf Pienkoß, acht Jahre lang Vorsitzender des »Rottweiler-Klubs« und Autor eines aufschlußreichen Buches über die Rasse, klagt: »Es ist ein Jammer, was mit den Hunden geschehen ist. Viele halten ihn im Zwinger und nehmen ihn nur heraus, wenn es auf den Übungsplatz geht. Am liebsten hätten sie einen Hund, der auch noch auf glühendes Eisen beißt.« Der bekannte Allround-Richter Uwe Fischer pflichtet ihm bei: »Der Rottweiler ist ein rabiater Hund geworden. Ich fasse ihn beim Richten nicht mehr an. Er langt zu schnell hin.« Komischerweise sei das, so ist von Fischer weiter zu erfahren, nur in der Bundesrepublik der Fall. In den skandinavischen Ländern zum Beispiel, wo er auch oft richtet, sei dieser Hund viel gelassener. Als Metzgerhund hätte der Rottweiler heute wohl keine Chance mehr. Sicher würde so mancher das Vieh in Panik versetzen oder es gleich selbst schlachten. Außerdem ist er im Laufe der Jahre viel zu massig geworden, was bei ihm die Hüftgelenksdysplasie sicher begünstigt. Man kann nur hoffen, daß die Rottweiler-Menschen zur Vernunft kommen, ehe der Gesetzgeber sie eines Tages dazu zwingt.

Saluki

Schulterhöhe: zwischen 58,5 cm und 71 cm. Hündinnen sind proportional kleiner. *Farbe:* weiß, creme, rehbraun, golden, rot, grau mit gelb oder braun, dreifarbig (weiß, schwarz und gelb oder brand) sowie schwarz mit gelb oder brand oder Variationen von diesen Farben. Das Haar ist meistens glatt und von reiner, seidiger Struktur. Aber es gibt auch völlig glatthaarige Salukis, denen jede Befederung oder wollige Behaarung fehlt. *Welpenpreis:* 1200 DM bis 1500 DM. *Gezüchtete Hunde pro Jahr:* 166.
Typische Krankheiten: Neigung zu Kahnbeinfrakturen, Wesensschwäche.

Der Saluki wird in seiner Heimat ähnlich geschätzt wie sein Vetter, der Sloughi. Ein alter Spruch sagt: »Der Saluki ist kein Hund, er ist ein Geschenk Allahs, zu unserem Nutzen und unserer Freude gegeben.« Saluki und Sloughi kommen aus der asiatischen Steppe. Der Sloughi ist ausgewandert nach Nordafrika. Den Saluki findet man heute vor allem noch in Iran, Irak, Saudi-Arabien, Ägypten und Mesopotamien. Beide erfüllen ähnliche Aufgaben und werden ähnlich gehalten. Nach Deutschland kamen die ersten Salukis schon in den zwanziger Jahren mit Friedrich Werner Graf von der Schulenburg, der Gesandter in Teheran war. Heute gibt es bei den deutschen Saluki-Freunden zwei Richtungen, die sich nicht unbedingt grün sind. Die einen schwören auf Hunde, die sie sich aus den Ursprungsländern der Rasse besorgt haben. Die anderen bevorzugen die vornehmen Blutlinien von Champion-Hunden aus England, wo merkwürdigerweise auch der Standard für diese Rasse formuliert wurde, obwohl dort gar nicht das Heimatland der Salukis ist. Gegenseitig wirft man sich vor, »häßliche Importhunde« und »Rennmaschinen« zu besitzen oder »Salon- und Ausstellungshunde«. Ähnliche Konflikte zwischen Leistungsfans und Schönheitszüchtern kennt man auch bei anderen Rassen.
Aber die Probleme beim Saluki liegen eigentlich auf ganz anderem Gebiet. So fragt sich die Saluki-Züchterin Dagmar Hintzenberg-Freisleben mit bei Züchtern ungewöhnlicher Ehrlichkeit: »Müßten wir nicht, wenn wir wirklich aufrichtig und konsequent sein wollen, der Rasse zuliebe die Haltung und Zucht von Salukis bei unseren Lebensverhältnissen ganz ablehnen, da wir ihnen keinen adäquaten Lebensraum bieten können, in dem ihre ursprünglichen Verhaltens- und Wesenseigenschaften ihren Sinn haben?« Eine Frage übrigens, die auch bei manch anderer Rasse angebracht wäre.
Bei uns hat der Saluki außerdem den Ruf, scheu zu sein. Es kursiert der Spruch: »Der Saluki hat Angst vor seinem eigenen Schatten.« Da ist sicher eine Menge dran, und das wird von seinen Züchtern auch gar nicht bestritten. Deshalb sollte man sich bei der Zucht in erster Linie nicht so sehr an Rennbahnzeiten und Schönheitspokalen orientieren, sondern das Wesen des orientalischen Windhundes in Ordnung bringen. Sicher wird ein Saluki distanzierter und reservierter reagieren als zum Beispiel eine nicht so erlesene Haus- oder Hofhundrasse. Doch Tendenzen zum Scheusein, zur Ängstlichkeit und Angstbeißerei sind unangenehm und oft auch gefährlich. Damit sollten solche ohnehin schon komplizierten Rassen nicht belastet sein, sonst werden sie für ihre Besitzer wirklich zur Belastung.

Schnauzer

Drei Varietäten
Riesenschnauzer:
Schulterhöhe: 60 cm bis 70 cm. *Gewicht:* ca. 40 kg. *Farbe:* silbergrau in Variationen, schwarz. Haare: hartes anliegendes Deck-

haar mit Unterwolle. *Welpenpreis:* etwa 1000 DM. *Gezüchtete Hunde pro Jahr:* 1329.
Typische Krankheiten: Knieerkrankungen, Knorpeldefekte im Wachstum, Hüftgelenksdysplasie, Tumorbildung an Knochen (Wolfskrallen), Herz- und Gefäßmißbildungen sowie -erkrankungen, Zerstörung von Oberarm- und Oberschenkelkopf mit Folgen, Unterentwicklung der Nebennierenrinde, zu kleiner Augapfel, Fehlen der Tränenflüssigkeit (Trockenauge), Unterfunktion der Schilddrüse, Bluterkrankheit, Krämpfe in der Säugeperiode, grauer Star, Scheinbluterkrankheit.

Mittelschnauzer:
Schulterhöhe: 40 cm bis 50 cm. *Gewicht:* 15 kg bis 18 kg. Farbe und Haarkleid wie Riesenschnauzer. *Welpenpreis:* etwa 700 DM. *Gezüchtete Hunde pro Jahr:* 1108.
Typische Krankheiten: Harnblasensteine, Trockenauge, Herz- und Gefäßerkrankungen, Epilepsie, Tumoren an Wolfskralle vorn, Schilddrüsenunterfunktion, Mikrophthalmus, Nierenrindenunterentwicklung, Zahnvielzahl, Zerstörung von Oberarm- und Oberschenkelkopf mit Folgen, Bluterkrankheit, grauer Star, Eklampsie, Schnauzer-Comedo-Syndrom, bösartige Knochentumoren.

Zwergschnauzer:
Schulterhöhe: 30 cm bis 35 cm. *Gewicht:* etwa 8 kg. *Farbe:* silbergrau, schwarz, weiß, schwarzsilber. Haarkleid wie Mittelschnauzer. *Preis:* etwa 600 DM. *Gezüchtete Hunde pro Jahr:* 952.
Typische Krankheiten: wie Mittelschnauzer.

Schnauzer und Pinscher haben eine lange, aber ungenau dokumentierte Vergangenheit. Das liegt wahrscheinlich daran, daß sie in Hofberichten irgendwelcher Art niemals vorkamen. Diese Hunde gehörten von jeher zum gemeinen Volk, und es ist ihnen gut bekommen. Erst um die Jahrhundertwende trennte man Schnauzer und Pinscher, die aber heute noch in *einem* Club sind.
Der Riesenschnauzer stellte sich 1909 in München auf einer Spezialschau unter dem gewaltigen Namen »Russischer Bärenschnauzer« vor. Schwarz. In Wirklichkeit kamen sie aus dem bayerischen Oberland, wo sie schon lange mit Bauern und Viehhändlern lebten, ohne vom Tourismus entdeckt werden zu können, weil es den noch nicht gab. (Jedenfalls nicht in der heutigen paranoiden Form.)
Mein erster Hund war ein Zwergschnauzer, den mir mein Vater schenkte, als ich acht Jahre alt war. Was er sehr bereute, denn er hatte seine Anwaltspraxis innerhalb unserer Wohnung, und »Struppi« bellte ohrenbetäubend und anhaltend. Das tun die kleinen Deibel heute noch sehr gern, und es hört sich ziemlich schrill an. Nichts für ein zartes Nervenkostüm, aber dafür hat der Kleine eine Menge zu bieten. Schade, daß er so heißt, wie er heißt, es handelt sich nämlich um einen kleinen Hund, der nach Körperbau und Gewicht nichts Zwergenhaftes hat. Ein wieselflinker Rattenfänger, mit einer für den Besitzer furchterregenden Furchtlosigkeit. Gottlob nehmen ihn große Hunde meist nicht ernst. Ich hatte meinem eine Menge beigebracht, worunter zwar die Schularbeiten litten, mein Ansehen unter den Mitschülern aber stieg. Wenn eine Streiterei zwischen uns Jungens handgreiflich zu werden drohte, sprang mir Struppi, auf eine Handbewegung hin, auf den Arm und fletschte die unproportional großen Zähne. Niemandem gelang es dann, seine Hand näher als dreißig Zentimeter an mich heranzubringen, das hatte sich ein für allemal gezeigt.
So ein kleiner Schnauzer ist auch heute noch ein richtiger Hund, und sein Format und seine Intelligenz machen ihn problemlos. Gegen das »reizende Hündchen« wird kaum jemand etwas einzuwenden haben. Aber nehmen Sie ihn im Hotel mit runter zum Frühstück, solange Sie sich nicht da-

Saluki △

▽ Schnauzer (Mittelschnauzer – unkupiert

chwarzer Russischer Terrier △

▽ Scottish Terrier

von überzeugt haben, daß er nichts gegen die Tätigkeit des Stubenmädchens einzuwenden hat.
Der Mittelschnauzer hat mir dann später (und bis heute) besonders gut gefallen. Er ist sozusagen komplett: nicht zu groß, nicht zu klein, noch »haltbar«, auch für zierlichere Personen, und absolut zuverlässig. Er neigt leider auch zum Raufen und wird zwangsläufig – im Gegensatz zu seinen kleinen Brüdern – von anderen Rüden dann durchaus ernst genommen. Da tun die auch recht dran. Ein richtiger Kumpel mit besonders großem Bewegungsdrang. Drangsal, gleich welcher Art, verträgt er nicht. Dann wird er hoffnungslos bösartig.
Der Riese unter den dreien ist sowenig ein Riese wie der Zwergschnauzer ein Zwerg. Es ist einfach die noch einmal vergrößerte Ausgabe des mittelgroßen Schnauzers, und so einen hatte ich dann als junger Mann. Wir hingen wie die Kletten aneinander, aber ich stand seinetwegen immer mit einem Bein im Knast. Das machte sein vorzüglich entwickelter Schutzinstinkt, der sich stets an der falschen Stelle auswirkte. Denn wer begegnet einem Bürger unserer Zivilisationsstufe mit autoritärem, ja sogar aggressivem Verhalten, besonders wenn der Hundebesitzer ist? Die Polizei und die »Jagdbeauftragen«, wie diese archaischen Schießknüppelträger sich gerne nennen.
Die Folgen waren für mich dann schwer zu bagatellisieren, obwohl er nie eine Amtsperson *gebissen* hat: Er hatte den Spezialtrick, Uniformträgern, von denen er annahm, daß sie mich bedrohten, mit blitzschnellem Zufassen die Knopfleiste der Jacke herunterzureißen, und manchmal bekam er dabei auch das amtliche Hemd zu fassen. Das nahm dem Betroffenen jegliche Würde, und ich hatte es auszubaden.
Nachdem mein Tommi zwölfjährig gestorben war, kaufte ich mir den schon erwähnten Mops, weil ich große Sehnsucht nach einem Hund hatte, vor dem sich, berechtigt oder nicht, keiner fürchtet.
Wie das Leben so spielt, habe ich einen Mittelschnauzer nie besessen, obwohl ich ihn den anderen beiden Varietäten heute vorziehen würde. Aber: Es gibt *einen* Grund, die Anschaffung eines Schnauzers generell zu überdenken: Diese Rasse muß *getrimmt* werden. Getrimmt, nicht geschoren. Das heißt, das Deckhaar wird, wenn es seine Länge von 2 bis 3 Zentimetern erreicht hat, lose und muß in einer langwierigen und langweiligen Prozedur *ausgezupft* werden. Ungefähr so, wie man Geflügel rupft. Das ist dem Hund angenehm, aber es dauert auch ihm zu lange. Dreimal jährlich ist er mindestens dennoch dran. Wenn nicht, juckt sich der Hund dauernd, und zwar mit Erfolg: Man lebt in Wolken von Haaren, die bei jedem Schütteln die Sonne verdunkeln. Trimmen muß also sein, ist teuer und aufwendig.
Im übrigen: alle drei schöne und charaktervolle Hunde. Der Drang zum Bellen nimmt mit der Größe ab. Die großen Schnauzer haben für meinen Geschmack manchmal zu lange und zu »weiche« Rücken. Von den Proportionen her gefällt mir, wie gesagt, der mittlere am besten. Er darf auch nicht, wie sein großer Bruder, zur Polizei.

Schwarzer Russischer Terrier

Schulterhöhe: Rüden: 67 cm bis 74 cm. Hündinnen: 64 cm bis 72 cm. *Farbe:* schwarz. Häufig untermischt mit einzelnen grauen Haaren. Wird regelmäßig mit dem Messer getrimmt. Rute ist kupiert. *Welpenpreis:* 2000 DM. *Gezüchtete Hunde pro Jahr:* 12.
Typische Krankheit: Hüftgelenksdysplasie.

Der Schwarze Russische Terrier ist eine der jüngsten Hunderassen überhaupt und wurde erst 1984 international anerkannt. Das russische Militär hatte ihn sich für Wach- und Schutzaufgaben systematisch herausgezüchtet aus Airedale Terrier, Riesenschnauzer, Rottweiler und Neufundländer.

Es ist sehr kompliziert, diesen Hund aus der UdSSR in westliche Länder auszuführen. In der Bundesrepublik gibt es erst wenige Exemplare. Doch schon sind die sogenannten »Hunde-Sportler« scharf auf den Schwarzen Russen, steht doch in seinem Standard, daß er einen »aktiven Wehrtrieb« hat, und außerdem überragt er den Airedale, der bisher der König der Terrier war, an Größe und Masse. Die Züchter setzen noch eins drauf und werben mit ihm als »Schutzhund der Roten Armee«.
Ob die Rasse aber wirklich bei uns eine Chance hat, wage ich zu bezweifeln. Die Zuchtbasis ist einfach zu schmal. Beim ersten Wurf in der Bundesrepublik war von sechs gezüchteten Hunden nur einer ohne Hüftgelenksdysplasie.
Jetzt hat sich sogar ein Züchter zur Blutauffrischung von einem Rüden aus Schweden per Flugzeug Samen schicken lassen und seine Hündin damit künstlich befruchtet. Ob es ein Vergnügen ist, hier bei uns russischer Terrier zu sein?

Scottish Terrier

Schulterhöhe: 26 cm bis 28 cm. *Gewicht:* 6,8 kg bis 10,4 kg. *Farbe:* schwarz, weizenfarben oder gestromt. Muß regelmäßig mit dem Trimm-Messer gezupft werden. *Welpenpreis:* 1200 DM bis 1400 DM. *Gezüchtete Hunde pro Jahr:* 291.
Typische Krankheiten: Knorpeldefekte im Wachstum, Leukämie, Rückenekzeme, Schottenkrankheit oder -krampf, Bluterkrankheit, Zuckerkrankheit, Tumorbildung, erbliche Innenohrtaubheit, Löwenkiefer (CMO), Geburtsschwierigkeiten, Schlitz für Speiseröhre im Zwerchfell zu eng (Steckenbleiben von Nahrung).

Wie bei den meisten Terrier-Rassen ist auch die Entstehungsgeschichte des Scottish Terrier eingehüllt in Dunkelheit. Auf jeden Fall aber besteht Blutsverwandtschaft mit dem Cairn, Skye und West Highland White Terrier. Züchter aller drei Rassen protestierten auch lautstark, als der Scottish Terrier im letzten Jahrhundert den Namen seines Herkunftslandes Schottland für die Rasse beanspruchte. Dort lebte er früher mit Wildhütern und Raubwildjägern in den Mooren von Rannoch und den Hügeln von Perthshire.
In den dreißiger Jahren wurde er neben den Foxterriern plötzlich zum Modehund, zum Maskottchen vor allem auch der Prominenz von Film und Theater. Am liebsten wollte man den ursprünglich gestromten Hund in möglichst lackschwarzer Farbe. Die extreme Zucht auf Farbe trug der Rasse damals Hautkrankheiten und Ekzeme ein. Später dann wurde der Schotte vom Pudel verdrängt. Das war nicht sein Schade. Heute gibt es wieder mehr Rasse als Masse, und seine Haut hat sich erholt. Doch ganz gesund ist auch dieser Hund nicht. Einmal gibt es bei ihm den sogenannten »Schottenkrampf«, der – ähnlich der Epilepsie – das Tier vom Gehirn aus befällt, vor allem, wenn es sich aufregt. Und auch Bluter gibt es manchmal unter den Scottish Terriern. Beide Krankheiten sind linienbedingt.
Dennoch halten viele, die einmal einen Schotten gehabt haben, der Rasse ein Leben lang die Treue. Die schon zitierte Wiebke Steen, die viele Jahrzehnte Schotten züchtete, charakterisiert sie so: »Der Schotte findet sich selbst am nettesten. Er liebt seinen Besitzer, aber auch seine Ruhe. Er ist nie aufdringlich.«
Kinderfreundlich ist der eigenbrötlerische Hund nur, wenn er mit ihnen zusammen aufgewachsen ist.

Sealyham Terrier

Schulterhöhe: 31 cm. *Gewicht:* Rüden: 9 kg. Hündinnen: 8,2 kg. *Farbe:* reinweiß oder weiß mit gelbbrauner oder dachsfarbener Markierung an Kopf und Ohren. Ausge-

Sealyham Terrier △

▽ Setter (Irish-Setter

dehntes Schwarz und starke Sprenkelung unerwünscht. Muß regelmäßig mit dem Messer gezupft werden. *Welpenpreis:* 1000 DM bis 1200 DM. *Gezüchtete Hunde pro Jahr:* 20.
Typische Krankheiten: grüner Star, Linsenluxation, Ekzeme, Taubheit, Geburtsschwierigkeiten, Scheinschwangerschaft, Muskelstarre.

Um die Entstehung des Sealyham Terrier ranken sich wie bei vielen seiner Terrier-Verwandten Sagen, die bei ihm allerdings ziemlich blutrünstig sind. Vater der Rasse ist Captain John Tucker-Edwardes, der in einem entlegenen Teil von Pembrokeshire (Wales) das Leben eines Landedelmannes führte. Mit vierzig Jahren hatte der Captain seinen Abschied von der Armee genommen und widmete sich nur noch der Jagd und Hundezucht.
Der Züchterehrgeiz packte ihn, und er schuf sich aus den Terriern der Gegend, in die er noch Dandie Dinmonds, West Highland White Terrier, Welsh Corgie und den weißen Bullterrier einkreuzte, einen ganz eigenen Hund: den Sealyham Terrier. Irgendwann ist wohl auch noch der Drahthaarfoxterrier dazwischengeraten. Das beweisen die verbotenen schwarzen Abzeichen, die als Alptraum der Züchter immer wieder beim Sealyham auftauchen.
Rassegründer Edwardes muß ein ziemlicher Brutalo gewesen sein. Sealyhams, die sich bei der Jagd nicht bewährten und auch sonst zu wenig Schneid zeigten, wurden eigenhändig von ihm erschossen – sogar dann noch, wenn sie gar nicht mehr in seinem Besitz waren.
Der unerbittliche Edwardes starb 1870 eines natürlichen Todes. Erst vierzig Jahre später wurde seine Rasse anerkannt. Und dann erlebte sie auch ganz schnell von den frühen zwanziger Jahren bis in die dreißiger Jahre hinein einen totalen Boom.
Die Vermehrer nahmen sich der Sealyhams an und machten aus dem Arbeitsterrier in wenigen Jahren einen Salonlöwen. Der alte Edwardes muß sich im Grabe umgedreht haben. Sie züchteten das harte, wetterabweisende Fell weg und ersetzten es durch weiche Wolle, die sich auf Ausstellungen besser dekorieren ließ. Mit der Jagd auf Fuchs und Dachs war es für die meisten Sealyhams vorbei. Statt dessen fielen sie nun gerne übereinander her.
Heute ist der Sealyham ziemlich out, was der Rasse insgesamt sicher gut bekommen ist. Allerdings ist bei manchen das Haar immer noch nicht wieder ganz in Ordnung gekommen. Und wie man es auch von anderen weißen Hunderassen kennt, taucht beim Sealyham zuweilen Taubheit oder Blindheit auf. Doch alles in allem hätte der Sealyham Terrier, dieser eigenwillige Geselle, schon ein bißchen mehr Anerkennung verdient, ohne dabei gleich wieder ganz groß in Mode zu kommen.
Beim Sealyham sollte noch der *Cesky Terrier* erwähnt werden. Er ist eine Kreuzung des Sealyham mit dem Scottish Terrier. Schöpfer der Rasse, die erst 1963 anerkannt wurde, ist der Tscheche František Horàk. Der Cesky wird auch »Böhmischer Terrier« genannt und ist in der ČSSR sehr beliebt. Bei uns gibt es erst wenige Exemplare.
Im Gegensatz zu seinen beiden Stammvätern hat er ein seidenweiches Fell, das geschoren wird. Seine Farbe ist grau oder milchkaffeebraun. Bei beiden Farbtönen sind gelbe, graue oder weiße Markierungen erlaubt. Er wird nicht kupiert.

Setter

Irish-Setter
In seinem Rassestandard sind keine Größen- und Gewichtsangaben vermerkt. *Farbe:* Die Farbe sollte ein sattes Kastanienbraun sein, ohne jede Spur von Schwarz. Weiß auf der Brust, am Hals oder an den

Zehen sowie ein kleiner Stern auf der Stirn, ein schmaler Streifen oder eine Blesse auf der Nase bzw. Stirn sind nicht disqualifizierend. *Welpenpreis:* 800 DM bis 1200 DM. *Gezüchtete Hunde pro Jahr:* 735.

Gordon-Setter
Schulterhöhe: Rüden: etwa 66 cm. Hündinnen: etwa 62 cm. *Gewicht:* Rüden: etwa 29 kg. Hündinnen: etwa 24,5 kg. *Farbe:* Tief glänzendes Kohlschwarz, ohne Zeichen eines Rostschimmers, mit einem satten, kastanienroten Brand, d. h., die Farbe soll einer reifen Kastanie, die frisch aus der Schale gelöst wurde, gleichen. Der Brand soll einen schimmernden Glanz haben. Schwarze Strichelung an den Zehen und ein schwarzer Strich unter dem Kiefer sind gestattet. *Welpenpreis:* 800 DM bis 1200 DM. *Gezüchtete Hunde pro Jahr:* 150.

English-Setter
Schulterhöhe: Rüden: 65 cm bis 68 cm. Hündinnen: 61 cm bis 65 cm. *Gewicht:* Rüden: 27 kg bis 30 kg. Hündinnen: 25 kg bis 28 kg. *Farbe:* Sie kann entweder schwarz oder weiß, zitronenfarben und weiß, liver und weiß oder tricolour sein, das ist schwarz, weiß und tan. Gleißmäßig getupft wird gegenüber großen Farbplatten am Körper bevorzugt. *Welpenpreis:* 800 DM bis 1200 DM. *Gezüchtete Hunde pro Jahr:* 91.

Typische Krankheiten: Sitzschwielen an der Rute, Hüftgelenksdysplasie, Herz- und Gefäßmißbildungen, Amaurosis gekoppelt mit Idiotie, fortschreitender Schwund der Netzhaut, führt zur Erblindung (PRA). Beim Irish-Setter kommt noch dazu: Entropium, Neigung zur Magendrehung, Neigung zu Tumoren, Schlafkrankheit, Bluterkrankheit.

Die Herkunft des Setters ist mit der des Spaniels eng verwoben. Schon 1583 hieß es in einer Schrift über den »Englischen Vogelhund«: »Diese Hund Pflegen den Englischen Edelleuth zubrauchen in dem gejagt der Vöglen, als Fasannen unnd Rephünern, welches gejagt sie brauchen mit dem Falchen, oder Herren Vogel nach der edlen brauch unnd gewonheit. Solcher werden von allerley farben gesehen: doch der mehrer theil weiß und so sie etwan flecken haben, so sein ihr doch wenig, groß und rot flecken, hat bey den Engellendern kein sondern namen allein von dem vogel oder Falcken, welcher das gejagt vor zeigt.«
In dieser Beschreibung kann man den English-Setter wiedererkennen, und er ist sicher die älteste Variante dieser Vorstehhund-Rasse, die man wegen ihres eleganten Haarkleids auch als »Gentlemen in Seide gekleidet« bezeichnet. Als sein Schöpfer gilt Sir Edward Laverack (1797 bis 1877). Früher hießen diese Hunde sogar einmal »Laverack-Setter«.
Der Irish-Setter hat ebenfalls eine adlige Herrschaft aufzuweisen. Er wurde Anfang des 19. Jahrhunderts von den Lords de Freyne gezüchtet, und sie nannten ihn »Modder Rhu«, den roten Hund.
Der Gordon-Setter wiederum hat seinen Namen vom Herzog Alexander von Gordon, der Anfang des letzten Jahrhunderts in Schottland lebte. Die Herkunft dieser Setter-Rasse liegt ziemlich im dunkeln. Die einen behaupten, der Herzog habe in seine Hunde Bloodhounds oder Bracken eingekreuzt, die anderen sagen, er habe zur Zucht den Collie eines seiner Schäfer benutzt, der ihm durch seine besonders feine Nase aufgefallen war.
Nach Deutschland kamen die Setter vor etwa hundert Jahren. Damals waren sie sehr beliebt für die Jagd auf Federwild. Im Bayrischen kam der Gordon-Setter damals so oft vor, daß er bald den Namen »Münchner Gordon-Setter« führte.
Am beliebtesten aber wurde der Irish-Setter, allerdings bei Leuten, die ihn wegen seiner besonderen Schönheit zum Repräsentieren hielten und nicht zur Jagd. Bald galt er als übersensibler Melancholiker und kam beim Jägervolk in Mißkredit. Es schimpfte ihn einen »Salonhund«, der

»Knochenhärte und Wildbiß« vermissen lasse. Vom Bannstrahl der Jäger wurden Gordon-Setter und English-Setter gleich mitgetroffen.
Seit einigen Jahren aber gilt beim »Setter-Klub« die Devise »Runter von der Couch und wieder rein ins Revier«. Wer Setter züchten will, muß mit seinen Hunden vorher eine Anlageprüfung machen, die sogenannte »Frühjahrsjugendsuche«, bei der Setter unter anderem auch auf Schußfestigkeit getestet werden. Die strengeren Zuchtbestimmungen scheinen das Wesen des Setters langsam wieder zu festigen, und er ist dabei, sich sein Ansehen bei den Jägern zurückzuerobern. Der Privatmann aber pfeift seinem Hund, bei dem die Jagdpassion wieder erwacht ist, oft stundenlang hinterher, wenn der auf eigene Faust seiner eigentlichen Bestimmung nachgeht.

Shih Tzu

Schulterhöhe: etwa 27 cm. *Gewicht:* 5 kg bis 8 kg. *Farbe:* alle Farben erlaubt, weiße Blesse und weiße Rutenspitze erwünscht. Haare lang und dicht mit viel Unterwolle. Leichter Vorbiß. *Preis:* 1000 DM bis 1500 DM. *Gezüchtete Hunde pro Jahr:* 357.
Typische Krankheiten: Scheinbluterkrankheit, Bandscheibenvorfall, Hornhautdefekte, Scheinschwangerschaft.

Der Shih Tzu ist der Zwillingsbruder vom Lhasa Apso. Er unterscheidet sich von ihm lediglich durch den Vorbiß und die beiden weißen Abzeichen, wenn man, wie wir, davon ausgeht, daß ein Zentimeter geringere Höhe *keinen* Unterschied ausmacht.
Alle Vorzüge des Lhasa Apso sind auch die seinen.

Siberian Husky

Schulterhöhe: 53 cm bis 58 cm. *Gewicht:* bis 28 kg. *Farbe:* alle Farben mit diversen Abzeichen gestattet. Meist wolfsgrau mit weiß. Typisch die dunkle »Kappe« und »Brille«. Haare mittellang, weich und dick, mit sehr dichter, verhältnismäßig langer Unterwolle. *Welpenpreis:* 1000 DM und mehr. *Gezüchtete Hunde pro Jahr:* 660.
Typische Krankheiten: Netzhauterkrankungen, Harnleiterverlagerungen, Scheinbluterkrankheit, Neigung zu Gesäugetumoren, Entropium.

Er ist etwas kleiner und leichter als der Alaskan Malamute, kommt aber wie er auch aus Sibirien, ist also ein reiner Nordlandhund.
Für ihn gilt das gleiche wie für den Alaskan Malamute: Es gibt keinen Grund, diese Hunde in unsere mitteleuropäischen Zivilisationsverhältnisse zu zwingen, außer einer unverantwortlichen Originalitätssucht.
Selbst wenn ein Besitzer die neuerdings hierzulande veranstalteten Schlittenrennen mit Sommertraining vor kleinen Wagen zu seinem Hobby macht: Gewiß macht das den Huskys Freude, gibt ihnen so etwas wie Daseinsberechtigung.
Wer aber garantiert, daß dieses »Hobby«, das zum Lebensgefühl dieses Hundes gehört, ein Hundeleben lang von seinem Besitzer beibehalten wird? Was macht der Husky, wenn sein »Schlittenführer« plötzlich lieber töpfert? Oder Tennis spielt?
Bleibt wieder einmal nur, an die Vernunft der Käufer zu appellieren: Es gibt Hunde für alle Bedürfnisse. Hunde, die unseren Lebensgewohnheiten angepaßt sind.
Wählen Sie einen von denen!

Shih Tzu △

▽ Siberian Husky

Silky Terrier △

▽ Skye Terrier

Silky Terrier

Schulterhöhe: 23 cm bis 25 cm. *Farbe:* blaulоh oder graublau mit loh. Je leuchtender die Farben sind, desto besser. Das seidige Haar wird nur mit Kamm und Bürste gepflegt. Der Silky haart nicht. *Welpenpreis:* 1000 DM. *Gezüchtete Hunde pro Jahr:* 84. *Typische Krankheiten:* Perthes-Krankheit, Kniegelenksluxationen.

Der Silky Terrier ist der zweite Terrier aus Australien und, wenn man es uncharmant ausdrückt, eigentlich ein »Abfallprodukt«. Um beim Australian Terrier die Farbe zu verbessern, wurde um die Jahrhundertwende der Yorkshire Terrier angezüchtet. Nun ist der Australian vor allem auch geschätzt wegen seines rauhhaarigen Fells. Deshalb wurden alle seidenhaarigen Nachkommen aus dem Yorkshire-Erbe ausgemustert.
Aus diesen Exemplaren entwickelte sich dann die Silky-Rasse (Silk: Seide). Die Stadt Ballard in den viktorianischen Goldfeldern war ursprünglich die Domäne der Silky-Zucht. Der Silky ist größer und schwerer als der Yorkshire Terrier. Er hat einen längeren Rücken und nicht so ein übertrieben langes Fell. Außerdem bietet er nicht so ein gebrechliches Erscheinungsbild wie viele Yorkies. Wenn es denn schon ein Hund für den Schoß sein muß, dann sollte man lieber den vitalen Silky wählen.

Skye Terrier

Schulterhöhe: 25 cm bis 26 cm. *Farbe:* von schwarz über dunkel- und hellgrau bis zur Sektfarbe. Wird nicht getrimmt, nur gekämmt und gebürstet. Der Skye ist nicht kupiert. *Welpenpreis:* 1000 DM bis 1200 DM. *Gezüchtete Hunde pro Jahr:* 84. *Typische Krankheiten:* Lebererkrankungen, Verengung und Verkleinerung des Kehlkopfes (Semiletalfaktor).

Der Skye Terrier ist wohl die älteste Hunderasse Schottlands. Schon der frühe Hundeschriftsteller Dr. Caius erwähnte »Inselhunde, die von den Grenzen der äußersten Landesteile im Norden gebracht werden. Aufgrund ihrer Haarlänge kann man weder ihr Gesicht noch ihren Körper sehen.«
Auch für den Skye gilt die Legende, daß sich Hunde beim Untergang der spanischen Armada (1588) schwimmend auf die Isle of Skye retteten und bei seiner Entstehung mitmischten.
Wie auch immer, jedenfalls ist der Skye nie ein so ordinärer Köter gewesen wie die meisten seiner Terrier-Kollegen. Der Adel hatte ihn von Anfang an ins Herz geschlossen. Einer seiner wichtigsten Züchter war Lord Mac Donald, der sich über hundert Exemplare hielt.
Aber der Skye war auch Hofhund ganz anderer Art. Er war am Hofe der Queen Victoria zu finden, bei Queen Alexandra, er diente dem schwedischen Königshaus, wurde von der deutschen Kronprinzessin Cecilia gezüchtet und erfreute die Großherzogin von Luxemburg.
Dabei ist er alles andere als ein Lakai, bestimmt kein einfacher Hund. Der Skye sollte nur an Leute abgegeben werden, die viel Hundeerfahrung haben. Er ist ein Einmannhund und wehrt Fremde ab. Er ist sehr nachtragend, und auch mit anderen Hunden hat er nicht viel im Sinn.
Der Skye Terrier ist viermal so lang (103 cm) wie hoch. Im Gegensatz zum Dakkel oder Basset bereitet ihm seine Superlänge keine Probleme mit der Bandscheibe.

Sloughi

Schulterhöhe: Rüden: 66 cm bis 72 cm. Hündinnen: 61 cm bis 68 cm. *Farbe:* sand-, hellsand-, rotsand-, grausandfarben, ge-

stromt, mit oder ohne schwarze Maske, mit oder ohne schwarzen Mantel. Keine weißen Abzeichen. Leicht zu pflegen. Wird nur mit Noppenhandschuh gebürstet. *Welpenpreis:* 1200 DM bis 1500 DM. *Gezüchtete Hunde pro Jahr:* 44.
Typische Krankheiten: nichts bekannt.

Die Geschichte des Sloughi, des kurzhaarigen, hängeohrigen Windhunds aus Nordafrika, klingt wundersam wie ein Märchen aus Tausendundeiner Nacht. Und sicher ist auch etwas Jägerlatein dabei, wenn es heißt, daß sich eine Sloughi-Hündin nur mit Rüden aus ihrer eigenen Rasse paart und jeden anderen Bewerber verschmäht. Eher schon glaubt man dann, daß Sloughi-Welpen zuweilen auch an der Brust von Araberfrauen großgezogen worden sind. Wie auch immer, Hundefreunde lieben solche Geschichten, und beim Sloughi kommen sie voll auf ihre Kosten.
Der Sloughi ist vor über zweitausend Jahren aus der asiatischen Steppe nach Nordafrika gekommen, wo man ihn heute vor allem noch in Marokko, Tunesien und Libyen findet. Eigentlich gelten Hunde bei den Moslems als unrein und werden ziemlich grausam behandelt. Der Sloughi aber besaß von jeher eine Sonderstellung. Neben Reitpferd, Kamel und Jagdfalken war er der kostbarste Besitz der Beduinen, ihr unentbehrlicher Gehilfe bei der Jagd. Diese Sonderstellung hat er bis heute beibehalten.
Die Araber nennen diesen Windhund »el hor«, was soviel heißt wie »der Noble«, und nobel wird er auch behandelt. Wenn eine Sloughi-Hündin geworfen hat, kommen die Nachbarn und bringen Geschenke für das Muttertier. Die Welpen werden mit Schafsmilch aufgezogen, mit geschabtem Fleisch und Datteln. Besonders geschätzt sind die Hunde, die die Farbe des Wüstensandes haben. Von jeher durften die Sloughis nachts neben ihren Herren im Zelt auf kostbaren Teppichen schlafen.
Aber nie wurden sie verhätschelt. Bei den Arabern hieß es: »Mit einem Jahr muß er einen Hasen töten, mit zwei Jahren eine Gazelle, mit drei Jahren ein Wildschwein. Wenn er sieben Jahre alt geworden ist, soll man ihn selbst töten, und von seinem Fell soll ein Gewand angefertigt werden, das wiederum sieben Jahre Dienst tun muß.« Hunde, die nicht zur Jagd taugten, wurden gleich getötet.
Schon im 19. Jahrhundert berichteten europäische Reisende und Entdecker von Windhunden, die sie in der Sahara gesehen hatten. Und 1912 schrieb der Holländer August le Gras – ein Fan der Rasse – über eine Wüstenjagd mit dem Sloughi einen schwärmerischen Bericht, der heute zu Recht manchen Tierschützer in Rage bringt: »Ach, es ist so wunderschön, wenn in voller Sonne die glänzende Reiterschar dahingeht. Die Pferde sollen sich bäumen, jeder will sehen lassen, daß er Araber, daß er Reiter ist. Die Frauen sehen ihren Herren jubelnd nach, jede glaubt ihren Herrn den schönsten, den edelsten und den besten Reiter. Und tausend Wünsche begleiten die kleine Armee von Nimrodsöhnen. Hier keine Jagderlaubnisse, keine Gendarmen, keine Jagdaufseher. Hier ist der große Herr Meister und jagt, wann er will, wie es ihm gefällt. Da, hell erleuchtet geht das Heer, eine Mischung von Bronze, Weiß, Rot, Gold und Silber; von Menschen, Pferden, Burnussen und reichen, farbigen Schabracken. Noch laufen die Sloughis neben ihren Meistern, denn die Gegend, wo man Wild finden soll, ist ziemlich weit. So geht es über Felsen, längs Abgründen, wo nur das arabische Pferd mit sicherem Fuß seinen Weg findet und nie fällt.
Jetzt soll es losgehen. Die Sloughis werden auf die Pferde gehoben und von dem Reiter mit der linken Hand gehalten. Die rechte Hand hält die Zügel. Dann kommt eine Herde Gazellen, noch ziemlich weit, in Sicht. Vorwärts jetzt, die Reiter, gebückt über die Hälse ihrer Pferde, die Burnusse nach hinten wehend; Wolken von Sand erheben sich, alles verschwindet in Sand und

Sloughi △

▽ Soft Coated Wheaten Terrier

Spitz, deutscher (Kleinspitz) △

▽ Tibet Terrier

Staub. Dann aber haben die Gazellen ihre Erzfeinde, die Menschen, gesehen; sie flüchten und jetzt, noch schneller rennen die Pferde, keuchend unter ihrer Last im tiefen Sande; und immer vorwärts geht es, immer weiter, bis Pferde und Gazellen allmählich anfangen zu ermüden. Jetzt kommt der Sloughi an die Arbeit. Der Reiter ermutigt ihn, läßt ihn los, er springt zu Boden, ganz frisch, und wie der Wind geht es hinter den Gazellen her, gedeckt durch seine Sandfarbe. Sloughi und Boden sind eins, bis, zu spät leider, die Gazelle einen neuen Feind dicht hinter sich sieht. Noch einige Sprünge und aus ist es; erwürgt ist das feine, schlanke Tier. Der Sloughi wartet nun, bis auch sein Meister gekommen ist und seine Schnelligkeit und Jagdlust belohnt.« In der Bundesrepublik begann die Sloughi-Zucht vor knapp zwanzig Jahren eher zufällig. Als Eckhard Schritt sich 1970 im Taunus ein Haus kaufte, wurde ihm zur Bedingung gemacht, daß er eine Sloughi-Hündin mit übernehmen mußte, die ein Marokkaner dort zurückgelassen hatte. Die Familie Schritt war bald begeistert von dem aufgezwungenen Hausgenossen, und auf abenteuerlichen Reisen durch Marokko kauften sie weitere Sloughis dazu. Dort besichtigten sie auch den Sloughi-Zwinger von König Hassan, der vierzig dieser Hunde besitzt. Aber sie mußten auch feststellen, daß der Sloughi als Gazellenjäger längst passé ist. Die Wüsten sind leergejagt, und der Sloughi kann heute lediglich noch den Hasen hetzen.
Nach und nach hat es Eckhard Schritt zu einem Dutzend eigener Sloughis gebracht, und sein Zwinger heißt arabisch »Schur-Esch-Schams«, zu deutsch »Sonnenaufgang«. Der Sloughi ist wohl der gesündeste und langlebigste Windhund. Er ist von sich aus sehr sauber und pflegt sich wie eine Katze. Nie darf man allerdings vergessen, daß auch er ein Hetzhund ist und es in freier Wildbahn ohne Leine schnell zu bösen Überraschungen kommen kann. Der Sloughi ist sehr auf seinen Besitzer fixiert, der ihn konsequent erziehen sollte – nie aber mit übertriebener Härte. Sloughi-Züchter Schritt achtet vor allem darauf, daß die von ihm gezüchteten Hunde dorthin kommen, wo sie engen Familienanschluß haben, denn der intensive Kontakt zum Menschen ist für diesen Windhund noch wichtiger als die Erfüllung seines Bewegungsdrangs.

Soft Coated Wheaten Terrier

Schulterhöhe: Rüden: 46 cm bis 48 cm. Hündinnen etwas darunter. *Gewicht:* 15,75 kg bis 18 kg. Hündinnen etwas darunter. *Farbe:* saubere, klare Weizenfarbe. Weißes wie rotes Haarkleid sind nicht erwünscht. Der Soft Coated Wheaten Terrier hat seidiges, welliges Haar, das zwei- bis dreimal wöchentlich bis auf die Haut gebürstet und gekämmt werden sollte. Seine Konturen sollten ab und zu mit der Schere nachgeschnitten werden. *Welpenpreis:* 1000 DM bis 1100 DM. *Gezüchtete Hunde pro Jahr:* 144.
Typische Krankheiten: Hüftgelenksdysplasie, chronische Nierenerkrankungen.

Den Soft Coated (weichhaarig) Wheaten (weizenfarbig) Terrier gibt es in Irland seit über 200 Jahren. Als Rasse wurde er vom englischen Kennel Club erst 1943 anerkannt. Heute ist der Soft Coated Wheaten vor allem in Amerika sehr populär. Aber auch bei uns wächst seine Beliebtheit, obwohl es ihn hier noch gar nicht lange gibt. Vielleicht auch deshalb, weil die meisten Hunde in Fernsehserien wuschelig sind wie er. Der Soft Coated Wheaten Terrier ist sanfter als andere Terrier-Rauhbeine. Er liebt Kinder und braucht unbedingt engen Kontakt zu Menschen, sonst kann er schnell scheu werden. Leider ist auch bei dieser Rasse die Hüftgelenksdysplasie aufgetaucht. Seit 1987 ist Röntgen Pflicht. Inzwischen haben auch Vermehrer ein Auge auf diese Rasse geworfen und züchten sechzig bis siebzig Hunde pro Jahr. Deshalb: unbedingt einen kleinen Züchter suchen, dessen Hunde keinen Zwinger kennen.

Spitz, deutscher

Wolfsspitz
Schulterhöhe: 45 cm bis 60 cm. *Gewicht:* 25 kg bis 28 kg. *Farbe:* wolfsgrau. Haar lang und durch reichliche Unterwolle abstehend, mit mähnenartigem Kragen. *Welpenpreis:* 700 DM bis 1000 DM. *Gezüchtete Hunde pro Jahr:* 202.

Großspitz
Schulterhöhe: 40 cm bis 50 cm. *Gewicht:* 25 kg. *Farbe:* schwarz, weiß, braun. Haar wie Wolfsspitz. *Welpenpreis:* 700 DM bis 1000 DM. *Gezüchtete Hunde pro Jahr:* 29.

Mittelspitz
Schulterhöhe: 29 cm bis 36 cm. *Gewicht:* 6 kg bis 7 kg. *Farbe:* wie Großspitz sowie orange und wolfsfarben. Haar wie Wolfsspitz. *Welpenpreis:* 700 DM bis 1000 DM. *Gezüchtete Hunde pro Jahr:* 33.

Kleinspitz
Schulterhöhe: 23 cm bis 28 cm. *Gewicht:* 4 kg bis 5 kg. *Farbe:* wie Mittelspitz. Haar wie Wolfsspitz. *Welpenpreis:* 700 DM bis 1000 DM. *Gezüchtete Hunde pro Jahr:* 155.

Zwergspitz
Schulterhöhe: bis 22 cm und kleiner. *Gewicht:* 2 kg bis 3 kg. *Farbe:* wie Mittelspitz. Haare wie Wolfsspitz. *Welpenpreis:* 1000 DM bis 1500 DM. *Gezüchtete Hunde pro Jahr:* 53.

Typische Krankheiten: Kniescheibenluxation, Altersbronchitis, Milchzahnpersistenz, Fehlen der Tränenflüssigkeit (Trokkenauge), Zahnfleischgeschwülste.

Ohne Frage sind Spitze Abkömmlinge des steinzeitlichen Torfhundes und der späteren Pfahlbauspitze. Der fuchsähnliche Kopf läßt an der betonfest bewiesenen Wolfsabstammung *aller* Hunde zweifeln.
Je länger ich an diesem Buch arbeite, desto ärgerlicher macht mich dieses beckmesserhafte Splitting in Varietäten ein und derselben Rasse. Warum begnügt man sich nicht damit, einfach Spitze zu züchten, verpaart sie in zueinander passender Größe und bietet sie so dem Käufer auch an? Interessenten, denen es egal ist, wie die Eltern ihres Hundes aussehen, sollte man ohnehin nichts verkaufen, und *wenn* die Elterntiere bekannt sind, ist man vor allzu großen Überraschungen sicher: Aus einem Zwergspitzpaar kommt mit Sicherheit kein Großspitz und umgekehrt. Wie immer kommen mit der Verzwergung die Probleme, die Krankheiten, die Defekte. Was in aller Welt bringt also die Züchter dazu, beispielsweise einen so kleinen Hund wie den Kleinspitz mit seinen 4 bis 5 Kilogramm *noch* kleiner zu machen. Darauf gibt es nur eine Antwort: Profitgier, die Hoffnung, genug Dumme zu finden, denen man so eine Maus im Wolfspelz andrehen kann. Oder ist es den Verantwortlichen lieber, daß ich von ihrer totalen Unkenntnis ausgehe, was die Gefahren der Miniaturisierung angeht?
Spitze haben große Vorzüge. Es sind die einzigen Hunde, für die ich mich verbürge, daß sie *nicht wildern*. Haus und Hof oder – in Ermangelung desselben – die Wohnung, der Garten sind das Reich, das Besitztum des Spitzes, das er unermüdlich, rund um die Uhr bewacht.
Der Spitz ist lebhaft bis zur Wuseligkeit (die kleinen Formen), und er ist zeitweise ähnlich vom Stift des Karikaturisten aufgespießt worden wie der Mops. Man denke an Buschs Witwe Bolte und ihren armen Spitz, der die Untaten von Max und Moritz büßen mußte.
Eine solche Haßwelle wie auf den Mops hat sich über die Spitze allerdings nie ergossen: Man mochte sie eben oder auch nicht.

Wahrscheinlich liegt das daran, daß ein Spitz nie verfettet aussehen kann, sei er auch noch so dick: Unter diesen Bergen von Haar verschwindet jede Peinlichkeit der Figur.
Die Hunde werden bei sorgfältiger Pflege sehr alt.

Tervueren → Belgischer Schäferhund

Tibet Terrier

Schulterhöhe: Rüden: 35,5 cm bis 40,5 cm. Die Größe der Hündinnen sollte etwas geringer sein. *Farbe:* weiß, gold, creme, grau oder rauchfarben, zweifarbig gescheckt und dreifarbig, also alle Farben außer schokoladen- und leberfarbig. *Welpenpreis:* 1300 DM bis 1500 DM. *Gezüchtete Hunde pro Jahr:* 254.
Krankheiten: Fehlen von Spermien, Bandscheibenvorfall, Scheinbluterkrankheit.

Die Bezeichnung Tibet Terrier ist nicht korrekt und irreführend. Mit dem Terrier hat dieser kleine tibetanische Hirtenhund eigentlich nichts zu tun. Er stammt aus uraltem Geschlecht und ist in der Bergwelt Tibets zu Hause, die so gern als das »Dach der Welt« bezeichnet wird. Dort mußte er beim Hüten des Viehs helfen, wobei ihm sein exzellentes Sprung- und Klettervermögen zugute kam. Schon vor 2000 Jahren soll der Hund in den Klöstern seiner Heimat gezüchtet worden sein. Er galt, so heißt es in sagenhaften Geschichten, als kostbares Geschenk, wurde von den tibetanischen Regenten und vom Dalai-Lama Besuchern aus fremden Ländern als »Glücksbringer« oder »Friedensbringer« verehrt.
Noch bis in unser Jahrhundert hinein lebten die tibetanischen Hunde fast unangetastet in der Abgeschiedenheit ihres Hochlandes. Nur manchmal berichteten Forschungsreisende über sie. In den zwanziger Jahren operierte dann die englische Ärztin Dr. Greig die Frau eines reichen Tibetaners. Zum Dank bekam sie einen Tibet Terrier geschenkt, mit dem sie eine Zucht begann.
Aus diesem englischen Zwinger kamen 1939 die ersten Tibet Terrier nach Deutschland. Anfangs sollen sie häufiger mit dem ungarischen Puli gekreuzt worden sein. Ihr wuscheliges Fell, das sie ursprünglich einmal vor grimmiger Kälte schützen sollte, machte sie hier schnell zum beliebten Familienhund, und auch heute noch werden sie oft als »Glücksbringer« empfunden, die sich auch in unseren beengten Lebensverhältnissen ihre Unverwüstlichkeit erhalten haben.

Ungarische Hirtenhunde

Kuvasz
Schulterhöhe: Rüden: 71 cm bis 75 cm. Hündinnen: 66 cm bis 70 cm. *Gewicht:* mehr als 60 kg sind unerwünscht. *Farbe:* weiß, elfenbeinfarben ist auch gestattet. *Welpenpreis:* etwa 1000 DM. *Gezüchtete Hunde pro Jahr:* 285.
Typische Krankheiten: Hüftgelenksdysplasie, aggressives Wesen.

Der Kuvasz ist der in der Bundesrepublik am meisten verbreitete Ungarische Hirtenhund. Hirtenhunde weißer Farbe gibt es in ganz Europa von Spanien bis Rußland, und sie alle haben eine lange Geschichte. Schon Mitte des 16. Jahrhunderts schrieb Conrad Geßner: »Der vieh- oder schafhundt soll stark, mächtigen leibes, mutig und fräch sein, ein scheußlich geschrey oder bellen haben, an der farb gantz weiß und haarecht gleich den Schaafen, damit sollych vych nit ein abschrecken ab ihm habe und er on arbeit von dem wolffe möge erkannt werden, damit in der dunkeln Finstere der Hund anstatt des Wolffes nit möge angegriffen und getödtet werden.«

Ungarische Hirtenhunde (Kuvasz) △

▽ Ungarische Hirtenhunde (Komondor)

Der Kuvasz war der Hund der nomadisierenden Hirten und mußte ihre Herden vor feindlichen Menschen und Tieren beschützen. Eine lange Zeit war sein Hauptgegner der Wolf. Um den Hund in Form zu halten, wurde das Fleisch für die Kuvasz-Welpen früher aufgehängt, und sie mußten es sich im Sprung reißen. Vom Adel wurden die Hirtenhunde auch mitgenommen auf die Jagd nach Bären und Schwarzwild.
Im letzten Jahrhundert, als die Herden zusammenschrumpften, entwickelte sich der Kuvasz immer mehr zum Wächter der Gehöfte. Es heißt von ihm, daß er Besucher zwar aufs Grundstück läßt, aber nicht wieder hinunter. Während des Zweiten Weltkriegs wurde die Rasse fast ganz ausgerottet und danach durch mühevolle Zucht auf schmaler Basis mit den wenigen überlebenden Exemplaren wieder aufgebaut.
Als Hirtenhund und Hofwächter hat der Kuvasz meist frei und unabhängig agiert. Dieser Freiheitsdrang und eine ziemliche Portion Schärfe bestimmen oft auch heute noch seinen Charakter. Zwar ist man im »Klub für Ungarische Hirtenhunde« bemüht, seine Aggressivität zu dämpfen, doch oft kommt es zwischen Besitzer und Kuvasz zu Schwierigkeiten, die meistens allerdings durch eine falsche Behandlung des Menschen entstehen. Heißt es doch schon in seinem Rassestandard: »Im Angriff ist der Kuvasz gefährlich, bei grober Behandlung oder gar Mißhandlung wird er zügellos.«
Sicher ist der Kuvasz kein Hund für jedermann. Das sollten auch die Züchter beherzigen und ihn nicht an jene verkaufen, die nur einen weißen Hund zum weißen Kleid oder weißen Auto wollen. Zu viele dieser schönen »weißen Riesen« sind schon in Tierheimen gelandet oder mußten vom Tierarzt getötet werden.

Komondor
Schulterhöhe: Rüden: durchschnittlich 80 cm. Mindestmaß 65 cm. Hündinnen: durchschnittlich 70 cm. Mindestmaß 55 cm. *Gewicht:* Rüden: 50 kg bis 60 kg. Hündinnen: 40 kg bis 50 kg. *Farbe:* weiß. *Welpenpreis:* etwa 1500 DM. *Gezüchtete Hunde pro Jahr:* 19.
Typische Krankheiten: Hüftgelenksdysplasie, Ekzeme bei großer Hitze.

Der Komondor hat eine ähnliche Geschichte wie der Kuvasz und wurde früher fälschlicherweise sogar manchmal mit ihm in einen Topf geworfen. Ursprünglich soll er aus den Karpaten nach Ungarn gekommen sein, wo er in der Pußta jahrhundertelang unentbehrlicher Helfer der Viehhirten war.
In Deutschland tauchte der Komondor um die Jahrhundertwende auf. Zuerst nannte man ihn »Ungarischer Wolfshund«, und damals schrieb einer der ersten deutschen Züchter: »Der Komondor ist ein treuer, anhänglicher Bursche, der gegen Fremde sehr mißtrauisch ist und gern von seiner eminenten Kraft Gebrauch macht. Als Wächter entschieden dem Berhardiner vorzuziehen.«
Auch der Komondor war nach dem Krieg fast ganz verschwunden. Bei uns hat man ihn durch Inzucht und Inzestpaarung am Leben erhalten. Mittlerweile wurde diese Form der Zucht vom »Klub für Ungarische Hirtenhunde« jedoch verboten. Für mich hat der Komondor etwas Anachronistisches an sich. Wahrscheinlich liegt das daran, daß sich der ganze Hund unter einem dicken Schnürenteppich versteckt, der ihn früher vielleicht vor Dornen und vor Wolfsbissen geschützt hat, heute aber nur ein Dreckfänger ist, den Hund unkenntlich macht und behindert.
Einen Hund mit diesem Fell kann man eigentlich nur im Freien halten. Dort döst er dann tagsüber und wird wie die meisten Hirtenhunde erst nachts richtig wach. Vom Komondor heißt es, daß er mit der Ruhe der Bulldogge rastet, aber mit der Lebhaftigkeit des Schnauzers angreift. In einem Buch über Ungarische Hirtenhunde berichtet der Autor: »Mein Komondor zum

Beispiel hat zweimal Menschen gebissen, von denen ich dachte, daß es Freunde des Hauses wären. Erst später stellte sich heraus, daß dies nicht zutraf und sie mir und dem Hund nicht wohlgesonnen waren.« Also aufgepaßt auch beim Komondor.

Puli
Schulterhöhe: Rüden: 37 cm bis 47 cm. Hündinnen: 34 cm bis 44 cm. *Gewicht:* Rüden: 13 kg bis 15 kg. Hündinnen: 10 kg bis 13 kg. *Farbe:* schwarz, rostschwarz, grau, weiß. *Welpenpreis:* etwa 900 DM. *Gezüchtete Hunde pro Jahr:* 69.
Typische Krankheiten: nichts bekannt.

Der Puli ist der unkomplizierteste unter den Ungarischen Hirtenhunden. Er ist nicht so groß wie Kuvasz und Komondor, friedfertiger, und seine Besitzer loben an ihm die außerordentliche Klugheit und Gehorsamkeit. Daß er bei seinen vorzüglichen Eigenschaften nicht beliebter ist, liegt wahrscheinlich an seinem Fell, das ähnlich übertrieben wuchert wie das des Komondor und manche Hausfrau in Schrecken versetzt. Also Schere her!
Zwei weitere kleine, aber äußerst seltene Ungarische Hirtenhunderassen, der Pumi und der Mudi, werden ebenfalls vom »Klub für Ungarische Hirtenhunde« betreut.

Welsh Terrier

Schulterhöhe: 40 cm. *Gewicht:* 9 kg bis 9,5 kg. *Farbe:* schwarzloh oder schwarzgrau mit Lohfarbe. Soll drei- bis viermal im Jahr mit dem Messer getrimmt werden. *Welpenpreis:* 800 bis 900 DM. *Gezüchtete Hunde pro Jahr:* 542.
Krankheiten: Entropium, Krämpfe in der Säugeperiode, Hüftgelenksdysplasie.

Fälschlicherweise wird der Welsh Terrier oft als »der kleine Airedale« bezeichnet – so aussehen tut er ja auch. Aber er hat mit dem Airedale überhaupt nichts zu tun, ist als Rasse sogar sehr viel älter. Schon 1450 erwähnte ein Dichter aus Wales eine schwarz-rote Terrier-Hündin, die »den braunen Iltis würgt und den Rotfuchs zerreißt«.
Zum Jagen wird der Welsh heute sehr häufig noch in Osteuropa eingesetzt. Bei uns wird er inzwischen als Haushund geschätzt: Er kann gut auf der Etage leben, ist nicht so groß wie der Airedale und nicht so laut wie Lakeland und Foxterrier, dabei robust und langlebig.
Allerdings sollte man bei der Auswahl des Welsh Terrier genau aufpassen. Auf Ausstellungen sieht man immer wieder superedle Champions mit übertrieben schmalen Köpfen und Hälsen, die länger sind als der Rücken. Für mich haben diese Hunde etwas Karikaturhaftes, und es nimmt diesem prächtigen Terrier seine Urwüchsigkeit.
Außerdem liegt der Verdacht nahe, daß einige Züchter zur Verbesserung des Designs manchmal einfach den Foxterrier einzüchten. Um das nachzuweisen, wurden im »Klub für Terrier« bei Rüden sogar schon Vaterschafts-Tests durchgeführt. Und der englische Terrier-Richter Tom Horner schreibt über dieses dunkle Kapitel: »Selbst heutzutage kommen nachgewiesen reinrassige Welsh-Terrier-Welpen manchmal mit einem unangemessen großen Anteil weißer Farbe auf die Welt, bei einigen Züchtern von Rang und Namen gibt es immer noch eine gewisse Laxheit, wenn es darum geht, ›Verbesserungen‹ der Rasse durchzuführen.«
Wer sich also einen Welsh Terrier zulegen will – und dazu kann man nur raten –, sollte zu einem vernünftigen kleinen Züchter mit stinknormalen Hunden gehen und die Pokaljäger meiden.

Welsh Terrier △

▽ West Highland White Terrier

Whippet △

▽ Windspiel

West Highland White Terrier

Schulterhöhe: 28 cm. *Farbe:* reinweiß. Soll alle sechs Wochen mit dem Messer getrimmt werden. Ist ziemlich pflegeaufwendig. *Welpenpreis:* 1400 DM bis 2000 DM. *Gezüchtete Hunde pro Jahr:* 1077.
Typische Krankheiten: Harnleiterverlängerung, angeborene Muskelsteifheit, Fehlen der Tränenflüssigkeit (Trockenauge), Keilwirbel, Leistenbruch, Gehirn- und Rückenmarksveränderungen mit Lähmungen, Allergien, Perthes-Krankheit, Kniescheibenluxation, Löwenkiefer (CMO).

Der West Highland White Terrier wurde zuerst bei der schottischen Malcolm-Familie in Poltalloch in Argyllshire gezüchtet. Die Malcolms, so ist es überliefert, begannen wegen eines Jagdunfalles mit der Zucht weißer Terrier. Ihr sandfarbener Lieblingshund war während der Jagd versehentlich für einen Fuchs gehalten und erschossen worden. Als der Westie 1904 zum erstenmal einen Ausstellungsring betrat, war er bei den Malcolms schon mindestens hundert Jahre zu Hause gewesen.
Anfang des Jahrhunderts wurden dann auch die ersten Exemplare in Deutschland ins Zuchtbuch eingetragen, erst noch bei den Schottenterriern. Und oft wurde der Westie auch als der »weiße Bruder« des Schotten bezeichnet. Als die Schotten in Mode kamen, hielt sich der Westie bescheiden zurück. Er sah auch noch anders aus als heute, und Hundefreunde krittelten: »Er gleicht im Kopf zu sehr dem deutschen Spitz.«
Auch nach dem Zweiten Weltkrieg war der Westie noch wenig verbreitet bei uns. In zehn Jahren wurden nur 200 Hunde gezüchtet, und 1968 gab es nur vier Züchter dieser Rasse. In den siebziger Jahren ging dann plötzlich der Boom los. Heute ist der Westie der Top-Mode-Terrier. Jetzt sind allein beim Klub für Terrier schon über 80 Züchter versammelt, unter ihnen leider auch skrupellose Vermehrer. Außerdem hat sich der Hundehandel des Westies bemächtigt. Nicht selten werden für den kleinen weißen Terrier schon über 2000 DM verlangt. Und wenn heute in der Werbung ein Hund auftritt, dann ist es fast immer ein Westie.
Dr. Wilfried Peper, ein bekannter Westie-Züchter und außerdem Präsident des Verbandes für das Deutsche Hundewesen (VDH), beklagt eine »unter kommerziellen Gesichtspunkten betriebene Vermehrung«.
Einst hieß es bei den schottischen Clans über den Westie: »Kein Wasser war ihnen jemals zu kalt, kein Erdloch jemals zu tief.« Heute wird ganz anders für sie geworben. Die Westies, heißt es, fahren mit außergewöhnlicher Begeisterung Auto.
Ekelhaft und unwürdig für den Hund aber wird es, wenn man ihn auf Ausstellungen beobachtet. Bei Kennern heißt es inzwischen, daß der Westie in den großen Hallen immer da zu finden sei, wo man eine große Kreidewolke sieht. Um später im Ring ein Superweiß vorzutäuschen, müssen sich die Hunde einer besonderen Fellpflege unterziehen. Erst wird ihr Haar angefeuchtet, dann mit Vaseline eingerieben und zum Schluß dick mit weißer Kreide eingepudert. Mit weißer Weste und vorgetäuschtem hartem Haar geht es dann in den Ring auf Pokal-Jagd. Sogar Dr. Peper, der schon erwähnte Westie-Züchter und Hundeverbandschef, läßt seine Terrier kreiden, obwohl er eigentlich Vorbild sein sollte und auf diesen betrügerischen Humbug verzichten müßte. Das kreide nicht nur ich dem Präsidenten schwer an.
Auch gesundheitlich hat der Westie durch die Massenproduktion gelitten. Er krankt an der CMO (Craniomandibuläre Ostiopathie), einer Auftreibung an Ober- und Unterkiefer. Die CMO befällt den Hund bereits als Welpen. An den Kieferknochen bilden sich Wucherungen, und er bekommt die Schnauze nicht mehr auf. Er kann nicht mehr fressen und schreit vor Schmerzen.

Die Krankheit gilt als selbstheilend und verliert sich, wenn der Westie älter wird. Leider sind viele Tierärzte mit der CMO nicht vertraut. Sie mißdeuten die massiven Knochenveränderungen am Kiefer als Tumore und schläfern die Hunde ein. Die Züchter reden nicht gern über die lästige Krankheit. Immer öfter klagen dagegen die Westie-Besitzer. CMO ist außerdem erblich. Es soll nicht mehr mit befallenen Tieren gezüchtet werden. Aber wer kann das bei dieser Krankheit schon kontrollieren. Ich würde davon abraten, die Westie-Mode mitzumachen. Es gibt genug gleich große und preiswertere Alternativen: zum Beispiel Cairn, Sealyham oder Australian Terrier. Und wenn es denn unbedingt ein Westie sein muß, sollte man zu den Züchtern gehen, die sich schon für diese Rasse einsetzten, bevor man mit ihr eine schnelle Mark machen konnte.

Whippet

Schulterhöhe: Das Idealmaß für Rüden beträgt 47 cm bis 51 cm, für Hündinnen 44 cm bis 47 cm. *Farbe:* Jede Farbe oder Farbmischung ist erlaubt. Sehr pflegeleicht. *Welpenpreis:* etwa 1000 DM. *Gezüchtete Hunde pro Jahr:* 166.
Typische Krankheiten: Panzerherz, Neigung zu Kahnbeinfrakturen, Knorpeldefekte im Wachstum, Kryptorchismus, Farbaufhellungsfaktorkrankheit.

Der Whippet ist der Proletarier unter den Windhunden und wird auch »Rennpferd des kleinen Mannes« genannt. So nobel wie seine Verwandten ist er nie gewesen. Er diente weder wie der Barsoi am Zarenhof, noch schlief er wie der Sloughi auf kostbaren Teppichen im Beduinenzelt und begleitete auch nicht wie der Deerhound schottische Clanoberhäupter auf der Hirschjagd. Entstanden ist der Whippet erst vor etwa hundert Jahren in den nordenglischen Grafschaften, gezüchtet von Fabrik- und Minenarbeitern, die ihn auch »Snapdog« nannten. Der Whippet sieht aus wie ein verkleinerter Greyhound. Und der Greyhound gehört genauso zu seinen Ahnen wie das winzige Windspiel. Dazu kam aber auch ein kräftiger Schuß frischen Terrierbluts, das ihm Schneid und Temperament verliehen hat. Die Rasse war seinen Anhängern am Anfang gar nicht so wichtig. Es hieß vielmehr: »Um Stammbaum kümmerte sich also naturgemäß kein Teufel, bloß laufen sollte der Hund können, laufen und sich wenden können wie ein geölter Blitz.«
Laufen mußte er auch am Samstagnachmittag beim Rennen für seinen Besitzer, der auf ihn wettete, aber auch auf Feld und Wiesen, um dort Kaninchen für die leeren Töpfe der Arbeiter zu stibitzen.
Nach Deutschland kam der Whippet noch vor dem Ersten Weltkrieg und hatte hier bald einen begeisterten Freundeskreis, der von der unverbrauchten Windhundrasse schwärmte: »In erster Linie der Geist, der den Willen blitzschnell auf den Körper überträgt, und ein klarer anatomischer Bau sind beim Whippet alles.«
Der Whippet ist wohl der unproblematischste von allen Windhunden. Er ist ausgesprochen rennlustig, auf der Bahn aber lange nicht so verletzungsanfällig wie der Greyhound. Der Whippet ist erziehbarer als andere Windhundrassen und durchaus auch auf der Etage zu halten. Bei Regen verläßt er das Haus nur ungern, und um Pfützen pflegt der wasserscheue Hund einen weiten Bogen zu schlagen. Auf Spaziergängen erleben es Whippet-Besitzer immer wieder, daß sie von Tierfreunden, die den asketischen Renner nicht kennen, beschimpft werden: »Geben Sie Ihrem Hund bloß mehr zu fressen.«

Windspiel

Schulterhöhe: Für Rüden und Hündinnen sind 32 cm bis höchstens 38 cm vorgeschrieben. *Gewicht:* höchstens 5 kg. *Farbe:* ein-

farbig, schwarz, schiefergrau und isabellefarben in allen Schattierungen. Weiß an Brust und Pfoten ist zulässig. Sehr pflegeleicht. *Welpenpreis:* 1200 DM bis 1500 DM. *Gezüchtete Hunde pro Jahr:* 24.
Typische Krankheiten: Panzerherz, Neigung zu Kahnbeinfrakturen.

Bewertungen, wie sie schon 1890 in »Brehms Tierleben« über diese Hunde standen, können Windspiel-Freunde ganz schön in Rage versetzen. Brehm schrieb über das Windspiel: »Man hat versucht, das niedliche Geschöpf zur Kaninchenjagd abzurichten, allein es eignet sich hierzu weit weniger als zu der Rolle eines Schoßhündchens oder Lieblings von Damen.« Vom verhätschelten Schoßhundimage aber will man gerade weg. Schließlich hat sich das Windspiel lange schon aus der Obhut des Kleinhundeverbandes in die des Windhundclubs begeben und hat dort seit 1972 sogar die Starterlaubnis bei Rennen. Seine Fans behaupten, das Windspiel habe beim Renntraining schon manchem Afghanen den Schwanz gezeigt.
In der Bundesrepublik hat das Windspiel heute nur noch wenige Freunde, da ist es in Italien und Frankreich schon beliebter. In Windspiel-Kreisen wird die geringe Popularität auch der autoritären deutschen Mentalität angelastet, die für diesen Hund nichts sei. Sein Besitzer, so heißt es, müsse vielmehr ein in sich ruhender, gelassener Mensch sein, um die Lebhaftigkeit und das Temperament des kleinen Hundes ertragen zu können, der oft von geradezu tyrannischer Willensstärke ist.
Das Windspiel ist sehr empfindlich gegenüber Kälte und Nässe. Ein Nachteil ist es wohl auch, daß er schnell mal so nebenbei hier und da in die Wohnung pinkelt. Wegen seiner schwachen Blase sollte er deshalb öfter als andere Hunde Gassi gehen.
In England und Amerika sind auch gescheckte Windspiele erlaubt. Bei uns, so befiehlt der Standard, darf das Windspiel nur ein wenig Weiß an der Brust und an den Pfoten haben, sonst taugt er angeblich nichts. Farbenterror also wieder mal bei einer ohnehin ziemlich schmalen Zuchtbasis. Noch unbiologischer wird der Standard in einem zweiten Punkt: Rüden und Hündinnen sollen von gleicher Größe sein. Das gibt es bei keiner anderen Rasse. Die Größe der Hunde wird auf Ausstellungen und Zuchtveranstaltungen streng durchgemessen mit einem sogenannten »starren Galgen«, der automatische Lichtsignale gibt. Bei grünem Licht stimmt die Größe, wenn Rot aufleuchtet, ist das Windspiel größer als 38 Zentimenter, und seine Karriere ist damit im Eimer. Es darf nicht mehr bei Rennen starten, nicht mehr im Ausstellungsring trippeln, und für die Zucht ist es damit sowieso erledigt.
Doch unter menschlichen Verirrungen hat das Windspiel schon lange zu leiden. Bereits vor dem Ersten Weltkrieg kritisierte der Ausstellungsrichter Gerhard Wagner Windspielzüchter, die ihre Tiere extrem klein züchten wollten. Wagner damals: »Man bediente sich, um dieses Ziel möglichst schnell zu erreichen, nicht nur der Inzucht, sondern einer inzest- und blutschänderischen Zucht, die ein Verbrechen an dieser edlen Rasse darstellt... Degeneration nicht nur im Gebäude, Knochenbau, Haltung, Gebiß und Haarkleid als den äußeren Merkmalen, sondern auch Unfruchtbarkeit und völlige Verweichlichung zeigen den Weg zum Abgrund.«
Dem Hund zuliebe sollte man also nicht so pingelig sein mit Farbe und Zentimetern. Schließlich hat das Windspiel schon vor 2000 Jahren auf dem Schoß von Cleopatra gesessen. Vor allem aber sind Windspiele die Freunde Friedrichs des Großen gewesen, der seine Hunde den meisten Menschen vorzog. Seine Windspielhündin, so erzählt die Legende, soll ihm manchmal nachts die Feder aus der Hand genommen haben, wenn der König zu lange arbeitete.
Aber es gibt auch überlieferte Augenzeugenberichte über den »Alten Fritz« und seine Windspiele: »Aus Hunden machte Er

Yorkshire Terrier △ ▽ Zwergpinscher

sich unsäglich viel, und hatte beständig drey oder vier Stücke um sich, von denen einer sein Favorit, und die andern desselben Gesellschafter waren. Jener lag bey Tage allezeit da, wo der König saß, an der Stelle desselben, auf einem besonderen Stuhl, den zwey Kissen bedeckten, und schlief des Nachts bey ihm im Bette. Die anderen wurden des Abends weg, und am folgenden Morgen, wenn man ihn weckte, widergebracht, da denn die kleine Gesellschaft durch Ihre große Munterkeit und Zärtlichkeit dem Könige Vergnügen machte. Sie saßen neben Ihm auf den Canapés, die dadurch beschmutztet und zerrissen wurden, und der König erlaubte ihnen alles. Ein Bedienter, der aus Unvorsichtigkeit einem Hund auf den Fuß trat, konnte dem Zorn des Königs nicht wohl entgehen.
Ey nun! Ist denn wohl ein Mensch, der nicht seine Puppe hat? Warum sollte nicht ein großer Mann, an wohlgebaueten und schmeichelhaften Hunden ein vernünftiges Vergnügen zu seiner Erholung suchen und finden können?«

Xoloitzcuintle → Chinese Crested Hairless Dog

Yorkshire Terrier

Schulterhöhe: 22 cm bis 24 cm. *Gewicht:* etwa 3 kg. *Farbe:* Am Körper ist die Farbe seines »Mantels« stahlblau (nicht silberblau), während am Kopf und an den Läufen die goldene Lohfarbe (Tan), abschattiert von Hell- zu Rotgold, sein sollte. Die Farben müssen sauber und nicht mit rußfarbigen Strähnen untermischt sein. Intensive Fellpflege. *Welpenpreis:* 1000 DM bis 1500 DM. *Gezüchtete Hunde pro Jahr:* 2103.
Typische Krankheiten: Netzhauterkrankungen, Fehlen der Tränenflüssigkeit (Trockenauge), Zerstörung von Oberarm- und Oberschenkelkopf mit Folgen, Kniescheibenluxation, Ellenbogenluxation, Knochenbruchdisposition, offene Fontanelle, Kollaps der Luftröhre, Unterentwicklung der Nierenrinde, Keilwirbel.

Der Yorkshire Terrier ist der kleinste aller Terrier. Weber aus England und Schottland, die im 19. Jahrhundert in den Textilfabriken von Lancashire und Yorkshire arbeiteten, haben die Rasse geschaffen. Mit Sicherheit gehört der alte englische Black and Tan Terrier, dessen Blut in so vielen Terrierrassen fließt, zu seinen Ahnen. Aber auch die niederläufigen Terrier Schottlands dürften eine Rolle gespielt haben, besonders die lange ausgestorbenen Paisley und Cleydesdale Terrier. Bestritten dagegen wird von Experten immer wieder, daß auch der Malteser eingezüchtet wurde, von dem der Yorkshire Terrier sein fließend seidiges Haarkleid haben könnte.
Früher einmal soll der Yorkie ein ziemlicher Wildfang gewesen sein. Und er wurde so beschrieben: »Frei von Abnormitäten, voll Terrier-Charakter und Intelligenz, wunderschön anzusehen, aktiv wie eine junge Katze, langlebig wie der außerordentlich übermütige Spitz, kurz gesagt, die Inkarnation aller Tugenden eines perfekten Zwerghundes.«
Ob diese vollmundige Beschreibung jemals gestimmt hat, kann ich nicht beurteilen. Jedenfalls ist sehr früh ziemlich viel Unfug mit dieser armen Kreatur getrieben worden. Schon auf der ersten Ausstellung vor hundert Jahren trugen die Richter, die die Yorkies zu beurteilen hatten, weiße Handschuhe. So konnten sie kontrollieren, ob die Hunde mit Wasserblei, Schuhwichse oder ähnlichem gefärbt waren, um ein Haar vorzutäuschen, das »tief stahlblau schimmern soll wie Kohle, die von der Sonne beschienen wird«. Auch damals gab es bereits Ausstellungshunde, die nur zwei englische Pounds (also unter tausend Gramm) und noch weniger wogen.
Für mich ist der Yorkshire Terrier ein ganz

düsteres Kapitel der Hundezucht, ein Beispiel dafür, wie das Verhältnis Mensch–Tier auf perverse Art aus der Balance geraten kann. Ich mag mich gar nicht an all das erinnern, was ich auf Hundeschauen gesehen habe: Yorkshire Terrier, die in Käfigen in die Halle geschleppt werden, in die bestenfalls ein Wellensittich gehört. Dann dieses idiotische Aufmotzen mit unzähligen Lockenwicklern, der Schleifchen-Knall. Für viele Züchter und Besitzer sind diese Hunde offensichtlich keine Lebewesen mehr. Sie betrachten ihre Yorkies mit kalten Augen, wie ein Schmuckstück, mit dem man renommieren will.

1960 waren erst 250 Yorkshire Terrier ins Zuchtbuch eingetragen. Heute sind es über 25000. Die Rasse hat eine unheimliche Konjunktur erlebt. Das Hundehändler-Pack sahnte kräftig ab, kistenweise beliefert mit Hundeware aus Massenzuchten in England, Holland, Dänemark und Niederbayern. Doch jetzt erlebt der Yorkie eine Baisse. Die Preise sind von weit über 2000 Mark heruntergepurzelt – oft werden die Tiere jetzt für ein paar hundert Mark verschleudert. Die Geschäftemacher sind längst umgestiegen auf den West Highland White Terrier.

Vielleicht erholt sich die Rasse, wenn sie wieder aus der Mode gekommen ist. Heute jedenfalls ist der Yorkie noch ein Problemhund. Die extreme Zucht auf Kleinwüchsigkeit (es gibt immer noch Hunde, die keine zwei Pfund wiegen) hat sein Knochengerüst oft papierdünn gemacht. Das Köpfchen kann man leicht mit einer Hand zusammendrücken. Immer wieder hat er offene Fontanellen und kollabierende Luftröhren. Die Luftröhren-Knorpel sind so schwach, daß sie sich beim Einatmen zusammenziehen und Atemnot verursachen.

Wie andere kleine Rassen hat er außerdem Kniescheibenluxationen. Außerdem ist er von der Perthes-Krankheit befallen, einer degenerativen Erkrankung am Hüftgelenk, schon im jugendlichen Alter. Häufig muß – damit der Hund wieder schmerzfrei laufen kann – der Oberschenkelkopf herausoperiert werden, und die Tierärzte spotten schon über diese »kopflosen Hunde«.

Wer sich nach dieser Lektüre immer noch einen Yorkshire Terrier anschaffen möchte, sollte auf jeden Fall darauf achten, daß die Elterntiere nicht zu winzig sind. Auch wenn die Züchter anderer Auffassung sind, sagen Sie bitte: »Es darf ruhig ein bißchen mehr sein.«

Zwergpinscher und Deutscher Pinscher

Zwergpinscher

Schulterhöhe: bis 30 cm. *Gewicht:* 3 kg bis 4 kg. *Farbe:* einfarbig braun bis hirschrot. Oder zweifarbig: schwarz mit roten und braunen Abzeichen. Haare kurz, dicht, anliegend und glänzend. *Welpenpreis:* 500 DM bis 600 DM. *Gezüchtete Hunde pro Jahr:* 265.

Deutscher Pinscher

Schulterhöhe: 40 cm bis 48 cm. *Gewicht:* bis 16 kg. Farben und Haare wie beim Zwergpinscher. *Welpenpreis:* 600 DM bis 700 DM. *Gezüchtete Hunde pro Jahr:* 193.

Typische Krankheiten: Herz- und Gefäßmißbildungen sowie -erkrankungen, Harnsteinbildung, örtliche Haarlosigkeit, Scheinträchtigkeit, Krämpfe in der Säugeperiode, verkleinerter Augapfel, Zerstörung von Oberarm- und Oberschenkelkopf mit Folgen.

Der Zwergpinscher, allgemein (und vom Bild her richtig) Rehpinscher genannt, ist das exakte verkleinerte Ebenbild des Deutschen Pinschers, der seinerseits eine maßstabgerechte Verkleinerung des Dobermanns *(Dobermannpinscher!)* ist. Der Dobermann hat seinen eigenen Verein, Pinscher und Zwergpinscher gehören zum »Pinscher-Schnauzer-Club«.

Die Pinscher stellen eigentlich die drei Varianten der Schnauzer gewissermaßen im Badeanzug dar. Wenn Sie das nicht glauben, sehen Sie sich mal einen Schnauzer an, wenn er, durch Nässe seines martialischen Bartes beraubt, aus dem Wasser kommt.
Vor zweihundert Jahren warf man vernünftigerweise ohnehin die Glatthaarigen oder Rauhhaarigen alle in einen Topf, nannte sie eben rauhhaarige oder glatthaarige Pinscher, wie es bei den Foxterriern heute noch üblich ist.
Der Deutsche Pinscher – der dem Mittelschnauzer entspricht – ist aus Gründen, die man nur vermuten kann, sehr selten geworden. Der Vorstand des ihn betreuenden Clubs teilte zögernd mit, daß er diese »hübschen Hunde« nur noch ungern vermittelt, da sie zu nervös-aggressivem Verhalten neigten, besonders Kindern gegenüber.
Nun, bei seinem größeren Bruder, dem Dobermann, ist auch Vorsicht am Platze, aber dessen Ruf eilt ihm voraus, man weiß oder sollte wissen, daß dieser Hund kein Spielzeug ist, und richtet sich danach. Oder *sollte* das tun.
Ich meine, man muß dem Pinscher eine Chance geben, er ist ein sehr motorischer, verhältnismäßig gesunder Hund, der äußerst pflegeleicht ist und gerne lernt. Er kann wie der Zwergpinscher sehr alt werden. Der Zwergpinscher soll wieder mal kein Zwerg sein. Das heißt, züchterisch wird – jedenfalls offiziell und nach außen – Wert darauf gelegt, daß die Hunde nicht zu klein werden und wohlproportioniert auf nicht zu dünnen Beinen stehen.
Tatsächlich wurden bereits 1895, als schon 83 Pinscher dieser Art im Zuchtbuch eingetragen waren, jene erbärmlichen Zwerglein von Kritikern gerügt, wie sie auch heute noch, zitternd und auf kleinfingerdünnen Beinchen tappelnd, die Ausstellungen und Zuchtshows bevölkern.
Dann sind sie gewiß kein schöner Anblick, aber wer sich dann lieber einen Zwergschnauzer kauft, sollte wissen, daß es auch dort – leider – Miniexemplare gibt, deren längeres Fell und grimmige Barttracht ihr Klappergestellchen nur gnädig verhüllen.
Wenn Sie beim Kauf darauf achten, einen möglichst »großen Zwerg« zu erwischen, sind Sie mit einem Pinscher in *einem* Punkt besser dran: Bei gleichem Charakter muß der nicht getrimmt werden, ist zu allen Vorzügen des Schnauzers auch noch pflegeleicht.

Anmerkung für den Leser
Falls Sie so aufmerksam waren festzustellen, daß bei einem Teil der Rassencharakteristika unterschiedliche Angaben für Hündin und Rüde, deren Größe und Gewicht betreffend, gemacht werden, bei einem anderen Teil aber nicht, so hat das mehrere Gründe, die wir Ihnen gern nennen wollen.
Zum einen hat dieses Buch zwei Autoren. Der eine nimmt es nun also in dem Punkt etwas genauer als der andere. Tatsache ist, und darauf haben wir hingewiesen, daß Hündinnen *im allgemeinen* etwas kleiner und leichter sind als Rüden.
Wenn man nun davon ausgeht, daß Größe und Gewicht des Vertreters einer Rasse immer eine gewisse Variationsbreite zulassen, daß es also größere und kleinere Exemplare einer Rasse gibt, die im Standard im Bereich des Erlaubten und Gewünschten liegen, wenn man dann in Erwägung zieht, daß es relativ kleine Rüden und erstaunlich große Hündinnen geben kann, dann verliert diese Beckmesserei der Vereine mit Kilogramm und Zentimetern an Bedeutung. Ganz besonders im Hinblick darauf, was sich dieses Buch vor allem zum Ziel gesetzt hat:
ein Plädoyer zu sein für den physisch und psychisch *gesunden Hund.*

Krankheiten

Albinismus: Pigmentmangel; Folgen: Lichtallergie, oft gekoppelt mit Taubblindheit.
Amaurosis: Entzündung des zentralen Nervensystems; Folgen: Erblindung, Idiotie (rezessiv vererbbar).
Anämie: Mangel an roten Blutkörperchen; Folgen: allgemeiner Leistungsmangel.
Autoimmunkrankheit: körpereigene Stoffe werden vom Körper angegriffen; Folgen: Hautkrankheiten, Atembeschwerden, Blutbildveränderungen.
Bauchspeicheldrüsenunterfunktion: Folgen: Blutzucker, Verdauungsstörungen.
Blaues Dobermannsyndrom: Farbaufhellung; Folgen: Haarausfall, Ekzeme.
Blutplättchenmangel: Folgen: schlecht stillbare Blutungen.
Collie-eye-Anomalie: Netzhautveränderungen, die zur Erblindung führen.
Dackellähme: Bandscheiben- und Wirbelschäden mit unterschiedlichen Auswirkungen.
Darmausstülpung: Taschenbildung im Dickdarm; Folgen: Verdauungsstörungen.
Defektgen mit rezessiver Letalwirkung in autosomal dominanter Vererbung: Folgen: meist Tod bis zur Geschlechtsreife.
Demodikose: durch Milben verursacht; in ihrer bösartigen Form unheilbar.
Depigmentation des Nasenspiegels: Folgen: Hochempfindlichkeit gegen Sonneneinwirkung.
Dickdarmriesenwuchs: Folgen: mangelhafte Verdauung, Selbstvergiftung durch Kotstau.
Eklampsie: Kalziummangel vor, während und nach der Geburt; Folgen: höchste Lebensgefahr.
Ektropium: nach außen fallende Lidränder; Folgen: chronische Bindehautentzündung.
Ellenbogendysplasie: krankhafte Veränderung des Ellenbogengelenks; Folgen: hochgradige Lahmheit.
Ellenbogenluxation: ausgerenktes Ellenbogengelenk; Folgen: hochgradige Lahmheit.
Entropium: nach innen eingedrehte Lidränder; Folgen: hochgradige Entzündungen von Binde- und Hornhaut.
Epulitiden: Zahnfleischwucherungen, oft bösartig.
Erythrozytendefekte: krankhafte Veränderung der roten Blutkörperchen; Folgen: Sauerstoff-Leistungsmangel.
Farbaufhellungskrankheit: Folgen: Lichtempfindlichkeit.
Fehlen von Nierenanlagen: Schwierigkeiten beim Harnlassen; Folgen: Tod innerhalb der ersten 3 Monate.
Frakturneigungen: Neigung zu Knochenbrüchen.
Gaumen-Rachen-Spalte: Folgen: Schwierigkeiten bei der Nahrungsaufnahme.
Gehirn furchen- und windungslos: Folgen: Idiotie und Tod.
Geschlechtszwitterstellung: Folgen: sexuelle Überreaktionen.
Glykogenspeicherkrankheit: Lebererkrankung; Folgen: tödlich.
Gray-Collie-Syndrom: Pigmentmangel; Folgen: schwere Defekte mit meist tödlichem Ausgang innerhalb der ersten 3 Monate.
Greyhound-Krampf: Krampf in der Hinterhandmuskulatur.
Haareinlagerungen in die Haut: Folgen: schwere Infektionen.
Haareinlagerungen in die Unterhaut: Folgen: schwerste Infektionen.
Hautanlagen auf der Hornhaut: Mißbildung; Folgen: muß operiert werden.
Hüftgelenksdysplasie: krankhafte Veränderung des Hüftgelenks; erblich.
Intersexualität: Vorkommen beider Geschlechtsmerkmale in einem Individuum; Folgen: meist unfruchtbar.

Kahnbeinfrakturen: Neigung zu Brüchen des Vorderfußwurzelgelenks durch Überbelastung.

Keilwirbelbildung: krankhafte Veränderung der Wirbel; Folgen: Lähmungen.

Kleinhirnrindendegeneration: Folgen: Idiotie.

Knickrute: Knicke in oder zwischen den Rutenwirbeln; erblich. Schönheitsfehler.

Kniescheibenluxation: ausgeschlagene Kniescheibenlagerung; Folgen: unterschiedlich schwere Lahmheit.

Knochenauftreibungen: anomale Vermehrung der Knochensubstanz; Folgen: schmerzhaftes Lahmen.

Knopfrute: verkrüppelte und verkürzte Rute; Folgen: häufig Ekzeme unter der Rute; bei unkritischer Weiterverwendung solcher Tiere in der Zucht Rückenmarksschäden.

Kollaps der Luftröhre: Einengung der Luftröhre infolge Instabilität; Folgen: tödlich.

Kryptorchismus: kein normaler Hodenabstieg in den Hodensack; Folgen: häufig im Alter tumoröse Entartungen.

Kupfervergiftungen: körpereigene Vergiftung durch mangelnde Ausscheidung von Kupfer; Folgen: führt zum Tod.

Lichtekzem (Collie nose): Hochempfindlichkeit gegen Licht durch Pigmentmangel.

Linsenluxation: Linse dreht sich aus ihrem Standort; Folgen: Sehbehinderung bis zur Erblindung.

Livershunt: Leber wird nicht durchblutet.

Löwenkiefer (gummiartig; bekannt auch als CMO: Craniomandibuläre Osteopathie): entkalkte Kieferknochen; Folgen: Schwierigkeiten bei der Nahrungsaufnahme.

Merlefaktor: Farbveränderung im Fell, die häufig mit Blind-Taubheit verbunden ist, erblich; Folgen: Beeinträchtigung des Gleichgewichtssinns.

Mikrophthalmus: zu kleine Augen; Folgen: siehe Entropium; Sehbehinderung bis zur Blindheit.

Milchzahnpersistenz: Milchzähne lockern sich nicht; Folgen: Fehlstellung des zweiten Gebisses.

Narkolepsie: Ausfallerscheinungen im zentralen Nervensystem während und nach der Narkose.

Nebennierenrindenunterentwicklung: Folgen: mangelhafte Abwehr von Infektionen.

Neigung zu irreversibler Körpertemperaturerhöhung in der Narkose: Folge: Tod.

Nickhautverdrehung: Folgen: Schädigung von Binde- und Hornhaut.

Offener Rücken: Folgen: Tod.

Panzerherz: Verhärtung von vergrößerter Herzmuskulatur; Folgen: tödlicher Herzmuskelriß.

Perthes-Krankheit: degenerative Erkrankung am Hüftgelenk; Folgen: Oberschenkelkopf löst sich auf.

Progressive Retinaatrophie (PRA): fortschreitender Schwund der Netzhaut; Folgen: Erblindung.

Pylorusstenose: Verschluß des Magenausgangs; Folgen: Überfüllung des Magens, dauerndes Übergeben und Magerkeit.

Rückenmarkshautverknöcherung: Folgen: Lahmheiten bis zur Querschnittslähmung.

Schnauzer-Comedo-Syndrom: Hautanhängsel; Folgen: Verletzungsgefahr mit Blutung, Hautentzündung, Haarausfall im Wirbelsäulenbereich.

Schottenkrankheit oder -krampf: angeborene Muskelkrämpfe; Folgen: Versteifung des Gangwerks bis zur völligen Bewegungsunfähigkeit.

Semiletalfaktor: Folgen: Hälfte der geborenen Hunde stirbt bis zum Erreichen der Geschlechtsreife.

Semsambeinteilung: Zweiteilung von Knochen; Folgen: Lahmheiten.

Spaltwirbelsäule: Folgen: Lahmheiten bis zur Bewegungsunfähigkeit.

Stufenbildung im Ellenbogengelenk mit Arthrosen und Frakturmöglichkeiten: Folgen: unterschiedliche Grade von Lahmheit.

Stuhlbeinigkeit: keine Winkelung der Hinterbeine; Folgen: lockere Kniescheiben, Deformation der Sprunggelenke.
Überproduktion von Nebennierenrindenhormon: Folgen: aufgetriebener Bauch, Entkalkung der Knochen.
Unterentwicklung der Nierenrinde: Folgen: Harnvergiftung, Tod.
Verkümmerung der Bauchspeicheldrüse: Folgen: Verdauungsbeschwerden, Zukker.
Verwachsungen der Wirbelsäule: Folgen: Versteifung der Wirbelsäule, Laufbehinderung.
Zu kleiner Augapfel: s. Mikrophthalmus.
Zerstörung von Oberarm- und Oberschenkelkopf: Folgen: graduell unterschiedliche Lahmheit.
Zervikale Myelopathie: Rückenmarksschädigung als Folge degenerativer Wirbelsäulenveränderungen.
Zu langes Gaumensegel: Folgen: Atemschwierigkeiten mit Auswirkungen auf Herz und Lunge bis zum Ersticken.

Adressen der Dachverbände

Verband für das Deutsche Hundewesen (VDH)
Westfalendamm 174, Pf. 104154, 4600 Dortmund 1, Tel.: (0231) 596096/97

Österreichischer Kynologenverband
Johann Teufel Gasse 8, A-1238 Wien, Tel.: (0222) 887092/93

Schweizerische Kynologische Gesellschaft
Zentralsekretariat
Pf. 2307, CH-3001 Bern, Tel.: (031) 235819

Zu empfehlende Bücher

Eberhard Trumler: Hunde, ernst genommen, Piper Verlag;
Mit dem Hund auf du, Piper Verlag;
Ratgeber für den Hundefreund, Piper Verlag;
Der schwierige Hund, Kynos Verlag
Horst Stern: Bemerkungen über den Hund, Rowohlt Verlag;
Sterns Hunde, Kindler Verlag
Erich Schneider-Leyer: Die Hunde der Welt, Albert Müller Verlag
Gudrun Beckmann: Der große Hundeknigge, Kynos Verlag
Konrad Lorenz: So kam der Mensch auf den Hund, Piper Verlag
Erik Ziemen: Der Hund, Bertelsmann Verlag

Bildnachweis

Titelfoto: Hanns-Jörg Anders; S. 2/3: stern syndication, Jacobi; S. 4/5: Andrej Reiser; S. 11: stern syndication, M. Hassler; S. 15: Heiko Gebhardt; S. 29: Heiko Gebhardt; S. 33: Heiko Gebhardt; S. 40/41: Heiko Gebhardt; S. 45 (3): Andrej Reiser; S. 53 (2): stern syndication, Krämer; sämtliche Fotos für den Rasseteil: Eva Maria Krämer-Vogeler; Vorsatz: Oscar Hedlund.

CIP-Titelaufnahme der Deutschen Bibliothek

Gebhardt, Heiko:
Die Sache mit dem Hund: 100 Rassen kritisch unters Fell geschaut
u. viele Tips, wie man sich d. Hund zum Freund macht /
Heiko Gebhardt; Gert Haucke. –
Hamburg: Rasch u. Röhring, 1988
ISBN 3-89136-203-X
NE: Haucke, Gert

Einbandgestaltung: Studio Reisenberger
Satzarbeiten: Fotosatz Otto Gutfreund, Darmstadt
Lithographie: Buss & Gatermann, Hamburg
Druck- und Bindearbeiten: Mainpresse Richterdruck, Würzburg
Printed in Germany